Einführung in die Rechtswissenschaften

von

Dr. Harald Eberhard
Universitätsprofessor an der Wirtschaftsuniversität Wien

Dr. Georg E. Kodek, LL.M.
Universitätsprofessor an der Wirtschaftsuniversität Wien
Hofrat des Obersten Gerichtshofs

Dr. Georg Lienbacher
Universitätsprofessor an der Wirtschaftsuniversität Wien
Mitglied des Verfassungsgerichtshofs

Dr. Martin Spitzer
Universitätsprofessor an der Wirtschaftsuniversität Wien

unter Mitarbeit von
Univ.-Ass Mag. Bernhard Burtscher, LL.M. (WU) BSc (WU)
Univ.-Ass. Peter Gruber, LL.M. (WU) BSc (WU)
Univ.-Ass. Dr. Matthias Lukan, LL.M. (WU)
Univ.-Ass. Emmanuel Manolas, LL.M. (WU)

4., überarbeitete Auflage

Wien 2017

facultas

Bibliografische Information Der Deutschen Nationalbibliothek

Die Deutsche Nationalbibliothek verzeichnet diese Publikation in der Deutschen Nationalbibliografie; detaillierte bibliografische Daten sind im Internet über http://dnb.d-nb.de abrufbar.

facultas Universitätsverlag, 1050 Wien

Satz: Wandl Multimedia-Agentur
Druck: Finidr, s.r.o., Ćeský, Téšin
Printed in Austria
ISBN 978-3-7089-1615-6

Vorwort zur 4. Auflage

Die vorliegende vierte Auflage dieses Lehrbuches baut auf der dritten Auflage auf, ist aber im dritten und vierten Teil in weiten Bereichen neu bearbeitet worden. Sie steht wie schon die letzte Auflage im Zeichen der Studienplanreform, die mit Herbst 2016 in Kraft getreten ist. In der Struktur der Studieneingangs- und Orientierungsphase (STEOP) des Bachelorstudiums Wirtschaftsrecht an der Wirtschaftsuniversität Wien wird der Schwerpunkt nunmehr verstärkt auf juristische Inhalte gelegt. Während die „Einführung in die Rechtswissenschaften" die Grundlagen und Methodenlehre sowie eine Einführung einerseits in privatrechtliche Grundlehren einschließlich ihrer historischen Grundlagen und andererseits in das öffentliche Recht samt Verfassungsgeschichte und in rechts- und staatsphilosophische Grundlagen und der Allgemeinen Staatslehre vermitteln soll, führt das parallel dazu geführte Fach „Europäisches und Öffentliches Wirtschaftsrecht I" in Kerngebiete des öffentlichen Wirtschaftsrechts einschließlich seiner unionsrechtlichen Grundlagen ein. Das bedingt vor allem, eine Harmonisierung der öffentlich-rechtlichen Inhalte der STEOP mit dem genannten Fach vorzunehmen und unter didaktischen Gesichtspunkten beides so zu verschränken, dass einerseits diese Harmonisierung im Sinne einer Ergänzung bewerkstelligt wird und andererseits Doppelführungen aufrecht erhalten werden, weil bestimmte Inhalte strukturell eine besondere Bedeutung besitzen und deshalb didaktisch zum besseren Verständnis verstärkt werden müssen, damit im weiteren Studium auf einem soliden Fundament bzw auf einem gefestigten strukturellen Verständnis aufgebaut werden kann.

Das Lehrbuch enthält nach dem Grundlagen- und Methodenteil zunächst im Teil 2 die privatrechtlichen Inhalte und präsentiert im Teil 3 die öffentlich-rechtlichen Inhalte. Der Teil 4 widmet sich wiederum gleichsam lösgelöst von der österreichischen Rechtsordnung den rechts- und staatsphilosophischen Fragen und der Allgemeinen Staatslehre.

Das Lehrbuch ist als Begleitung für die Einführungsvorlesung gedacht, kann und soll jedoch den Besuch dieser Vorlesung nicht ersetzen. Der Besuch eines begleitenden Prüfungskurses und das für diesen erstellte Skriptum „Prüfungsvorbereitung" (Facultas, 4. Auflage 2017) werden ausdrücklich empfohlen.

Die Autoren wurden auch diesmal von wissenschaftlichen Mitarbeiterinnen und Mitarbeitern der beteiligten Institute maßgeblich und tatkräftig unterstützt. *Sarah Gruber*, *Matthias Lukan* und *Emmanuel Manolas* ist besonders zu danken.

Christoph Grabenwarter, der bisher den dritten und vierten Teil mitgestaltet hat, ist im Rahmen dieser Neuauflage aus der Einführung ausgeschieden. Ihm sei an dieser Stelle herzlich gedankt. Die nunmehr in diesen Teilen vorgenommene Neugestaltung baut zum Teil auf den von *Eberhard* und *Grabenwarter* verantworteten Teilen der letzten Auflagen auf.

Die Verfasser wünschen Ihnen beim Studium viel Erfolg und freuen sich über Anregungen und Verbesserungsvorschläge.

Wien, August 2017

Harald Eberhard Georg E. Kodek Georg Lienbacher Martin Spitzer

Inhaltsverzeichnis

1. Teil
Grundlagen und Methodenlehre

2. Teil
Zivilrecht

3. Teil
Öffentliches Recht

4. Teil
Grundzüge der Rechts- und Staatsphilosophie und der Allgemeinen Staatslehre

Abkürzungsverzeichnis

aA	anderer Ansicht
ABGB	Allgemeines Bürgerliches Gesetzbuch
ABl	Amtsblatt der Europäischen Union
Abs	Absatz
ADHGB	Allgemeines deutsches Handelsgesetzbuch
AEUV	Vertrag über die Arbeitsweise der Europäischen Union
aF	alte Fassung
AG	Aktiengesellschaft
AGB	Allgemeine Geschäftsbedingungen
AHG	Amtshaftungsgesetz
AktG	Aktiengesetz
ALR	Preußisches Allgemeines Landrecht
Anm	Anmerkung
Art	Artikel
AtomHG	Atomhaftungsgesetz
AuvBZ	Akt (Ausübung) unmittelbarer verwaltungsbehördlicher Befehls- und Zwangsgewalt
AVG	Allgemeines Verwaltungsverfahrensgesetz
B2B	business to business
B2C	business to consumer
BauO	Bauordnung
BFG	Bundesfinanzgericht
BG	Bezirksgericht; Bundesgesetz
BGB	Bürgerliches Gesetzbuch
BGBl	Bundesgesetzblatt der Republik Österreich
Bsp	Beispiel
bspw	beispielsweise
BVB	Bezirksverwaltungsbehörde
BVG	Bundesverfassungsgesetz
B-VG	Bundes-Verfassungsgesetz
BVwG	Bundesverwaltungsgericht
bzw	beziehungsweise
ca	circa/zirka (ungefähr)
DCFR	Draft Common Frame of Reference
dh	das heißt
DHG	Dienstnehmerhaftpflichtgesetz
DSG	Datenschutzgesetz 2000
EGMR	Europäischer Gerichtshof für Menschenrechte
EheG	Ehegesetz
EKHG	Eisenbahn- und Kraftfahrzeughaftpflichtgesetz
EMRK	Europäische Menschenrechtskonvention
EP	Europäisches Parlament
eP	eingetragene Partnerschaft
EPG	Eingetragene Partnerschaft-Gesetz
ESZB	Europäisches System der Zentralbanken
etc	et cetera
EU	Europäische Union

EuG	Europäisches Gericht erster Instanz
EuGH	Europäischer Gerichtshof
EuMahnVO	Verordnung des Europäischen Parlaments und des Rates zur Einführung eines Europäischen Mahnverfahrens
EUR	Euro
EUV	Vertrag über die Europäische Union
evt	eventuell
EZB	Europäische Zentralbank
f	folgender
ff	und die folgenden
FernFinG	Fern-Finanzdienstleistungs-Gesetz
FMA	Finanzmarktaufsicht
G	Gesetz
grds	grundsätzlich
gem	gemäß
GesbR	Gesellschaft bürgerlichen Rechts
GewO	Gewerbeordnung
GmbH	Gesellschaft mit beschränkter Haftung
GmbHG	Gesetz über die Gesellschaft mit beschränkter Haftung
GOG	Gerichtsorganisationsgesetz
GRC	Grundrechte-Charta
hA	herrschende Ansicht
HaRÄG	Handelsrecht-Änderungsgesetz 2005
hL	herrschende Lehre
ICSID	International Centre for Settlement of Investment Disputes
idR	in der Regel
ieS	im engeren Sinn
IGH	Internationaler Gerichtshof
iHv	in Höhe von
insb	insbesondere
iSd	im Sinn des, der
iSv	im Sinn von
iVm	in Verbindung mit
iwS	im weiteren Sinn
iZw	im Zweifel
JGG	Jugendgerichtsgesetz
JN	Jurisdiktionsnorm
KFG	Kraftfahrgesetz
KG	Kommanditgesellschaft
KSchG	Konsumentenschutzgesetz
LAD	Landesamtsdirektor/in
LG	Landesgericht
LGBl	Landesgesetzblatt
lit	litera (Buchstabe)
LuftfahrtG	Luftfahrtgesetz
LVwG	Landesverwaltungsgericht
MRG	Mietrechtsgesetz
nChr	nach Christi Geburt
NO	Notariatsordnung
NotaktsG	Notariatsaktsgesetz

Nr	Nummer
oa	oben angegeben
OG	Offene Gesellschaft
OGH	Oberster Gerichtshof
ÖH	Österreichische HochschülerInnenschaft
OLG	Oberlandesgericht
ORF	Österreichischer Rundfunk
OrgHG	Organhaftpflichtgesetz
PECL	The Principles of European Contract Law
PHG	Produkthaftungsgesetz
PSG	a) Privatstiftungsgesetz b) Produktsicherheitsgesetz 2004
RAO	Rechtsanwaltsordnung
RL	Richtlinie
RM	Rechtsmittel
Rs	Rechtssache
Rsp	Rechtsprechung
RStDG	Richter- und Staatsanwaltschaftsdienstgesetz
s	siehe
SGECC	Study Group on a European Civil Code
SJZ	Schweizer Juristen-Zeitung (1904/05ff)
s.o.	siehe oben
sog	sogenannt, -e, -er, -es
StbG	Staatsbürgerschaftsgesetz
StGB	Strafgesetzbuch
StGG	Staatsgrundgesetz über die allgemeinen Rechte der Staatsbürger
StPO	Strafprozessordnung
stRsp	ständige Rechtsprechung
StV	Staatsvertrag
StVO	Straßenverkehrsordnung
s.u.	siehe unten
ua	a) und andere, -s b) unter anderem
uÄ	und Ähnliche(s)
UGB	Unternehmensgesetzbuch
usw	und so weiter
uU	unter Umständen
uvm	und vieles mehr
va	vor allem
vChr	vor Christi Geburt
VereinsG	Vereinsgesetz 2002
VfGG	Verfassungsgerichtshofgesetz
VfGH	Verfassungsgerichtshof
VfSlg	Ausgewählte Entscheidungen des Verfassungsgerichtshofes
vgl	vergleiche
VKI	Verein für Konsumenteninformation
VO	Verordnung
VStG	Verwaltungsstrafgesetz
VwGG	Verwaltungsgerichtshofgesetz
VwGH	Verwaltungsgerichtshof

VwGVG	Verwaltungsgerichtsverfahrensgesetz
Z	Ziffer
zB	zum Beispiel
ZGB	Zivilgesetzbuch
ZPEMRK	Zusatzprotokoll zur Europäischen Menschenrechtskonvention
ZPO	Zivilprozessordnung
zT	zum Teil

1. Teil
Grundlagen und Methodenlehre

I. Rechtswissenschaften

A. Die Rechtswissenschaft als Wissenschaft

Das vorliegende Werk hat das Ziel, Studierende in die Rechtswissenschaften einzuführen. Bevor der Gegenstand dieser Wissenschaft näher beschrieben wird, ist zu klären, was unter Wissenschaft zu verstehen ist. **Wissenschaft** ist auf Wissen bezogen, auf die **Erarbeitung neuer Erkenntnisse** als Ergebnis **von Forschung**. Neue Erkenntnisse werden bestimmten Denkgesetzen folgend erzielt. Unverzichtbares Merkmal einer jeden Wissenschaft ist es, eine bestimmte wissenschaftliche Methode zugrunde zu legen.

B. Die verschiedenen Rechtswissenschaften

Gegenstand der Rechtswissenschaften ist das Recht. Es kann aus der Perspektive verschiedener Disziplinen der Rechtswissenschaft beleuchtet und untersucht werden. Die zentrale Disziplin der Rechtswissenschaften, der auch der Großteil eines Rechtswissenschaftsstudiums gewidmet ist, ist die **Rechtsdogmatik**. Sie ist darauf gerichtet, das geltende Recht zu erfassen und den Inhalt von Rechtsvorschriften zu ermitteln. Dies geschieht mit rechtswissenschaftlicher Methode und unter Berücksichtigung von Interpretationsregeln.

Die **Rechtsphilosophie** beschäftigt sich mit den philosophischen Grundlagen jeder Rechtsordnung. Im 4. Teil dieses Lehrbuchs werden Grundzüge der Rechts- und Staatsphilosophie einschließlich der Allgemeinen Staatslehre dargestellt.

Die **Rechtstheorie** ist eine Wissenschaft, die darauf gerichtet ist, allgemeine Strukturprinzipien von Rechtsordnungen herauszuarbeiten und darzustellen. Sie will nicht den Inhalt bestimmter Rechtsvorschriften ermitteln.

Die **Rechtsgeschichte** ist eine Teildisziplin der Rechtswissenschaften und der Geschichtswissenschaft. Daher ist sie nicht auf die Forschungsmethoden der Rechtswissenschaften beschränkt. Ihr Erkenntnisanliegen ist ein anderes. Sie ist darauf gerichtet, die historische Entwicklung von Rechtsordnungen oder Teilen davon zu ermitteln und darzustellen. Die Rechtsgeschichte beschränkt sich aber nicht bloß auf die Darstellung der Entwicklung von Rechtsvorschriften, sondern trägt mit ihren Forschungsergebnissen auch zum Verständnis des geltenden Rechts bei. Sie hat insoweit auch Zuträgerfunktion für die historische Interpretation, einer bestimmten Spielart der Interpretation von Rechtsvorschriften.

Beispiel: Für die Frage, wie der Verfassungsgesetzgeber den Begriff „Angelegenheiten des Gewerbes" in Art 10 Abs 1 Z 8 B-VG verstanden hat, wird die Entwicklung des Rechtsgebiets des Gewerberechts bis zum Inkrafttreten dieser Bestimmung in den Blick genommen.

Die **Rechtsvergleichung** („Komparatistik") untersucht Rechtsordnungen verschiedener Staaten und versucht, durch den Vorgang des Vergleichens Gemeinsamkeiten und Unterschiede herauszuarbeiten und dabei letztlich wieder zum Verständnis des geltenden Rechts beizutragen.

Legistik und Rechtspolitik beschäftigen sich mit der Erlassung neuer oder der Verbesserung bestehender Gesetze. Die **Gesetzgebungslehre** (Legistik) untersucht Rechtsvorschriften mit dem Ziel einer besseren formalen und verständlicheren Gestaltung von Gesetzen. Kriterien hiefür sind etwa systematische und sprachliche Aspekte, aber auch einheitliche Erscheinungsformen und vieles andere mehr.

Die **Rechtspolitik** beschäftigt sich mit der Frage, was der Gesetzgeber inhaltlich vorsehen soll. Dazu zählt auch die Abschätzung von Wirkung und Folgen von rechtspolitischen Gestaltungsmaßnahmen einschließlich deren Kosten (Rechtsfolgenanalyse). Rechtspolitische Fragen stellen sich überall: Themen der vergangenen Jahre waren zB ob eZigaretten nur in Trafiken verkauft werden dürfen; ob gleichgeschlechtliche Paare Kinder adoptieren dürfen; ob Eltern pflichtteilsberechtigt sein sollen. Aktuelle rechtspolitische Fragen sind zB ob die Mindestsicherung für Flüchtlinge gekürzt werden soll; ob Handelsabkommen sinnvoll sind (TTIP); ob das Wahlrecht reformiert und das Gewerberecht weiter liberalisiert werden soll. Nicht immer nimmt der Gesetzgeber seine rechtspolitische Verantwortung wahr (die Frage der Adoption durch gleichgeschlechtliche Personen hat der Verfassungsgerichtshof gelöst), nicht immer nimmt der Gesetzgeber seine Verantwortung richtig wahr (die Beschränkung des Verkaufs von eZigaretten auf Trafiken war verfassungswidrig).

Die **Rechtssoziologie** beschäftigt sich mit der Wechselwirkung des geltenden Rechts mit der gesellschaftlichen Wirklichkeit. Sie ist eine ausschließlich empirische Wissenschaft und bedient sich anderer Methoden als die Rechtsdogmatik, nämlich der Methoden der empirischen Sozialforschung. Die Rechtssoziologie untersucht nicht nur rechtliche Verhaltensgebote, sondern auch andere normative Ordnungen (etwa moralische Gebote, gesellschaftliche Usancen etc). Das Recht ist für die Rechtssoziologie nicht ein auslegungsbedürftiges System von normativen Vorgaben, sondern eine Erscheinungsform gesellschaftlicher Wirklichkeit.

Die **Rechtsökonomie** oder Ökonomische Analyse des Rechts (Law and Economics) analysiert das Recht ausgehend von Verhaltensweisen und Motiven von Menschen als Wirtschaftssubjekte, die aus der Volkswirtschaftstheorie entnommen werden. Vor dem Hintergrund der ökonomischen Theorie werden Aussagen über die tatsächlichen Wirkungen von geltenden Rechtsvorschriften getroffen.

II. Das Recht im objektiven Sinn

A. Definition

Das Recht im objektiven Sinn ist die Summe jener Normen, welche das menschliche Zusammenleben verbindlich regeln und allenfalls mit staatlicher Zwangsgewalt durchsetzbar sind.

Die Rechtsordnung sorgt somit für die äußere Ordnung in der Gesellschaft, welche das Zusammenleben erleichtert (Ordnungsfunktion); sie besteht aus **Sollensanordnungen**, nach welchen sich die Normunterworfenen richten müssen. Die Ge- und Verbote werden nötigenfalls mit behördlicher **Zwangsgewalt** gegen den Willen des Betroffenen durchgesetzt. Eine Verletzung dieser Ge- und Verbote wird vom Staat idR mit Strafen geahndet. Das staatliche Gewaltmonopol gewährleistet die Friedenssicherungs- und Schutzfunktion der Rechtsordnung. Nur in bestimmten Notsituationen darf privater Zwang geübt werden.

Die in einer Gemeinschaft geltende Rechtsordnung wird als **positives Recht** (von Menschen für Menschen gesetztes Recht) bezeichnet: Gesetze werden erlassen und ihre Befolgung erzwungen. Die menschliche Gemeinschaft bestimmt die Regeln für das Zusammenleben folglich selbst.

Lehren des **Naturrechts** waren vor allem in früheren Zeiten herrschend (siehe auch 4. Teil II.B. und II.C.4.): Naturrechtslehrer wie *Aristoteles*, *Thomas von Aquin, Hobbes* und *Pufendorf* etwa betrachteten das Recht als aus der Natur des Menschen (vor allem seiner Vernunft) oder göttlicher Anordnung vorgegeben und nicht vom Menschen geschaffen wie das positive Recht. Diese naturrechtlichen Normen seien der menschlichen Erkenntnis zugänglich und enthielten unmittelbar anwendbares, dem positiven Recht im Rang vorgehendes Recht.

In der Anerkennung allgemeiner, vom positiven Recht unabhängiger Rechtsgrundsätze (vgl § 7 ABGB: Entscheidung eines Rechtsfalles nach den „natürlichen Rechtsgrundsätzen") sind allerdings heute noch naturrechtliche Ansätze erkennbar. Ebenso wird vertreten, dass dem positiven Recht einem ethisch sauberen Rechtsbegriff entsprechend bloß dann Rechtsqualität zukomme, wenn es sich an Gerechtigkeitsvorstellungen orientiert (siehe unten) und den Postulaten der Zweckmäßigkeit und Rechtssicherheit dient.

B. Die normativen Ordnungen von Sitte und Moral

Neben den Verhaltensanordnungen des Rechts bestehen in einer Gemeinschaft auch andere Verhaltensanordnungen wie zB der Sitte und Moral; auch sie regeln das menschliche Zusammenleben. Das Recht unterscheidet sich trotz gewisser gemeinsamer Merkmale von diesen anderen normativen Ordnungen durch die Einordnung als **staatliche Zwangsordnung** (das Charakteristikum, dass es notfalls mit unmittelbarem, staatlich organisiertem Zwang durchgesetzt werden kann).

1. Sitten

Sitten sind allgemein geübte, nach außen erkennbare und rechtlich unbeachtliche Verhaltensweisen bestimmter Gruppen, welche ohne Rechtsüberzeugung (*opinio iuris* – Unterschied zum Gewohnheitsrecht, siehe unten IV.B.) praktiziert werden und deren Verletzung keine staatlichen, sondern **gesellschaftliche Sanktionen** nach sich zieht. Mit ihrer Nichtbeachtung sind häufig geschäftliche und/oder persönliche Nachteile verbunden (Ächtung, Beziehungsverlust etc).

Beispiel: Sitte ist es etwa, sich zu grüßen, Hände zu schütteln, sich zu bestimmten Anlässen entsprechend zu kleiden, mit Messer und Gabel zu essen etc. Ein entsprechendes Fehlverhalten führt etwa dazu, dass man von anderen auch nicht mehr gegrüßt wird.

Sitten können ausnahmsweise in Form von **Verkehrssitten** oder **Unternehmensbräuchen** rechtliche Bedeutung erlangen (so etwa bei der Auslegung von Willenserklärungen und Verträgen gemäß § 914 ABGB oder über Verweise des Gesetzgebers, zB in § 346 UGB: „Gebräuche im Geschäftsverkehr").

2. Moral

Gebote der Moral sind für die innere Einstellung und das eigene Gewissen maßgeblich. Während Recht und Sitte außenwirksame Sollensanforderungen enthalten, welche sich im Grunde mit äußerer Befolgung begnügen, erfordern die Appelle der Moral an das eigene Gewissen eine edle Gesinnung. Verletzungen der Moral müssen mit dem eigenen Gewissen vereinbart werden.

Auch zwischen Recht und Moral bestehen Überschneidungen: Viele Rechtsvorschriften genügen moralischen Anforderungen; allerdings ist nicht jedes unmoralische Verhalten auch zugleich rechtswidrig.

Im Rahmen der §§ 879 und 1295 Abs 2 ABGB sind Moralvorstellungen aller „billig und gerecht Denkenden" im Rahmen der „guten Sitten" rechtlich beachtlich. Wer gegen diesen allgemeinen, ungeschriebenen Grundkonsens an Werthaltungen verstößt, handelt rechtswidrig. Der genaue Umfang der guten Sitten wird durch die Rechtsprechung laufend konkretisiert und bietet aufgrund der nicht leicht fassbaren Ausgestaltung der Moralvorstellungen „aller billig und gerecht Denkenden" in den Randbereichen häufigen Anlass zu Diskussionen.

III. Das Recht im subjektiven Sinn

Die Rechtsordnung als Recht im objektiven Sinn trifft Verhaltensanordnungen, räumt aber auch Befugnisse ein. Diese dem Einzelnen vom objektiven Recht (engl „*law*") zugestandenen Befugnisse heißen **subjektive Rechte** (engl „*right*"). Sie gewähren einzelnen Personen somit durchsetzbare Ansprüche.

Indes begründet nicht jede Vorschrift des objektiven Rechts zum Schutz bestimmter Interessen stets auch ein subjektives Recht. Für die Annahme eines subjektiven Rechts ist vielmehr entscheidend, dass eine Vorschrift des objektiven Rechts (zumindest auch) dem individuellen Interesse Einzelner zu dienen bestimmt ist.

So bezweckt etwa die Straßenverkehrsordnung (StVO) den Schutz der Verkehrsteilnehmer, diese haben allerdings kein Recht, die Einhaltung der StVO von jemandem zu erzwingen; die Einhaltung dieser Vorschriften wird unabhängig vom Willen der geschützten Personen von öffentlichen Organen amtswegig wahrgenommen. Somit verleiht die StVO kein subjektives Recht, weil keine Befugnis zur Geltendmachung durch die geschützten Personen besteht.

Dagegen bestehen Ansprüche einer Person, dass der Nachbar nicht über die nach der Bauordnung (BauO) zulässige Höhe hinaus baut oder dass er nicht näher als nach der BauO zulässig an die Grundgrenze heran baut (**öffentlich-rechtliche subjektive Rechte**), weil diese Ansprüche vor den zuständigen Verwaltungsbehörden und sodann vor den Verwaltungsgerichten durchsetzbar sind. Wird dem Nachbarn unter Verletzung dieser subjektiven öffentlichen Rechte eine Baubewilligung erteilt, steht dem Betroffenen Rechtsschutz offen.

Die im Einzelfall schwierigen Abgrenzungsfragen stellen sich vor allem im Bereich des öffentlichen Rechts: Wird etwa jemandem eine Baubewilligung erteilt, obwohl die vorgesehenen Wohnzimmerfenster nicht die nach der BauO erforderliche Mindestgröße aufweisen, kann der Nachbar keine Rechtsmittel ergreifen, weil es sich hiebei bloß um Bestimmungen des objektiven Rechts handelt, welche von der

Baubehörde amtswegig wahrzunehmen sind. Der Nachbar wird durch einen solchen Bescheid nicht in seinen subjektiven öffentlichen Rechten verletzt (denn diese Bestimmung dient allein dem Schutz der dort Wohnenden, nicht dem Schutz der Nachbarn, weshalb keine subjektiven öffentlichen Rechte der Nachbarn begründet werden). Als Leitlinie hat sich in Judikatur und Lehre die sog **Schutznormtheorie** entwickelt, wonach eine Rechtsnorm dann ein subjektives öffentliches Recht begründet, wenn sie nicht ausschließlich zum Schutz der Allgemeinheit oder zur Durchsetzung eines öffentlichen Interesses erlassen wurde, sondern zumindest auch dem Schutz individueller Interessen und damit dem Schutz bestimmter spezifisch betroffener Einzelner dient.

Eindeutiger werden Ansprüche im Privatrecht eingeräumt: So hat der Geschädigte nach den Regelungen des ABGB gegen den Schädiger einen Schadenersatzanspruch (**privatrechtliches subjektives Recht**). Dieser Anspruch ist zivilgerichtlich durchsetzbar.

IV. Rechtsquellen

A. Definition

Unter Rechtsquellen versteht man jene Erscheinungsformen, aus denen Recht entsteht (**Entstehungsquellen**) bzw aus denen Recht erkennbar wird (**Erkenntnisquellen**).

B. Entstehungsquellen des Rechts

Darunter versteht man die von der staatlichen Autorität gesetzten bzw anerkannten Akte der Rechtserzeugung:

- **Gesetze**: Diesen kommt in Österreich überragende Bedeutung zu. Gesetzesrecht wird auch als positives Recht bezeichnet (siehe oben II.A.), weil seine Existenz auf menschliche Rechtsetzung zurückzuführen ist (im Gegensatz zum Naturrecht). Die Regelungen über das Gesetzgebungsverfahren stellen einen der Kerninhalte des demokratischen Grundprinzips der Verfassung dar (3. Teil III.B.2.).

  „Sobald ein Gesetz gehörig kundgemacht worden ist, kann sich niemand damit entschuldigen, dass ihm dasselbe nicht bekannt geworden sei.“: § 2 ABGB wird heute dahingehend ausgelegt, dass im BGBl kundgemachte Gesetze für jedermann verbindlich sind, unabhängig davon, ob er von ihnen tatsächlich Kenntnis hat oder nicht. Verschuldet iSv subjektiv vorwerfbar ist diese Unkenntnis jedoch nur dann, wenn dem Betreffenden die Kenntnisnahme zumutbar war. Generell wird hiebei ein strenger Maßstab angelegt, sodass Rechtsunkenntnis nur selten entschuldigt: Ausländische Autofahrer müssen sich etwa über die einschlägigen Normen informieren, wenn sie österreichische Straßen befahren.

- **Staatsverträge** sind öffentlich-rechtliche Vereinbarungen des Staates mit anderen Völkerrechtssubjekten, also Staaten und Internationalen Organisationen, aber auch damit zusammenhängende einseitige Völkerrechtsgeschäfte wie die Kündigung.

  Beispiel: Verträge mit Nachbarstaaten über eine veränderte Grenzziehung.

- **Verordnungen** sind Hoheitsakte von Verwaltungsbehörden, die nur auf Basis einer gesetzlichen Ermächtigung erlassen werden dürfen und die sich – wie Gesetze – an einen generellen Adressatenkreis richten (zB alle Betreiber von gewerblichen Betriebsanlagen).

Zu den **generellen Rechtsquellen**, welche sich an die Allgemeinheit oder an einen nach Artmerkmalen bestimmten Adressatenkreis wenden, zählen Gesetze, Verordnungen,

Staatsverträge und Gewohnheitsrecht. Letzteres entsteht durch lang anhaltende, allgemeine, gleichmäßige Anwendung, welche von der Überzeugung getragen werden muss, dass die angewandten Regeln Recht seien (*opinio iuris*). Das Erfordernis der *opinio iuris* für die Qualifikation als Gewohnheitsrecht unterscheidet dieses von Sitten und Gebräuchen (bloße *opinio usus*). In Österreich kommt dem Gewohnheitsrecht eine sehr untergeordnete Bedeutung zu, weil der Gesetzgeber Gewohnheitsrecht im Laufe der Zeit in Gesetze aufzunehmen pflegt und dieses somit verdrängt wird.

Beispiele für generelle Rechtsquelle sind Verordnungen. Sie richten sich an eine unbestimmte Anzahl von Personen, beispielsweise an alle Lenker eines Kraftfahrzeugs in einem bestimmten Gebiet (Straßenverkehrszeichen) oder an alle Grundeigentümer (Flächenwidmungsplan: dieser regelt, ob und welche Bauwerke auf bestimmten Grundstücken errichtet werden dürfen).

Individuelle Rechtsquellen richten sich dagegen an einzelne, individuell bestimmte Personen. Dazu gehören Erkenntnisse von Verwaltungsgerichten und Gerichtshöfen des öffentlichen Rechts und Bescheide von Verwaltungsbehörden (in den Grenzen der Rechtskraft) sowie Gerichtsurteile von ordentlichen Gerichten und Verträge zwischen Privatrechtssubjekten.

Im **Case-law-System** des angloamerikanischen Rechtskreises kommt Gerichtsurteilen generelle Wirkung zu. § 12 ABGB bestimmt, dass in Österreich Gerichtsurteile Verbindlichkeit bloß für den einzelnen entschiedenen Fall entfalten; Gerichte können somit kein allgemein gültiges Recht schaffen. Bereits aus dem Gewaltenteilungsprinzip der Verfassung ergibt sich, dass das Parlament allgemein verbindliches (Bundes-)Recht schafft, den Gerichten und Verwaltungsbehörden hingegen die Aufgabe zukommt, dieses Recht anzuwenden, also aus dem allgemein verbindlichen Recht durch Urteil, Erkenntnis oder Bescheid verbindliches Recht für den Einzelnen zu schaffen. Aufgrund dieser Bindung der Gerichte an das Gesetz dürfen sie nicht *contra legem* entscheiden; die Ausdifferenzierung bzw das Weiterdenken unvollkommenen Gesetzesrechts unter Ausschöpfung aller anerkannten Interpretationsmethoden ist im Rahmen der richterlichen Rechtsetzung bzw auch der **richterlichen Rechtsfortbildung** Aufgabe der Gerichte und Verwaltungsbehörden. Insofern kommt dem Richterrecht auch eine gewisse subsidiäre Bindungskraft im generellen Sinne zu, weil Gerichtsurteile binden, solange nicht nachgewiesen werden kann, dass eine andere Lösungsmöglichkeit der Rechtsordnung besser entspricht. Die Grenzen zur unerlaubten freien Rechtsfindung sind zum Teil fließend und dürfen nicht überschritten werden.

Es besteht auch keine Bindung der Höchstgerichte (VfGH, VwGH und OGH) an (ihre eigenen) Entscheidungen (Präjudizien): Bei neuerlicher Vorlage eines vergleichbaren Sachverhalts dürfen sie zu einer anderen Lösung gelangen.

Beispiel: Der VfGH (VfSlg 7461) entschied etwa im Jahr 1974 zunächst, dass die in Vorarlberg ausschließlich für Schülerinnen vorgeschriebene hauswirtschaftliche Ausbildung sachlich gerechtfertigt sei, weil diese Tätigkeit überwiegend von Frauen ausgeübt werde. Diese Regelung wurde hingegen 1994 durch den VfGH aufgehoben (VfSlg 13.917).

Trotzdem orientiert sich die Rechtsprechungspraxis an älteren Entscheidungen (Präjudizien) aus Gründen der Rechtssicherheit und Gleichbehandlung. Eine gewisse Bindung der Höchstgerichte an ihre eigene Rechtsprechung ist zur Wahrung der Einheitlichkeit und Verlässlichkeit (im Sinne einer Leitjudikatur) vorgesehen. Solche Leitentscheidungen werden von verstärkten Senaten getroffen, in denen eine höhere Anzahl von Richtern vertreten ist: So ist etwa beim VwGH und beim OGH ein verstärkter Senat vorgeschrieben, wenn eine Entscheidung ein Abgehen von der bisherigen Rechtsprechung bedeutet oder die zu lösende Rechtsfrage in der bisherigen Rechtsprechung der Gerichte nicht einheitlich beantwortet wurde (§ 13 Abs 1 VwGG; § 8 OGHG).

C. Österreich als Mitglied der EU

Auffällig ist, dass im Katalog der österreichischen Rechtsquellen keine Rechtsakte der EU angeführt sind. Das liegt daran, dass europäische Rechtsakte nicht Teil der österreichischen Rechtsordnung sind, sondern eine eigenständige zweite Rechtsordnung bilden. Die Rechtsakte der EU sind aber in Österreich anwendbar, so wie Bundesrecht in Österreich in allen Bundesländern gilt. Die Rechtsordnung der EU besteht aus dem Primärrecht („europäisches Verfassungsrecht"), also va den Verträgen und der Grundrechtecharta, und dem Sekundärrecht, also Rechtsvorschriften, die auf Basis des Primärrechts erlassen wurden. Dazu gehören Richtlinien, die sich an die Mitgliedstaaten richten und von diesen in nationales Recht umzusetzen sind, und Verordnungen, die unmittelbar, also ohne Umsetzung anwendbar sind. Diese unmittelbare Anwendbarkeit führt dazu, dass das Europarecht als **„supranationales" Recht** bezeichnet wird. Das Europarecht wird geschlossen in Teil 3 V. behandelt.

D. Erkenntnisquellen des Rechts

Unter Erkenntnisquellen versteht man jene äußeren Erscheinungsformen, welche es ermöglichen, vom Inhalt des Rechts Kenntnis zu erlangen:

- **Bundesgesetzblätter**, in welchen insb Bundesgesetze und die von Österreich ratifizierten Staatsverträge kundgemacht werden.

  Seit 1.1.1997 bestehen folgende Teilungen der BGBl: I Gesetze, II Verordnungen, III Staatsverträge. Seit dem Jahr 2004 wird dabei die authentische Fassung der Rechtsvorschriften im Internet (Rechtsinformationssystem des Bundes: www.ris.bka.gv.at) kundgemacht.

- **Landesgesetzblätter**, in welchen insb Landesgesetze kundgemacht werden.
- **Amtsblatt der EU**, in welchem insb die Verordnungen und Richtlinien der EU veröffentlicht werden.

  Im ABl werden verbindliche Rechtsakte im Teil L (*legislatio*), Mitteilungen und Bekanntmachungen im Teil C (*communicatio*) kundgemacht.

Die entsprechende Rechtsvorschrift gilt in der verlautbarten Form, bei Fehlern ist im selben Kundmachungsorgan eine Druckfehlerberichtigung zu veröffentlichen.

V. Rechtsvorschriften

A. Definition

Das Recht im objektiven Sinn tritt in Form von Rechtssätzen (Rechtsvorschriften) in Erscheinung. Rechtssätze sind **Sollensanordnungen** und bestehen regelmäßig aus Tatbestand und Rechtsfolge: Der **Tatbestand** beschreibt abstrakt vertypt eine bestimmte Verhaltensweise bzw Situation, für welche eine bestimmte Konsequenz vorgesehen ist (**Rechtsfolge**). Rechtssätze ordnen somit bei Vorliegen bestimmter Voraussetzungen den Eintritt bestimmter Rechtsfolgen an.

B. Sachverhalt

Als Sachverhalt bezeichnet man jene konkrete Lebenssituation, auf welche der Rechtssatz angewendet werden soll („Lebenssachverhalt"). Möglicherweise rechtlich erhebliche Fakten bilden den Sachverhalt.

Beispiele: Laura ist beim Schifahren unaufmerksam und kollidiert mit der am Sessellift angestellten Lena, die sich ein Bein bricht.
Der leicht alkoholisierte Heinz erschießt den Pilze sammelnden Christian im Wald bei dem Versuch, den neben Christian befindlichen Baum zu treffen.
Max fährt mit seinem Auto im Wiener Ortsgebiet mit 95 km/h.

C. Tatbestand

Dieser beschreibt mittels allgemein gehaltener, abstrakter Tatbestandsmerkmale jene Lebenssituationen und Fakten, für welche die Rechtsordnung Rechtsfolgen anordnet.

Beispiele: § 1295 Abs 1 ABGB lautet: „Jedermann ist berechtigt, von dem Beschädiger den Ersatz des Schadens, welchen dieser ihm aus Verschulden zugefügt hat, zu fordern; ..."
§ 1325 ABGB lautet: „Wer jemanden an seinem Körper verletzt, bestreitet die Heilungskosten des Verletzten, ersetzt ihm den entgangenen, oder, wenn der Beschädigte zum Erwerb unfähig wird, auch den künftig entgehenden Verdienst; und bezahlt ihm auf Verlangen überdies ein den erhobenen Umständen angemessenes Schmerzengeld." Der erste Halbsatz bildet den konkretisierten Tatbestand, der zweite die Rechtsfolge.
§ 75 StGB (Mord) lautet: „Wer einen anderen tötet, ist mit Freiheitsstrafe von zehn bis zu zwanzig Jahren oder mit lebenslanger Freiheitsstrafe zu bestrafen." Der erste Halbsatz bildet den Tatbestand, der zweite die Rechtsfolge. Dabei ist aber auch zu beachten, dass nach § 7 Abs 1 StGB dann, wenn das Gesetz nichts anderes bestimmt, nur vorsätzliches Handeln strafbar ist. Bei der Tötung gibt es jedoch auch ein entsprechendes Fahrlässigkeitsdelikt.
§ 80 Abs 1 StGB (Fahrlässige Tötung) lautet: „Wer fahrlässig den Tod eines anderen herbeiführt, ist mit Freiheitsstrafe bis zu einem Jahr oder mit Geldstrafe bis zu 720 Tagessätzen zu bestrafen."
§ 99 Abs 2e StVO erklärt das Überschreiten der Höchstgeschwindigkeit im Ortsgebiet (= 50 km/h: § 20 Abs 2 StVO) um mehr als 40 km/h zur Verwaltungsübertretung, die mit einer Geldstrafe von 150 bis 2180 Euro, im Fall ihrer Uneinbringlichkeit mit Freiheitsstrafe von 48 Stunden bis zu 6 Wochen, zu bestrafen ist.

Der Tatbestand eines Rechtssatzes muss notwendig abstrakt formuliert sein, weil dieser für eine Vielzahl von Fällen einschlägig sein muss.

Der Gesetzgeber kann nicht für jeden Einzelfall eine individuelle Lösung treffen, so beispielsweise anordnen, dass Laura Lena € 3.000 Schmerzengeld zahlen muss, wenn sie ihr einen Beinbruch zufügt. Die Zahl und die konkreten Konstellationen der möglichen Konflikte in der Realität sind unendlich, sodass allgemein angeordnet wird: Bei schuldhafter Schädigung ist Ersatz zu leisten.

Alle Autofahrer, die die zulässige Höchstgeschwindigkeit überschreiten, sind wegen einer Verwaltungsübertretung zu bestrafen, wenn keine die Strafbarkeit ausschließenden Gründe vorliegen.

D. Subsumtion

Ob ein Sachverhalt rechtlich erheblich ist, hängt davon ab, ob der Sachverhalt in den Regelungsbereich eines gesetzlichen Tatbestands fällt. Diese Prüfung, ob der Sachverhalt einem Tatbestand entspricht, obliegt dem Rechtsanwender:

Jenen Vorgang, bei welchem festgestellt wird, dass ein Sachverhalt die Merkmale eines gesetzlichen Tatbestands erfüllt, bezeichnet man als **Subsumtion**. Diese erfolgt mithilfe eines **Syllogismus**: Den Obersatz stellt der Tatbestand dar, den Untersatz der Sachverhalt. Der Schlusssatz stellt fest, dass der Sachverhalt die Tatbestandsmerkmale erfüllt.

Beispiele: Tatbestand (Obersatz): „Wer jemanden an seinem Körper verletzt, ..."
Sachverhalt (Untersatz): Laura ist beim Schifahren unaufmerksam und kollidiert mit der am Sessellift angestellten Lena, die sich ein Bein bricht.

Schlusssatz: Laura hat Lena eine körperliche Verletzung zugefügt; sie handelt aufgrund ihrer Unaufmerksamkeit objektiv und subjektiv sorgfaltswidrig (fahrlässig) und muss somit Schadenersatz leisten.
Tatbestand (Obersatz): „Wer einen anderen tötet …"
Sachverhalt (Untersatz): Der leicht alkoholisierte Heinz erschießt den Pilze sammelnden Christian im Wald bei dem Versuch, den neben Christian befindlichen Baum zu treffen.
Schlusssatz: Heinz hat Christian getötet, weil sein Schuss zum Tod geführt hat. Er ist aber kein Mörder (§ 75 StGB), weil er nicht vorsätzlich gehandelt hat. Er hat aber fahrlässig gehandelt, weil er alkoholisiert und in unmittelbarer Nähe eines anderen auf einen Baum gezielt hat. Daher hat Heinz Christian fahrlässig getötet (§ 80 StGB).
Tatbestand (Obersatz): „Wer die zulässige Höchstgeschwindigkeit im Ortsgebiet um mehr als 40 km/h überschreitet …"
Sachverhalt (Untersatz): Max fährt mit seinem Auto im Ortsgebiet von Wien mit 95 km/h.
Schlusssatz: Max hat die zulässige Höchstgeschwindigkeit im Ortsgebiet um mehr als 40 km/h überschritten. Max hat daher eine Verwaltungsübertretung nach § 99 Abs 2e StVO begangen. Wenn eine Verwaltungsvorschrift nicht anderes bestimmt, genügt zur Strafbarkeit fahrlässiges Handeln (§ 5 VStG), was hier jedenfalls anzunehmen ist.

Erst nachdem der Sachverhalt erfolgreich unter einen Tatbestand subsumiert wurde, kann die auf den Sachverhalt anzuwendende **Rechtsfolge** bestimmt werden, da diese die Erfüllung des Tatbestands voraussetzt.

E. Rechtsfolge

Wird ein gesetzlicher Tatbestand verwirklicht, führt dies im konkreten Fall zu einem Rechtserwerb, Rechtsverlust, einer Verpflichtung oder sonstigen Änderung der Rechtsverhältnisse, je nachdem, was der Gesetzgeber als Konsequenz des tatbestandsmäßigen Verhaltens in der Rechtsvorschrift anordnet.

Beispiel: Der Mörder soll ins Gefängnis kommen; der Schädiger soll Schadenersatz leisten; der rasende Autofahrer soll bestraft werden etc.

F. Geltung von Rechtsvorschriften

Eine Rechtsvorschrift erlangt rechtliche Existenz und wird Bestandteil der Rechtsordnung, sobald sie den vorgesehenen Regeln entsprechend beschlossen und im vorgesehenen Kundmachungsorgan veröffentlicht wird. Sie **gilt unabhängig von ihrer Effektivität** (dem Maß an Rechtsbefolgung durch die Rechtsunterworfenen und Rechtsdurchsetzung durch die staatlichen Organe) bis zu ihrer allfälligen Aufhebung oder Abänderung.

Rechtsvorschriften bestimmen für diverse Personen gewisse Verhaltensweisen unter bestimmten Voraussetzungen. **Inhaltlich** können somit folgende **Anwendungsbereiche** unterschieden werden:

- Der **persönliche Geltungsbereich** einer Rechtsvorschrift wird entweder nach Gattungsmerkmalen (generell) oder individuell (für eine bestimmte Person) festgelegt. Gesetze und Verordnungen enthalten grundsätzlich generelle Anordnungen (richten sich somit an die Allgemeinheit oder eine nach Gattungsmerkmalen bestimmte Gruppe von Menschen [zB die Studierenden, die Arbeiter]), während Bescheide,

Entscheidungen und Urteile individuelle Vorschriften beinhalten (richten sich an Frau X, Herrn Y).

- Den **örtlichen Geltungsbereich** zB von Bundesgesetzen stellt gemäß Art 49 B-VG grundsätzlich das gesamte Bundesgebiet dar. Landesgesetze gelten hingegen nur im Bereich des jeweiligen Bundeslandes.
- Der **sachliche Geltungsbereich** bestimmt, welche Sachverhalte und Verhaltensweisen vom Tatbestand der entsprechenden Rechtsvorschrift erfasst sind. Gesetze und Verordnungen stellen meist auf abstrakt-typisierte Verhaltensweisen ab, während Urteile, Entscheidungen und Bescheide konkret umschriebene Verhaltensweisen enthalten.
- **Zeitlicher Geltungsbereich**: Gemäß Art 49 Abs 1 B-VG treten – mangels abweichender Bestimmung – Bundesgesetze mit Ablauf des Tages ihrer Kundmachung (0 Uhr des Tages nach dem Kundmachungstag) in Kraft und werden verbindlich: Verbindlichkeit und Geltungsbeginn treten somit grundsätzlich gemeinsam ein.

Geltungs- und Verbindlichkeitsbeginn können bei entsprechender gesetzlicher Anordnung auch auseinanderfallen: Im Falle einer **Legisvakanz** tritt die Verbindlichkeit erst zu einem späteren Zeitpunkt ein.

Beispiel: Das Erbrechtsänderungsgesetz 2015 wurde im Juli 2015 vom Parlament beschlossen und im BGBl kundgemacht, aber erst am 1. Jänner 2017 wirksam. Davor war, obwohl das Erbrechtsänderungsgesetz 2015 Bestandteil der Rechtsordnung geworden ist, noch die alte Rechtslage **anzuwenden**.

Der Gesetzgeber kann unter Berücksichtigung des Gleichheitssatzes (sachliche Rechtfertigung!) auch eine **Rückwirkung** anordnen, sodass ein Gesetz auf Sachverhalte Anwendung findet, welche sich vor seiner Erlassung ereignet haben. Der Gesetzgeber hat dabei allerdings verfassungsrechtliche Grenzen in Gestalt des (aus dem Gleichheitssatz abzuleitenden) Vertrauensschutzprinzips zu beachten (3. Teil III.C.2.b). Im **Strafrecht** gilt allerdings ein **Rückwirkungsverbot** (vgl die Verfassungsbestimmung des Art 7 EMRK und die Ausführungen in einfachen Gesetzen wie zB § 1 StGB, § 1 VStG).

Die Geltung einer Rechtsvorschrift kann durch Zeitablauf, Eintritt einer auflösenden Bedingung, Derogation (Aufhebung durch eine andere Rechtsvorschrift – siehe unten VII.B.) oder Aufhebung durch ein aufhebungsbefugtes Organ enden.

G. Novellierung

Rechtsvorschriften dürfen von den sie erlassenden Rechtssetzungsautoritäten grundsätzlich jederzeit geändert werden. Durch Novellen kann eine Änderung der sprachlichen Fassung einzelner Formulierungen, eine Aufhebung früher erlassener Rechtsvorschriften und eine Einfügung neuer Bestimmungen bewirkt werden. Sobald die Anordnung der Novelle in Kraft tritt, gilt die geänderte Fassung.

Beispiel: Verwaltungsgerichtsbarkeits-Novelle 2012 (BGBl I 2012/51); Erbrechtsänderungsgesetz 2015 (BGBl I 2015/87); Steuerreformgesetz 2015/16 (BGBl I 2015/118).

VI. Arten von Rechtsvorschriften

A. Materielles Recht – Formelles Recht

Materielles Recht befasst sich mit der **inhaltlichen Ordnung menschlichen Zusammenlebens**. Materielle Rechtsvorschriften regeln etwa, auf welche Leistungen jemand unter welchen Voraussetzungen einen Anspruch hat, wann ein Rechtsgeschäft anfechtbar ist, unter welchen Umständen Arbeitnehmer gekündigt werden können, unter welchen Voraussetzungen eine gewerbliche Betriebsanlage betrieben werden darf, etc. Darüber hinaus regelt das materielle Recht spiegelbildlich die inhaltlichen Determinanten für das Handeln der Staatsorgane, etwa unter welchen Voraussetzungen die Errichtung einer Betriebsanlage zu bewilligen ist.
So sind bspw Zivil-, Arbeits-, Straf- und Unternehmensrecht sowie das besondere Verwaltungsrecht materielles Recht.

Diese inhaltlichen Regelungen müssen notfalls durch staatlichen Zwang durchgesetzt werden. Das **formelle Recht** legt fest, welche Behörden dabei wie vorzugehen haben; es dient der Verwirklichung des materiellen Rechts. Unter formellem Recht versteht man somit jene Rechtsvorschriften, welche Verfahren und Art der Rechtsdurchsetzung vor den staatlichen Behörden festlegen, also zB wie man eine Betriebsanlagengenehmigung bekommen oder wie man sich gegen Organstrafmandate wehren kann.

Das formelle Recht wird weiter unterteilt:
- Das **Organisationsrecht** regelt Einrichtung und allgemeine Aufgabenstellung der einzelnen Staatsorgane. ZB legt die JN die Arten der ordentlichen Gerichte, ihre innere Organisation (Senate, Einzelrichter) und ihre Zuständigkeiten fest; das Bundesverwaltungsgerichtsgesetz (BVwGG) regelt die Organisation und Zusammensetzung des Bundesverwaltungsgerichts, der jeweilige Landesgesetzgeber den Aufbau der neun Landesverwaltungsgerichte; das BundesministerienG bestimmt die Bundesministerien, ihre Wirkungsbereiche und innere Organisation (Abteilungen, Sektionen etc).
- Das **Verfahrensrecht** bestimmt den förmlichen Ablauf des Entscheidungsverfahrens; näher geregelt sind die Verfahrensparteien, das Ermittlungsverfahren, die Beweismittel, die Entscheidungsformen (Urteile, Erkenntnisse, Beschlüsse, Bescheide) sowie die Rechtsmittel (Berufung vor den ordentlichen Gerichten, Beschwerde vor den Verwaltungsgerichten). Die ZPO regelt zB das Verfahren bestimmter Zivilprozesse vor den ordentlichen Gerichten, die StPO das gerichtliche Strafverfahren, das AVG das verwaltungsbehördliche Bescheiderlassungsverfahren und das VwGVG das Verfahren zur Erlassung von Entscheidungen des Bundesverwaltungsgerichts und der Landesverwaltungsgerichte.

B. Zwingendes Recht – Dispositives Recht

Dispositives (nachgiebiges) Recht weicht der gegenteiligen Parteienvereinbarung und lässt somit abweichende privatautonome Rechtsgestaltung zu. Es erfüllt folgende Funktionen:
- Wenn die Vertragsparteien nicht alle Details vereinbaren, der Vertrag somit unvollständig ist, greift das dispositive Recht: Sofern die Parteien in Hauptpunkten Einig-

keit erzielten, ergänzt das dispositive Recht (**Ergänzungsfunktion**) die nicht abweichend geregelten Nebenpunkte.

Beispiel: Wenn bloß die Reparatur des Autos vereinbart (Werkvertrag), allerdings kein Preis festgesetzt wurde, greift § 1152 ABGB und es gilt ein angemessenes Entgelt als geschuldet.

Einigen sich die Vertragsparteien bei einem Kaufvertrag über Ware und Preis (*essentialia negotii* – Hauptpunkte des Vertrages), so gilt mangels abweichender Parteienvereinbarung gemäß § 905 ABGB als Erfüllungsort für eine Leistung der Wohnsitz des Schuldners zur Zeit des Vertragsabschlusses; der Verkäufer hat für die Ware gemäß §§ 922 ff ABGB Gewähr zu leisten.

- Bedienen sich die Vertragsparteien einer undeutlichen Äußerung, bestimmt das Gesetz die maßgebende Auslegung (**Auslegungsfunktion**).
- Das dispositive Recht gibt Auskunft darüber, wie sich der Gesetzgeber eine ausgewogene Berücksichtigung der jeweiligen Interessen der Vertragspartner vorstellt; bei groben Abweichungen kann die Vereinbarung nach der Generalklausel des § 879 Abs 1 ABGB gegebenenfalls sittenwidrig sein (gewisse **Richtigkeitsgewähr**).

Beispiel: So ist nach hA der gänzliche Gewährleistungsausschluss bei fabriksneuen Waren (auch) zwischen Unternehmern (teil)unwirksam gemäß § 879 Abs 1 ABGB, weil er gegen die guten Sitten verstößt.

Zwingendes Recht kann hingegen durch Parteienvereinbarung nicht abgeändert werden und schränkt insofern die Privatautonomie ein. Bei abweichender Vereinbarung ist diese nichtig (rechtsunwirksam).

Beispiel: Zwingende Regelungen bestehen für die Auflösung von Mietrechtsverhältnissen insbesondere in Form der Kündigungsschutzbestimmungen. Ebenso wenig können die Bestimmungen im Konsumentenschutzrecht oder die guten Sitten (§ 879 ABGB) durch abweichende Vereinbarungen ausgeschlossen werden.

Man unterscheidet:

- **Absolut zwingendes Recht**: erlaubt keinerlei Abweichungen; auch nicht zugunsten der Betroffenen (zweiseitig zwingend).
- **Relativ zwingendes Recht**: ist bloß zugunsten einer, nämlich der schutzwürdigen Partei abänderbar; es soll bloß eine Mindestabsicherung stattfinden, sodass Verschlechterungen unzulässig sind (einseitig zwingend).

Ist im Privatrecht zwingendes Recht zum Schutz typischerweise schwächerer Marktteilnehmer (Verbraucher, Arbeitnehmer, Mieter) vorgesehen, so handelt es sich zumeist um relativ zwingendes Recht, welches bloß einen gewissen Mindeststandard bzw Mindestschutz bieten soll; für den Geschützten günstigere Vereinbarungen sind dagegen erlaubt und durchaus erwünscht. Dagegen ist das öffentliche Recht auf Grund der im Vordergrund stehenden Allgemeininteressen in der Regel absolut zwingend:

Beispiel: Eine Baubewilligung darf nur erteilt werden, wenn alle gesetzlichen Voraussetzungen dafür erfüllt sind. Man kann nicht einzelne Genehmigungskriterien in den Bestimmungen der Bauordnungen mit der Behörde „wegverhandeln“, also etwa im Grünland bauen.

VII. Normenkonkurrenz

A. Problemstellung

Erfüllt derselbe Sachverhalt die Tatbestände mehrerer (scheinbar) miteinander in Widerspruch stehender Rechtsvorschriften, muss zunächst geprüft werden, ob ein Normwiderspruch tatsächlich vorliegt und bejahendenfalls, was die Rechtsfolgen dieses Widerspruchs sind. Diese sind dem positiven Recht zu entnehmen. Man unterscheidet zwischen Derogation (B.), Anwendungsvorrang (C.) und kumulativer oder alternativer Anwendung (D.). Bei Widersprüchen zwischen Rechtsvorschriften unterschiedlichen Rangs kann es zur Invalidation (E.) kommen.

B. Derogation

Im Fall der Derogation beseitigt die „stärkere" Rechtsvorschrift die Geltung der „schwächeren". Zwei geläufige (Konfliktlösungs)Regeln sind jene der **„lex specialis"** (1.) und die der **„lex posterior"** (2.). Auf einer anderen Ebene liegt die Unterscheidung zwischen **„formeller"** und **„materieller" Derogation** (3.).

1. Lex specialis derogat legi generali

Behandeln die widersprüchlichen Normen verschiedene Personenkreise oder verschiedene Regelungsgegenstände (kein deckungsgleicher persönlicher oder sachlicher Geltungsbereich), derogiert die spezielle Regelung der allgemeineren (*lex specialis derogat legi generali*), dh die spezielle Norm beseitigt die Geltung der allgemeineren Norm für den Teil, in dem die spezielle Norm gilt.

Beispiel: Das ABGB enthält zwar Regelungen über die Gesellschaft. Die spezielleren Regelungen des UGB über die Personengesellschaften OG und KG und des GmbHG und AktG für die Kapitalgesellschaften beseitigen die diesbezüglichen Regelungen des ABGB für den Regelungsbereich des UGB, GmbHG, AktG etc.
Die BAO regelt das Verfahren in Abgabeangelegenheiten und ist damit die speziellere Regel zum AVG.

2. Lex posterior derogat legi priori

Rechtsvorschriften können grundsätzlich durch nachfolgende Rechtsvorschriften gleicher Art abgeändert oder aufgehoben werden (vgl § 9 ABGB). Bei Rechtsvorschriften mit demselben persönlichen und sachlichen Geltungsbereich beseitigt die zeitlich jüngere die ältere (**verschiedener zeitlicher Geltungsbereich**) – *lex posterior derogat legi priori*. In dem Umfang, in dem dieselbe Rechtsetzungsautorität (Bundes- oder Landesgesetzgeber, Verordnungsgeber) denselben Sachverhalt neu bzw anders regelt, derogiert die jüngere der älteren Vorschrift.

Im Wasserrechtsgesetz (WRG) ist die Parteistellung des wasserwirtschaftlichen Planungsorgans einerseits in § 102 und andererseits in § 55 geregelt, wobei § 102 nur eine eingeschränkte, § 55 hingegen eine erweiterte Parteistellung gewährt; der jüngere § 55 derogiert dem älteren § 102 (VwGH 21.2.2008, 2005/07/0124).

Durch ein später verordnetes Halteverbot wird einem früher bestehenden Parkverbot kraft des Grundsatzes „*lex posterior derogat legi priori*" derogiert (VwSlg 11.781 A/1985).

3. Formelle Derogation – Materielle Derogation

Rechtsvorschriften können selbst explizit die Anordnung enthalten, dass eine bestimmte, **namentlich genannte Rechtsvorschrift außer Kraft treten soll**, was als **formelle Derogation** bezeichnet wird.

Beispiel: „§ 9 Abs 4 Z 3 dieses Bundesgesetzes tritt mit 31. Dezember 2016 außer Kraft. Gleichzeitig tritt § 9 Abs 6 in der Fassung dieser Novelle in Kraft."

Anstelle einer formellen Derogation kann eine Rechtsvorschrift auch schlichtweg eine neue Regelung treffen, etwa wenn eine neue Rechtsvorschrift veränderte Regelungen über den Antritt eines Gewerbes trifft. Mangels einer expliziten Klarstellung der Derogation ist der Rechtsanwender berufen, zu ermitteln, ob (mit einer Rechtsvorschrift unvereinbare) frühere Rechtsvorschriften außer Kraft treten sollen (**materielle Derogation**). Grundsätzlich gelten hiebei die oben erwähnten Grundsätze.

Beispiel: Hinsichtlich des Formgebots für Schenkungen ohne wirkliche Übergabe spricht § 943 Satz 2 ABGB bloß vom Erfordernis einer schriftlichen Urkunde, während der später erlassene § 1 Abs 1 lit d NotAktsG ohne formelle Derogation das Erfordernis einer Notariatsaktspflicht statuiert (der älteren Vorschrift des ABGB wird materiell derogiert).

Im Zweifel derogieren neu erlassene allgemeinere Regelungen bestehenden speziellen Regelungen nicht *(lex posterior generalis non derogat legi priori speciali).* Älteren Spezialvorschriften wird durch jüngere generelle Normen im Zweifel nur dann materiell derogiert, wenn sich die Neuregelung als Kodifikation darstellt, die eine vollständige und abschließende Kodifikation eines Rechtsbereiches beabsichtigt, wenn also im Zusammenhang der Willle des Gesetzgebers deutlich wird, auch diesen derogieren zu wollen, selbst wenn er es nicht ausdrücklich sagt.

Beispiel: Die Bauordnung eines Bundeslandes enthält auch Regelungen über Aufzugsschächte. Gleichzeitig gibt es in diesem Bundesland ein eigenes Aufzugsgesetz. Wird nun die Bauordnung geändert, bleiben die Regelungen des Aufzugsgesetzes davon – wenn sich keine anderen Anhaltspunkte ergeben – unberührt, wird diesen also nicht derogiert.

Keine Derogationen erfolgen zwischen Bundes- und Landesgesetzen und zwischen Unionsrecht und nationalem Recht, weil es dabei um Regelungen unterschiedlicher Rechtsetzungsautoritäten geht.

C. Anwendungsvorrang

Einer Rechtsvorschrift kommt vor einer anderen Rechtsvorschrift Anwendungsvorrang zu, wie zB dem Unionsrecht vor nationalem Recht (siehe dazu noch 3. Teil V.D.), wenn sie anstelle dieser angewendet wird, diese allerdings in Geltung belässt (im Gegensatz zur Derogation, die bewirken würde, dass die Regelung überhaupt nicht mehr dem Rechtsbestand angehört, also auch in jenen Fällen nicht mehr angewendet werden kann, in denen kein Widerspruch zum Unionsrecht vorliegt).

Beispiel: Die unmittelbar anzuwendenden Verordnungen der EU sowie die Grundfreiheiten des Unionsrechts gehen entgegenstehendem nationalen Recht vor; dieses darf von den staatlichen Behörden nicht angewendet werden, bleibt jedoch in Geltung und kann daher auf andere Fälle (ohne Unionsrechtsbezug) weiterhin Anwendung finden.

D. Kumulative oder alternative Anwendung

Häufig sollen neue Vorschriften älteren nicht derogieren, sondern ganz einfach neben die alten Regelungen treten. Kann nicht erhoben werden, ob der Gesetzgeber die alte, nicht ausdrücklich aufgehobene Vorschrift außer Kraft setzen wollte, ist im Zweifel von deren Weitergeltung auszugehen.

Wenn nun **mangels Derogation** beide Vorschriften noch dem Rechtsbestand angehören, sind folgende Möglichkeiten denkbar:

- **Kumulative Anwendung:** Alle Rechtsfolgen der einschlägigen Vorschriften gelangen ohne wechselseitige Einschränkung zur Anwendung (**Anspruchshäufung**). Dies kommt grundsätzlich bloß dann in Betracht, wenn die Rechtsfolgen einander nicht widersprechen, etwa wenn die Tatbestände auf verschiedene Leistungen gerichtet sind und unterschiedliche Zwecke zum Inhalt haben. Es liegt also gar kein Normwiderspruch vor, der durch die Derogationsregeln aufgelöst werden müsste. Da die einzelnen Rechte aus unterschiedlichen Gründen gewährt werden, bedingt die Befriedigung des einen nicht das Erlöschen des anderen.

  Beispiel: Der in seinem Markenrecht Beeinträchtigte fordert bspw Unterlassung und Schadenersatz. Ein Anlagenbetreiber benötigt mehrere Bewilligungen, zB eine Baubewilligung, eine gewerberechtliche Genehmigung und eine naturschutzrechtliche Bewilligung.

- **Alternative Anwendung:** Verfolgen die in Betracht kommenden Ansprüche das gleiche wirtschaftliche Ziel und gewähren sie inhaltsgleiche Ansprüche, kann der Berechtigte zwischen ihnen wählen; durch die Erfüllung des einen Anspruchs erlischt auch der andere (**Anspruchskonkurrenz**). Auch in solchen Konstellationen liegt kein Normwiderspruch vor, der durch die Derogationsregeln aufgelöst werden müsste.

  Beispiel: Der Herausgabeanspruch des Eigentümers einer Sache gegen den unberechtigten Inhaber kann auf die Eigentumsklage (§ 366 ABGB) oder auf das Bereicherungsrecht (§ 1041 ABGB) gestützt werden.

Vergleichbare Konstellationen treten auf, wenn **Bundes- und Landesgesetzgeber** denselben Lebenssachverhalt im Rahmen der jeweiligen Gesetzgebungskompetenz unterschiedlich regeln. So kann der Landesgesetzgeber für die Errichtung eines Gebäudes, das dem Betrieb einer Diskothek dienen soll, eine Baubewilligung vorschreiben, während der Bundesgesetzgeber eine Betriebsanlagengenehmigung nach der Gewerbeordnung fordern kann. Der zukünftige Disko-Betreiber benötigt beide Genehmigungen, es kommt zur kumulativen Anwendung der zugrunde liegenden Gesetze.

E. Invalidation

Bei Widersprüchen zwischen Rechtsvorschriften unterschiedlichen Ranges kommt es zur Invalidation der Rechtsvorschrift des niedrigeren Ranges. Sie bleiben – im österreichischen Rechtsquellen- und Rechtsschutzsystem – anwendbar und verbindlich, unterliegen aber der Aufhebung durch den VfGH, wenn sie angefochten werden.

Beispiele: Eine Verordnung, die nicht im Einklang mit ihrer gesetzlichen Grundlage steht, ist gesetzwidrig und kann vom VfGH aufgehoben werden (dazu 3. Teil III.D.2.a.). Dies kann etwa auch der Fall sein, wenn das Gesetz, das die Grundlage der Durchführungsverordnung bildet, nach der Verordnungserlassung abgeändert wird. Ein Gesetz, das gegen eine bestehende oder später erlassene verfassungsgesetzliche Bestimmung verstößt, ist verfassungswidrig und kann vom Verfassungsgerichtshof in einem Verfahren nach Art 140 B-VG aufgehoben werden. Beachte dabei: Bis zur Aufhebung durch das zuständige Organ, hier den VfGH, bleibt die jeweilige Rechtsvorschrift im Rechtsbestand und ist daher auch anzuwenden!

VIII. Gesetzesinterpretation und Rechtsanwendung

A. Materialsuche

Zugang zu österreichischen Rechtstexten und gerichtlichen und verwaltungsbehördlichen Entscheidungen besteht über das Rechtsinformationssystem des Bundes unter http://www.ris.bka.gv.at. Europäisches Unionsrecht und Entscheidungen europäischer Gerichte sind unter http://eur-lex.europa.eu abrufbar.

B. Allgemeines

Die Worte, welche der Gesetzgeber verwendet, sind naturgemäß häufig mehrdeutig, unklar oder missverständlich und bedürfen somit der Interpretation.

Beispiel: Anlagen sind „erforderlichenfalls" unter Vorschreibung „geeigneter" Auflagen zu bewilligen. Belästigungen und Beeinträchtigungen sind auf ein „zumutbares" Maß zu beschränken (§ 77 Abs 1 GewO). Die Verwaltungsstrafbehörde „kann" unter bestimmten Voraussetzungen die Mindeststrafe bis zur Hälfte unterschreiten (§ 20 VStG). In vielen Verwaltungsbereichen sind Bewilligungen für Anlagen oder Vorhaben zu erteilen, wenn der Bewilligung nicht „öffentliche Interessen" entgegenstehen.

Eine Rechtsvorschrift auszulegen, bedeutet, ihren **Sinn zu ermitteln**. Für diesen Sinnermittlungsvorgang enthält das ABGB in § 6 Orientierungshilfen, welche grundsätzlich mit der heute allgemein anerkannten juristischen Interpretationslehre übereinstimmen und welche allesamt dazu dienen, Sinn und Zweck des Gesetzes zu erkennen. Die Auslegungsregeln des ABGB gelten grundsätzlich auch im öffentlichen Recht.

Die anerkannten **Interpretationsmethoden stehen grundsätzlich gleichrangig nebeneinander**; es gibt keinen prinzipiellen Vorrang einer bestimmten Auslegungsmethode. Man spricht daher auch vom **„Kanon der Interpretationsmethoden"**. Beim Interpretationsvorgang wird versucht, in einem dialektischen Prozess unter Anwendung sämtlicher Interpretationsmethoden die Bedeutung einer Rechtsvorschrift zu ergründen. Lassen sich mit den einzelnen Interpretationsmethoden nur widersprüchliche Ergebnisse erzielen, so ist in einem Abwägungsvorgang zu prüfen, für welches Auslegungsergebnis die überwiegenden Argumente gefunden werden können.

Allerdings wird dem Normzweck (somit der Gewichtung der teleologischen Interpretation im Rahmen des Interpretationsvorganges, siehe unten F.) im Privatrecht – anders als im öffentlichen Recht – gemeinhin größere Bedeutung zugesprochen.

Wesentlich ist, dass die **Grenze jeder Auslegung der äußerstmögliche Wortsinn** bildet (sog Wortlautgrenze). Wird diese Grenze überschritten und findet das Ergebnis keine Grundlage im Wortlaut, so liegt bereits ergänzende Rechtsfortbildung (im Wege der Lückenfüllung oder der teleologischen Reduktion des Gesetzestextes) vor, welche bloß unter sehr eingeschränkten Voraussetzungen zulässig ist (siehe unten G. und H.).

Beispiel: Man mag diskutieren, ob unter „Nachtzeit" wirklich die Zeit von 22.00 Uhr bis 6.00 Uhr zu verstehen ist, 10.00 Uhr vormittags fällt aber mit Sicherheit nicht darunter.

Der Richter als Rechtsanwender muss selbst bei undeutlicher oder missverständlicher Gesetzeslage entscheiden und kann sich mit einem mangelhaften Gesetz nicht entschuldigen und der Entscheidung enthalten (sog Verbot des *„non liquet"*).

Neben der ergänzenden Rechtsfortbildung bildet der Fall eines sog **Redaktionsversehens** eine weitere Ausnahme von der Wortlautgrenze. Dabei stimmt die Formulierung des Gesetzes durch einen Fehler in der technischen Ausarbeitung nachweislich nicht mit dem zugrunde liegenden gesetzgeberischen Willen überein. In dieser Situation ist es zulässig, die fragliche Vorschrift im Ganzen gegen ihren eindeutigen Wortsinn zu verstehen.

Beispiel: § 2 Abs 1 Z 5 der Gewerbeordnung (GewO) legt fest, dass Buschenschanken von der GewO ausgenommen werden. Diese Bestimmung verweist auf § 2 Abs 9 leg cit, in welchem der Begriff Buschenschank definiert wird. Wird nun durch eine Novelle § 2 Abs 9 leg cit zu § 2 Abs 8 leg cit, aber der Verweis in § 2 Abs 1 Z 5 leg cit unverändert beibehalten, so liegt ein Redaktionsversehen vor.

C. Wortauslegung und grammatikalische Interpretation

Ausgangspunkt jeder Auslegung ist naheliegenderweise der Wortlaut; es ist zu ermitteln, welche Bedeutung einem Wort zukommt. Häufig ist dabei unklar, ob für das Wortverständnis der alltägliche, ein fachlich einschlägiger oder der juristische Sprachgebrauch maßgeblich ist. Die entsprechende Bedeutung eines Ausdrucks kann auch vom Gesetzgeber selbst mittels **Legaldefinitionen** festgelegt werden:

Beispiel: Nach § 42 ABGB werden unter dem Namen Kinder, alle Verwandte in der absteigenden Linie begriffen."
§ 309 ABGB definiert Besitz als die tatsächliche Herrschaft über eine Sache verbunden mit dem Willen, sie für sich zu behalten. Im allgemeinen Sprachgebrauch spricht man hingegen häufig vom „Besitzer", meint allerdings meist den Eigentümer.
„Wald" im Sinne des Forstgesetzes sind nach dessen § 1a Abs 1 und 2 mit bestimmten Holzgewächsen bestockte Grundflächen, soweit die Bestockung eine Fläche von 1000 m² und eine durchschnittliche Breite von 10 m erreicht, dies auch dann, wenn der forstliche Bewuchs vorübergehend vermindert oder beseitigt ist.
Ob eine Wasserfläche ein „Gewässer" im Sinne des Wasserrechts ist, richtet sich nach den Legaldefinitionen des Wasserrechtsgesetzes (WRG), das dabei zwischen öffentlichen Gewässern und Privatgewässern unterscheidet (§§ 2 f WRG).

Fehlen derartige gesetzliche Begriffsbestimmungen, ist im Zweifel vom üblichen Verständnis des Ausdrucks auszugehen. Der übliche, gewöhnliche Wortsinn ist somit ein Indiz für die Auslegung einer Norm, während der noch mögliche Wortsinn die Auslegung begrenzt.

Im Rahmen der grammatikalischen Interpretation ist davon auszugehen, dass die Rechtsetzungsautorität die Regeln der Grammatik und Logik einhält und die Regelungen daher im sprachlichen Zusammenhang nach grammatikalischen Regeln auszulegen sind.

Mit den nachfolgenden Interpretationsmethoden kann die Bedeutung des Wortes dem (meist) unbestrittenen **Begriffskern** (restriktive/einschränkende Interpretation) oder seinen Randbereichen im **Begriffshof** (extensive/ausdehnende Interpretation) angenähert werden. Auch mittels extensiver Auslegung darf mit den Interpretationsmethoden der äußerst mögliche Wortsinn nicht überschritten werden.

Nicht immer bietet freilich die Wortauslegung ein sicheres Ergebnis.

Beispiel: So ist etwa unklar, ob der – versicherte – „Betrieb" eines Fahrzeugs auch den Fall umfasst, dass dieses mit einem Gabelstapler (!) aufgehoben wird, wodurch die Ölwanne beschädigt wird, was in der Folge zu einer Explosion führt (vgl OGH 7 Ob 46/05y = SZ 2005/70). Höchstgerichtlich geklärt wurde etwa auch, dass ein „Handymast" im Lichte des Baurechts zwar kein „Gebäude", aber doch ein „Bauwerk" ist, für dessen Errichtung es daher entsprechender Bewilligungen bedarf (VwGH 19.9.2000, 97/05/0153).

D. Systematische Interpretation

Anhand der gesamten Rechtsordnung soll jenes Begriffsverständnis gewählt werden, welches sich möglichst widerspruchsfrei in das **Gesamtsystem** einfügt und welches einzelnen Bestimmungen nicht jeden Anwendungsbereich nimmt. **Systematischer Zusammenhang und Gesetzesaufbau** sind zu beachten; von mehreren nach dem Wortlaut der Bestimmung möglichen Bedeutungen ist jene zu wählen, welche die Gesamtregelung konsequent erscheinen lässt.

Beispiel: § 878 ABGB ordnet an, dass geradezu Unmögliches nicht Gegenstand eines gültigen Vertrages werden kann. Aus §§ 923 und 367 ABGB kann nun geschlossen werden, dass der Kaufvertrag über eine fremde Sache gültig ist (somit nicht nach § 878 ABGB geradezu unmöglich), weil ansonsten der Bestimmung des § 367 ABGB über den gutgläubigen Erwerb vom Nichtberechtigten mangels Vorliegens eines Titels jeder Anwendungsbereich genommen würde. § 923 ABGB bestimmt, dass der Verkäufer einer fremden Sache Gewähr zu leisten hat (was einen gültigen Vertrag voraussetzt), weshalb die Bedeutung des § 878 ABGB auf die (faktisch) absurden Vertragsinhalte einzuschränken ist. Somit ergibt sich aus der systematischen Auslegung im konkreten Fall, dass der Verkauf einer fremden Sache (etwa vom Dieb) nicht geradezu unmöglich und somit nichtig ist, sondern der Kaufvertrag gültig ist.
§ 85 Z 3 und 4 GewO regelt, dass die Gewerbeberechtigung bei juristischen Personen mit Untergang bzw bei eingetragenen Personengesellschaften mit Auflösung oder Liquidation endet. Um den Untergang bzw die Auflösung näher zu bestimmen, müssen die gesellschaftsrechtlichen Rechtsvorschriften herangezogen werden.

Zur systematischen Interpretation gehört auch die Auslegung im Lichte des Postulats der **Einheit der Rechtsordnung**, die es gebietet, Wertungswidersprüche innerhalb der Gesamtrechtsordnung zu vermeiden. Nach dem Auslegungsprinzip der **Einheit der Rechtssprache** ist davon auszugehen, dass in der Rechtssprache geprägte Begriffe im Zweifel die gleiche Bedeutung haben.

Im Rahmen der systematischen Interpretation sind in Entsprechung des Stufenbaus der Rechtsordnung (siehe unten 3. Teil II.) ferner folgende Prämissen zu beachten:

- **Verfassungskonforme Auslegung**: Bei mehreren Auslegungsmöglichkeiten ist jene zu wählen, welche mit den verfassungsrechtlichen Vorgaben in Einklang steht, bzw sind jene auszuschließen, die mit dem Verfassungsrecht nicht vereinbar sind. Von großer Bedeutung sind in diesem Zusammenhang die Grundrechte, insbesondere der Gleichheitssatz.

  Beispiel: § 23 EheG spricht davon, dass eine Ehe nichtig ist, wenn sie ausschließlich oder vorwiegend zu dem Zweck geschlossen ist, der Frau die Führung des Familiennamens des Mannes oder den Erwerb der Staatsangehörigkeit des Mannes zu ermöglichen, ohne dass die eheliche

Lebensgemeinschaft begründet werden soll. Auf Grund des Gleichheitsgrundsatzes (siehe 3. Teil III.C.2.b.) wird die Norm verfassungskonform dahin ausgelegt, dass auch der Zweck, dem Mann den Erwerb der Staatsangehörigkeit oder des Namens zu ermöglichen, zur Nichtigkeit der Ehe führt.
Aus dem Verbot einer Bauordnung, in Baugebieten Gebäude oder Anlagen zu errichten, deren Emissionen Gefahren oder Belästigungen der Nachbarschaft herbeiführen könnten, ergibt sich im Lichte einer verfassungskonformen Interpretation auch ein Verbot der Errichtung von Wohnhäusern neben bereits bestehenden Anlagen („Verbot der heranrückenden Wohnbebauung").

Obwohl etwa Grundrechte (zB der Gleichheitssatz des Art 7 B-VG) ursprünglich als Abwehrrechte gegen den Staat vorgesehen waren und somit grundsätzlich keine unmittelbare Drittwirkung in den zivilrechtlichen Rechtsverhältnissen Privater entfalten, müssen die Gerichte bei der Auslegung privatrechtlicher Normen (so va bei der Konkretisierung von Generalklauseln wie der Sittenwidrigkeit iSd § 879 Abs 1 ABGB) grundrechtliche Vorgaben einfließen lassen (mittelbare Drittwirkung der Grundrechte, siehe 3. Teil III.E.1.).

- **Unionsrechtskonforme (insbesondere richtlinienkonforme) Auslegung**: Mehrdeutige Bestimmungen des nationalen Rechts sind möglichst so auszulegen, dass sie mit den umzusetzenden Vorgaben einer Richtlinie in Einklang stehen und die größtmögliche Wirksamkeit der einer Richtlinie immanenten Zielsetzung gewährleisten. *Man spricht auch vom Effet-utile-Prinzip.*

Beispiel: Das in vielen Richtlinien normierte Gebot eines „effektiven gerichtlichen Rechtsschutzes" verlangt bestimmte Verfahrensgarantien auch dann, wenn die nationalen Bestimmungen dazu keine Regelung enthalten. So sind etwa „einstweilige Verfügungen" in Rechtsmittelverfahren vor Verwaltungsgerichten erster Instanz oder in Verfahren vor den Höchstgerichten erforderlichenfalls auch dann zu erlassen, wenn es keine speziellen Regelungen dazu gibt.

E. Historische Interpretation

Diese dient der Erforschung des subjektiven Willens (daher auch „subjektive Auslegung" genannt) und der **Absicht des Gesetzgebers,** welche in den **Gesetzesmaterialien** (Erläuterungen zur Regierungsvorlage, Ausschuss- und Kommissionsberichten, stenographischen Protokollen des Nationalrats) zum Ausdruck kommen. Diese Normvorstellungen des Gesetzgebers sind freilich nicht bindend, stellen jedoch ein gewisses Indiz und somit eine Auslegungshilfe für den Rechtsanwender dar.

Stehen die Gesetzesmaterialen allerdings in eindeutigem Widerspruch zum Wortlaut des Gesetzes oder sind sie in sich widersprüchlich bzw unklar, sind sie unbeachtlich.

Jene Bedeutung des Gesetzes, welche sowohl dem Wortlaut und der Gesetzessystematik als auch der offenkundigen Absicht des Gesetzgebers entspricht, ist jedenfalls maßgeblich (**Lex-lata-Grenze**). Ging der Gesetzgeber jedoch von bestimmten wirtschaftlichen und sozialen Umständen aus, welche nun nicht mehr gegeben sind, tritt wiederum eine am *telos* (Zweck) der Norm orientierte Interpretation in den Vordergrund, um diesem Wandel entsprechend Rechnung zu tragen. Daraus ergibt sich, dass die historische Interpretation umso mehr in den Hintergrund tritt, je älter die Rechtsvorschriften sind.

Beispiele: Nach § 458 ZPO kann das Gericht im Besitzstörungsverfahren während der „Verhandlung" einstweilige Vorkehrungen erlassen. Im Sprachgebrauch des 19. Jahrhunderts wurde „Verhandlung" synonym mit „Verfahren" verwendet. Daher können während des ganzen Verfahrens einstweilige Vorkehrungen erlassen werden.

§ 1 Abs 2 DSG 2000 spricht von der „staatlichen Behörde". Dabei ist nicht klar, welche Institutionen als Behörde nach dieser Bestimmung verstanden werden. Die Erläuterungen umschreiben den Begriff mit „hoheitlich handelndes staatliches Organ", also sind Gerichte auch davon umfasst und nicht nur Verwaltungsbehörden.

F. Teleologische Interpretation

Diese versucht, den eigentlichen **Zweck der Norm**, die angestrebten Lösungen und das dahinterliegende Ziel zu ergründen. Hiebei handelt es sich mitunter um ein Weiter- bzw Zuendedenken der gesetzlichen Regelung, wobei jedoch die Grenzen zur Rechtsschöpfung (rechtspolitische Erwägungen *de lege ferenda*) nicht überschritten werden dürfen – insbesondere dürfen dem Gesetz nicht ein subjektiv gewünschter Sinn oder subjektiv gewollte Zweckvorstellungen unterlegt werden. Die herangezogenen Auslegungskriterien und Wertungsgesichtspunkte müssen vielmehr der Rechtsordnung selbst entnommen werden (Erwägungen *de lege lata*).

In diesem Rahmen können uU Ergebnisse erzielt werden, welche über die ursprüngliche gesetzgeberische Absicht hinausgehen, weil die damals verfolgten Zwecke gegenwärtig überholt oder untragbar erscheinen. Bei einem zeitlich relativ jungen Gesetz ist es jedoch meist unzulässig, die erklärte Absicht des Gesetzgebers außer Acht zu lassen.

Vertreter des öffentlichen Rechts stehen der teleologischen Interpretation meist durchwegs skeptisch gegenüber und pflegen eine sehr restriktive Handhabung, weshalb ua in diesem Bereich die teleologische Interpretation kaum verbreitet ist. Diese Haltung ist insbesondere auf die in ausgeprägter Rechtssicherheit, der grundsätzlichen Konzeption der Grundrechte als Abwehrrechte gegen den Staat und der genauen Determinierung des staatlichen Handelns zum Schutz der Freiheit der Bürger (Legalitätsprinzip) liegenden Zwecke des öffentlichen Rechts zurückzuführen.

G. Analogie

Bleibt ein Auslegungsversuch erfolglos, weil ein Sachverhalt auch unter Ausschöpfung sämtlicher Interpretationsmethoden (**Grenze des äußerst möglichen Wortsinns!**) nicht unter die Tatbestandsmerkmale einer Rechtsvorschrift subsumierbar ist, kommt allenfalls noch Analogie in Betracht. Hier muss vorab geprüft werden, ob eine **Rechtslücke** vorliegt. Sind gewisse Sachverhalte oder konkrete Lebenssituationen nicht gesetzlich geregelt, kann dies nämlich einerseits bedeuten, dass durch diesen Sachverhalt keine Rechtsfolgen ausgelöst werden sollen (und somit keine planwidrige Gesetzeslücke vorliegt), oder andererseits, dass eine nicht geplante Gesetzeslücke besteht.

Das Vorliegen einer Gesetzeslücke (einer planwidrigen Unvollständigkeit des Rechts) ist somit Voraussetzung für eine Analogie.

Beispiele: § 89 Abs 3 GOG regelt telegraphische Eingaben. Diese Bestimmung wird heute auch auf Faxeingaben analog angewendet.
Weitere Beispiele sind die Anwendung des § 862a Satz 1 ABGB auf alle empfangsbedürftigen Willenserklärungen und die Anwendung der Bestimmungen über die unrechtmäßige Bereicherung (§ 1431 ABGB) im öffentlichen Recht.

Eine Gesetzeslücke im Rechtssinn liegt ausschließlich dann vor, wenn eine – gemessen an der dem Gesetz und der gesamten Rechtsordnung eigenen Teleologie – **planwidrige Unvollständigkeit des positiven Rechts** besteht. Für den Bereich des öffentlichen

Rechts wird von der Judikatur die Ansicht vertreten, dass das Schließen von vermeintlichen Rechtslücken per Analogie jedenfalls in jenen Fällen unzulässig ist, in denen aus dem Gesetz zu erkennen ist, dass bestimmte Rechtswirkungen nur dem gesetzlich umschriebenen Tatbestand zukommen sollen.

Beispiel: Eine analoge Anwendung von Bestimmungen des gerichtlichen Verfahrensrechts auf das Verwaltungsstrafrecht kommt nicht in Betracht. Im Bereich des Strafrechts gilt überhaupt ein Analogieverbot zum Nachteil des Beschuldigten (*nullum crimen sine lege*).

Auch hier gilt, dass die subjektive Meinung des Rechtsanwenders, das Gesetz sei unvollständig, nicht maßgeblich sein kann – vielmehr ist eine Rechtslücke bloß dann anzunehmen, wenn der Gesetzgeber, gemessen an seinen eigenen Wertungen, seinem eigenen Maßstab und unter Heranziehung der gesamten Rechtsordnung den ungeregelten Sachverhalt konsequenterweise hätte regeln bzw anders hätte regeln müssen (somit anders geregelt hätte, wenn er sich des ungeregelten Sachverhalts bewusst gewesen wäre).

Hat der Gesetzgeber hingegen bewusst eine bestimmte Regelung getroffen und sie nicht auf den ungeregelten Sachverhalt erstreckt, ist im **Umkehrschluss** (*argumentum e contrario*) davon auszugehen, dass die Rechtsfolgen der entsprechenden Rechtsvorschrift gerade nicht auf den ungeregelten Sachverhalt Anwendung finden sollen (Ausschluss der Analogie mangels Vorliegens einer Gesetzeslücke). Ob Analogie oder Umkehrschluss greifen soll, ist eine schwierige und letztlich oftmals bloß durch Wertung zu lösende Frage.

Beispiel: Ein Verbraucher kann gemäß § 3a KSchG unter bestimmten, genau umschriebenen Umständen von einem Vertrag zurücktreten. Ein nicht genannter Umstand berechtigt *e contrario* nicht zum Rücktritt nach § 3a KSchG.
Für die Wahlen zu den allgemeinen Vertretungskörpern Nationalrat, Landtag und Gemeinderat gilt das Homogenitätsprinzip; dh die Bedingungen bei den Landtagswahlen und bei den Gemeinderatswahlen dürfen nicht enger gezogen werden als jene bei den Nationalratswahlen. Daraus ist nicht der Analogieschluss zu ziehen, dass das Homogenitätsprinzip für jeden Vertretungskörper, zB auch für zu wählende Vertretungskörper in Interessensvertretungen (Kammern) gilt. Vielmehr ist durch Umkehrschluss festzustellen, dass das B-VG zum Ausdruck bringt, dass nur für den jeweils zentralen allgemeinen Vertretungskörper der Gebietskörperschaften Bund, Länder und Gemeinden ein homogen gestaltetes Wahlrecht bestehen soll. Andernfalls hätte der Gesetzgeber eine ausdrückliche Homogenitätsregelung für alle Vertretungskörper geschaffen.

Eine Gesetzeslücke kann auch erst nach Erlassung eines Gesetzes auftreten (nachträgliche Lücke), etwa wenn sich im Laufe der Zeit durch den technischen Fortschritt Sachverhaltskonstellationen ergeben, an welche der Gesetzgeber seinerzeit noch gar nicht denken konnte.

Steht fest, dass eine planwidrige Gesetzeslücke vorliegt, so kann diese mittels **Analogie** geschlossen werden. Die für eine Analogie infrage kommende Rechtsvorschrift muss allerdings tatbestandsmäßig einen wertungsmäßig im Wesentlichen ähnlichen Sachverhalt im Vergleich zum ungeregelten Sachverhalt umschreiben, um die Rechtsfolgen der Norm auf diesen ungeregelten Sachverhalt zu erstrecken (die Unterschiede zwischen dem vom Tatbestand erfassten und dem ungeregelten Sachverhalt müssen somit teleologisch unerheblich sein). Man unterscheidet (vgl § 7 ABGB):

- **Gesetzesanalogie:** Hier wird die Rechtsfolge einer einzigen, bestimmten Rechtsvorschrift auf den vom Wortlaut des Tatbestands nicht erfassten, somit gesetzlich ungeregelten Sachverhalt angewendet.

Beispiel: Die Risikohaftung des Auftraggebers gegenüber dem Auftragnehmer gemäß § 1014 ABGB wird *per analogiam* auf Dienstverhältnisse angewendet, auch wenn mit diesen keine Geschäftsbesorgung verbunden ist, sondern bloß die Verrichtung faktischer Tätigkeiten.

Unterfälle der Gesetzesanalogie sind die **Größenschlüsse**:

Beim *argumentum a minori ad maius* wird vom Kleineren auf das Größere geschlossen: Hiebei wird die Rechtsfolge einer Norm auf einen nicht geregelten Sachverhalt erstreckt, für welchen die Zweckvorstellung der Norm noch viel eher zutrifft.

Beispiel: Wenn eine Rechtsvorschrift bereits ein Verbot für Verletzungen eines Menschen aufstellt (als das kleinere Übel), so ist davon auszugehen, dass die Tötung eines Menschen erst recht verboten ist.
§ 4 StVO normiert eine Pflicht der Unfallbeteiligten bei Verkehrsunfällen, im Fall der Verletzung von Personen die nächste Polizeidienststelle zu verständigen. Diese Pflicht gilt umso mehr, wenn eine Person zu Tode gekommen ist.

Beim *argumentum a maiori ad minus* ist vom Größeren auf das Kleinere zu schließen: Sind nach dem Gesetz wesentlich „gewichtigere“ Dinge erlaubt, so muss dies erst recht für weniger Eingreifendes gelten.

Beispiel: Ist es erlaubt, in Notwehr jemanden zu töten, so muss es erst recht zulässig sein, den Angreifer bloß zu verletzen.

- **Rechtsanalogie:** Aus einer Vielzahl von gleichgelagerten Rechtsvorschriften wird ein verallgemeinerungsfähiger Grundsatz abgeleitet, welcher auf den nicht geregelten Sachverhalt angewendet wird.

Beispiele: Anerkannt ist etwa der allgemeine Grundsatz, dass Dauerschuldverhältnisse aus wichtigem Grund fristlos einseitig gelöst werden können.
Ebenso werden aus mehreren Bestimmungen des ABGB vorvertragliche Schutz-, Aufklärungs- und Sorgfaltspflichten abgeleitet (*„culpa in contrahendo“*).
Aus den arbeitsrechtlichen Regeln über den Urlaub wurde abgeleitet, dass auch für dem ABGB unterliegende Dienstverhältnisse Urlaubsansprüche bestehen, obwohl diese im Gesetz (1811!) nicht vorgesehen waren.
Die Regeln, wonach eine nicht geschuldete Leistung zurückgefordert werden kann und die für den Bereich des Privatrechts in den §§ 1431 und 1435 ABGB ausdrücklich normiert sind, sind auch im öffentlichen Recht anwendbar.

- **Natürliche Rechtsgrundsätze:** Dabei handelt es sich um die allgemeinsten Wertvorstellungen („elementare Bausteine“), auf welchen die Rechtsordnung gründet. Deren Heranziehung zu Analogiezwecken kommt als *ultima ratio* in Betracht, wenn sowohl Gesetzes- als auch Rechtsanalogie nicht zum Erfolg führen. Der Rechtsanwender ist unter Bindung an die allgemeinen Wertvorstellungen der Rechtsordnung dazu berufen, eine neue Rechtsvorschrift zu entwickeln.

Beispiel: Als natürlicher Rechtsgrundsatz ist etwa anzusehen, dass niemand für arglistiges Verhalten belohnt werden und somit keinerlei Vorteil daraus ziehen darf.

H. Teleologische Reduktion

Die teleologische Reduktion als das Gegenstück zur Analogie ist von Bedeutung, wenn der Gesetzgeber ungewollt und systemwidrig **überschießende Regelungen** trifft (also „zu viel“ anstatt „zu wenig“ [wie bei der Analogie] regelt).

Bei der teleologischen Reduktion besteht die planwidrige Unvollständigkeit des Rechts darin, dass keine Ausnahmeregelung getroffen wurde. Vom Wortlaut der Rechtsvorschrift sind Sachverhalte erfasst, welche nach ihrem Sinn und Zweck nicht erfasst sein sollten. In einem solchen Fall wird der Tatbestand auf die nicht vom Sinn und Zweck der Regelung erfassten Sachverhalte nicht angewendet, somit teleologisch reduziert.

Beispiele: § 428 ABGB sieht als Modus für die Übereignung auch das Besitzkonstitut vor; dies ist allerdings wegen der pfandrechtlichen Publizitätsvorschriften bei der Sicherungsübereignung nicht zulässig.
Nach § 23 Abs 3 StVO ist das Parken vor Hauseinfahrten verboten. Damit ist aber offenbar nicht der Fall gemeint, dass der Parkende und der einzige Benützer der Hauseinfahrt ident sind, weil das Parkverbot gerade diesem die Zufahrt zum Haus sichern möchte.

I. Authentische Interpretation

Dabei handelt es sich **nicht um eine Interpretationsmethode** im oben erläuterten Sinn; der Gesetzgeber erklärt vielmehr mit einem neuen Gesetz rückwirkend, wie ein früher ergangenes Gesetz zu verstehen ist. Es erfolgt durch dieses neue Gesetz keine Derogation des alten (keine inhaltliche Abänderung: Unterschied zur Gesetzesnovelle), vielmehr stellt das neue Gesetz den Sinn des alten mit Wirkung für die Vergangenheit klar. Aufgrund der Vertrauensschutzproblematik (die authentische Interpretation kann einer „versteckten Rückwirkung" gleichkommen) wird von dieser Möglichkeit selten Gebrauch gemacht.

Beispiel: Als Ausnahme vom Rauchverbot in Lokalen können nach § 13a Abs 2 Tabakgesetz in Betrieben, die über mehr als eine für die Verabreichung von Speisen oder Getränken an Gäste geeignete Räumlichkeit verfügen, Räume bezeichnet werden, in denen das Rauchen gestattet ist, wenn gewährleistet ist, dass der Tabakrauch nicht in die mit Rauchverbot belegten Räumlichkeiten dringt und das Rauchverbot dadurch nicht umgangen wird. Diese Bestimmung wurde vom Gesetzgeber nach einer anderweitigen Judikatur des VwGH (24.7.2013, 2013/11/0045) dahingehend authentisch ausgelegt, dass den Gästen auf dem Weg zum Hauptraum bzw zu anderen rauchfreien Bereichen des Lokals wie WC-Anlagen ein kurzes Durchqueren des Raucherraumes zumutbar ist (BGBl I 2014/12).

IX. Unterscheidung öffentliches Recht – Privatrecht

A. Allgemeines

Ein rechtstheoretischer Unterschied zwischen Privatrecht und öffentlichem Recht besteht nach mittlerweile hA nicht: Ein Gesetz ist ein Gesetz, unabhängig davon, ob es aus dem öffentlichen Recht oder dem Privatrecht stammt. Wie sich gleich bei den Folgen der Unterscheidung zeigen wird, ist die Unterscheidung dennoch notwendig, weil sie der österreichischen Rechtsordnung zugrunde liegt und diese selbst darauf abstellt.

B. Abgrenzungstheorien

In Ermangelung an Klarstellungen der Rechtsordnung, welche Rechtsvorschriften als privatrechtliche und welche als öffentlich-rechtliche anzusehen sind, wurden hiezu ua folgende Theorien entwickelt, welche allesamt – isoliert betrachtet – nicht zur Gänze zu überzeugen vermögen:

- Die auf das römische Recht zurückgehende **Interessentheorie** ordnet Rechtsvorschriften, welche den Interessen der Allgemeinheit dienen, dem öffentlichen Recht, jene, welche den Interessen des Einzelnen dienen, dagegen dem Privatrecht zu (Maßgeblichkeit der Interessenlage). Allerdings verfolgen viele Rechtsvorschriften sowohl private als auch öffentliche Interessen, wären somit dieser Einteilung zufolge nicht zuordenbar.
- Die **Subjektionstheorie** sieht das Charakteristikum des öffentlichen Rechts in der Über- und Unterordnung der Beteiligten, während im Privatrecht Gleichordnung bestehe. Auch diese pauschale Einteilung scheitert, weil auch im Privatrecht zT (im Verhältnis zwischen Eltern und Kindern etc) ein Über- und Unterordnungsverhältnis zwischen den Beteiligten besteht und umgekehrt etwa im öffentlichen Recht beim Abschluss von Vereinbarungen zwischen Bundesländern ein Verhältnis der Gleichrangigkeit.
- Die heute überwiegend vertretene **Subjektstheorie** erachtet für die Qualifikation als öffentliches Recht als maßgeblich, ob an einem Rechtsverhältnis zumindest ein mit Hoheitsgewalt ausgestattetes Rechtssubjekt beteiligt ist, welches dieses *imperium* auch ausübt.

Beispiel: Schließt somit der Bund einen Kaufvertrag mit einem Privaten über ein Grundstück ab, so bedient er sich der Mittel des Privatrechts und agiert im Rahmen der Privatwirtschaftsverwaltung privatrechtlich ohne *imperium*. Enteignet der Bund hingegen einen Privaten, so übt er seine Hoheitsgewalt aus, womit dieser Vorgang dem öffentlichen Recht zugeordnet wird.

C. Folgen der Unterscheidung

1. Behördenzuständigkeit

Grundsätzlich kann ein Gesetz selbst anordnen, von welchen Behörden (Gerichte oder Verwaltungsbehörden) es vollzogen werden soll (**Vollzugsklausel**). In Ermangelung einer diesbezüglichen Bestimmung gehören gemäß § 1 JN Privatrechtsangelegenheiten vor die ordentlichen Gerichte, was wiederum eine Abgrenzung nötig macht: In Kombination der oben erläuterten Theorien wird zumeist davon auszugehen sein, dass eine öffentlich-rechtliche Vorschrift vorliegt, wenn sie erkennbar allein dem öffentlichen Interesse dient, einseitige Entscheidungsbefugnisse von Staatsorganen vorsieht, die freie Dispositionsbefugnis von Privaten beschränkt, zwingendes Recht darstellt und ein Über- und Unterordnungsverhältnis erkennbar ist. Umgekehrt sprechen ein vorgesehener Ausgleich von privaten Interessen, Entscheidungsfreiheit, dispositives Recht und gleichrangige Verhältnisse für die Einordnung als privatrechtliche Bestimmung.

Gemäß Art 94 B-VG kann eine Behörde stets nur entweder Gerichts- oder Verwaltungsbehörde sein (Gewaltentrennung). Richter (sowohl der ordentlichen Gerichte als auch der Verwaltungsgerichte) sind im Gegensatz zu Verwaltungsbeamten grundsätzlich unabsetzbar, unversetzbar und unterliegen keinen Weisungen.

2. Haftung für schädigendes Verhalten

Fügt ein Organ des Staates in Vollziehung der Gesetze (also bei öffentlich-rechtlichen Aufgaben in Ausübung ihrer Hoheitsgewalt) jemandem einen Schaden zu, gilt das besondere **Schadenersatzrecht des Amtshaftungsgesetzes** (AHG; siehe unten 3. Teil. IV.A.3.g.). In allen anderen Fällen nicht-hoheitlichen Handelns des Staates ist grundsätzlich das Schadenersatzrecht des ABGB maßgeblich.

3. Gesetzgebungskompetenz

Art 10 Abs 1 Z 6 B-VG weist im Rahmen der Kompetenzverteilung die **privatrechtlichen Angelegenheiten in Gesetzgebung und Vollziehung dem Bund** zu (das ABGB ist daher ein Bundesgesetz, die ordentlichen Gerichte sind Organe des Bundes); den Ländern kommt idR keine Kompetenz in diesen Bereichen zu.

2. Teil
Zivilrecht

I. Grundbegriffe des Zivilrechts

A. Einteilung des Privatrechts

1. Allgemeines Privatrecht und Sonderprivatrechte

Das Privatrecht kann und wird aus Gründen der Systembildung selbst wiederum unterteilt in das allgemeine Privatrecht (Bürgerliches Recht/Zivilrecht) und in die Sonderprivatrechte (zB Unternehmensrecht, Arbeitsrecht, Wertpapierrecht). Während das **allgemeine Privatrecht** Rechtsverhältnisse regelt, die grundsätzlich für alle Bürger von Bedeutung sind, enthalten die **Sonderprivatrechte** spezielle Vorschriften für bestimmte Personenkreise bzw für bestimmte Sachgebiete. Zwischen Unternehmern besteht etwa ein besonderes Bedürfnis nach reibungsloser und schneller Abwicklung von Geschäften, im Arbeitsrecht gilt es, dem natürlichen Ungleichgewicht zwischen Arbeitgeber und Arbeitnehmer entgegenzuwirken. Findet sich in den Sonderprivatrechten keine besondere Vorschrift, kommen die Regeln des allgemeinen Privatrechts zur Anwendung. Das allgemeine Privatrecht bildet somit die Grundlage der Sonderprivatrechte, die sich auch historisch aus ihm entwickelt haben. Das zentrale Regelungswerk stellt das **ABGB** dar, es gibt aber in wichtigen Bereichen auch eine Vielzahl an Nebengesetzen, wie zB:

- **EheG:** Das Ehegesetz regelt die Eheschließung und die Ehescheidung. Die Rechtswirkungen der aufrechten Ehe regelt hingegen das ABGB. Wie die Ehe abgeschlossen wird, zeigt § 17 EheG.
- **AHG:** Das Amtshaftungsgesetz enthält ein besonderes Schadenersatzrecht für Fallkonstellationen in denen ein Organ des Staates bei der Ausübung von Hoheitsgewalt einer Person einen Schaden zufügt. Es haftet die Gebietskörperschaft bzw die juristische Person öffentlichen Rechts, für die das Organ gehandelt hat. Der Anwendungsbereich findet sich in § 1 Abs 1 AHG.
- **DHG:** Das Dienstnehmerhaftpflichtgesetz will Dienstnehmer schützen, die bei der Arbeit versehentlich einen Schaden verursachen. Den Schaden trägt primär der Dienstgeber, wie § 2 zeigt.
- **PHG:** Das Produkthaftungsgesetz normiert eine strenge Haftung von Herstellern für ihre Produkte. Was ein Produkt ist, regelt § 4 PHG.
- **EKHG:** Das Eisenbahn- und Kraftfahrzeughaftpflichtgesetz regelt eine besondere strenge Haftung für Schäden, die beim Betrieb einer Eisenbahn oder eines Kraftfahrzeuges verursacht werden. Wen diese strenge Haftung trifft, bestimmt § 5 EKHG.
- **KSchG:** Das Konsumentenschutzgesetz widmet sich – neben anderen Gesetzen (zB VKrG, FernFinG) dem Schutz von Verbrauchern gegenüber Unternehmern. Die Regelungsdichte hat in den letzten Jahren so zugenommen, dass das Verbraucherrecht vielfach schon als eigenes Rechtsgebiet gesehen wird. Ein Schutz vor Allgemeinen Geschäftsbedingungen, die eine Haftung „soweit gesetzlich zulässig“ ausschließen, findet sich in § 6 KSchG.

- **MRG:** Das Mietrechtsgesetz beschäftigt sich mit den Sonderproblemen der Rechtsbeziehung zwischen Vermieter und Mieter. Ein Schutzbedürfnis des Mieters ist evident, es wäre für ihn problematisch, wenn man seinen Mietvertrag genauso schnell beenden könnte, wie ein Zeitungsabonnement. Auch das Miet- und Wohnrecht wird von vielen schon als eigenes Rechtsgebiet betrachtet. Das Gesetz ist freilich so unübersichtlich geregelt, dass ein Beispiel aus diesem Gesetz schwer fällt. Beispiele für unübersichtliche Rechtsnormen bieten dafür §§ 1 bis 59 MRG.

Diese – wie auch fast alle anderen – Normen der österreichischen Rechtsordnung finden Sie kostenlos im Internet unter ris.bka.gv.at. Lesen Sie dort die angegebenen Paragraphen durch.

2. Einteilung des allgemeinen Privatrechts

Die heutige Lehre teilt das allgemeine Privatrecht in **fünf Teilbereiche** ein. Diese sind der Allgemeine Teil, das Schuldrecht, das Sachenrecht, das Erbrecht und das Familienrecht. Alle diese Gebiete finden sich im ABGB und in den erwähnten Nebengesetzen. Unglücklich ist, dass diese Fünfteilung des Stoffes nach dem **Pandektensystem** heute universell akzeptiert und praktiziert wird, dass aber ausgerechnet das ABGB diesem System nicht folgt, sondern den Stoff nach dem älteren Institutionensystem gliedert: Neben einem kurzen Teil „Personenrecht" (§ 1 bis § 284) und einem sehr umfangreichen Teil „Sachenrecht" (§ 285 bis § 1341) kennt das ABGB noch „gemeinsame Bestimmungen" (§ 1342 bis § 1503). Der Begriff des Sachenrechts im ABGB geht hier viel weiter als der moderne Begriff des Sachenrechts nach der Pandektengliederung, weil er auch das Schuldrecht und das Erbrecht umfasst (s.o.). Grund dafür ist der sehr weite Vermögens- bzw Sachbegriff des § 285 ABGB, der „alles [erfasst], was von der Person unterschieden ist […]" (s I.C.).

3. Dispositives, einseitig zwingendes und zwingendes Recht

Zwingendes Recht kann nicht durch Parteienvereinbarung abgeändert werden. Während im Öffentlichen Recht zwingende Regeln vorherrschen (die Höchstgeschwindigkeit im Ortsgebiet ist nicht Gegenstand von Verhandlungen), sind solche im Privatrecht selten und nur dort zu finden, wo ein öffentliches Interesse daran besteht.

Beispiel: Wenn § 143 ABGB bestimmt, dass die (juristische) Mutter eines Kindes die Frau ist, die das Kind geboren hat, sind abweichende Vereinbarungen (etwa bei einer – in Österreich ohnedies verbotenen – Eizellenspende oder Leihmutterschaft) nicht möglich.

Die meisten Regeln des Privatrechts sind aber dispositiv, dh nachgiebig – sie müssen einer anders lautenden Parteienvereinbarung weichen.

Beispiel: Der gesetzliche Zinssatz beträgt nach § 1000 ABGB 4 % pro Jahr. Selbstverständlich können die Parteien stattdessen aber auch 3 % oder 5 % vereinbaren, im Privatrecht ist privatautonome, dh selbstbestimmte Rechtsgestaltung die Regel.

Obwohl man das **dispositive Recht** abwählen kann, hat es wichtige Funktionen. Wenn nichts anderes vereinbart wird, ist der Vertrag trotzdem nicht lückenhaft, weil das Gesetz den Vertragstext ergänzt. Außerdem liegt dem dispositiven Recht jener Wertungsmaßstab zugrunde, den der Gesetzgeber als sachgemäß empfinden würde. Weicht man von dieser Vorgabe drastisch ab, kann es sein, dass das Recht einer solchen Vereinbarung die Gültigkeit versagt.

Beispiel: Vereinbaren die Parteien also nicht 7 oder 8 % Zinsen, sondern 80 %, dann verstößt diese Vereinbarung so krass gegen den Maßstab des Gesetzgebers, dass sie sittenwidrig und damit unwirksam ist (§ 879 Abs 1 ABGB).

Wo zulässige privatautonome Rechtsgestaltung aufhört und Sittenwidrigkeit beginnt, ist eine komplizierte Abwägungsfrage, die in jedem Einzelfall zu beantworten ist. In vielen Fällen kann allerdings auf Erfahrungssätze zurückgegriffen werden.

In Situationen, in denen der Gesetzgeber einem schwächeren Vertragspartner Schutz gewähren will, findet sich oft auch einseitig (zugunsten des Geschützten) zwingendes Recht.

Beispiele: Beträgt die Maximalarbeitszeit pro Tag 12 Stunden, darf nicht länger, wohl aber kürzer gearbeitet werden. Beträgt der gesetzliche Mietzins EUR 1.000, können nicht EUR 1.100, wohl aber EUR 800 vereinbart werden. Beträgt der Mindestlohn EUR 1.200, kann nicht weniger, natürlich aber mehr vereinbart werden.

B. Rechtssubjekte

Das ABGB unterscheidet Personen und Sachen. Eine Person zeichnet sich dadurch aus, dass sie Rechtssubjekt und daher rechtsfähig ist, also **Träger von Rechten und Pflichten** sein kann (siehe sogleich). Im Gegensatz dazu sind Sachen Rechtsobjekte und somit bloße **Gegenstände von Rechten und Pflichten**. Das heißt, dass eine Person als Rechtssubjekt zB Eigentum an einer Sache (Rechtsobjekt) haben kann, dass ihr Schadenersatzansprüche zustehen können, dass sie Erbe sein kann. Die Rechtssubjekte werden in natürliche und juristische Personen unterteilt:

1. Natürliche Personen

Rechtssubjekt ist zunächst einmal **jeder Mensch** (natürliche Person). Dies kommt in § 16 ABGB zum Ausdruck. Nach dieser Norm hat jeder Mensch „angeborne, schon durch die Vernunft einleuchtende Rechte und ist daher als eine Person zu betrachten".

a) Rechtsfähigkeit

Die Rechtsfähigkeit des Menschen beginnt an sich mit der **Geburt** und endet mit dem **Tod**. Das bereits gezeugte, aber noch nicht geborene Kind (der ***nasciturus***) ist jedoch schon bedingt und beschränkt rechtsfähig (§ 22 ABGB). Seine Rechtsfähigkeit ist beschränkt, weil der *nasciturus* nur Träger von Rechten, nicht aber von Pflichten sein kann. Sie ist bedingt, weil er diese (beschränkte) Rechtsfähigkeit nur unter der Bedingung erwirbt, dass er lebend geboren wird.

Beispiel: Wird also der nasciturus im Mutterleib bei einem Unfall geschädigt und kommt er deshalb behindert zur Welt, so stehen ihm – sofern er lebend geboren wird – Schadenersatzansprüche zu. Kommt er nicht lebend zur Welt, war er nie Rechtssubjekt.
Stirbt sein Vater, kann der nasciturus ihn beerben. Auch das Strafrecht schützt den nasciturus. Ein Schwangerschaftsabbruch (Abtreibung) ist nämlich grundsätzlich nur dann nicht strafbar, wenn er in den ersten 3 Monaten nach Beginn der Schwangerschaft nach ärztlicher Beratung durch einen Arzt erfolgt (Fristenlösung), vgl §§ 96 ff StGB.

b) Handlungsfähigkeit

Nur weil jemand Träger von Rechten und Pflichten sein kann, heißt das noch lange nicht, dass er solche **Rechte und Pflichten** auch **selbst**, durch eigenes Handeln, **begründen** kann. Dies ist eine Frage der Handlungsfähigkeit (§ 24 ABGB).

Beispiel: Dass ein 18 Monate altes Kind Eigentümer eines Hauses sein kann (Rechtsfähigkeit), ist unproblematisch (zB weil es das Haus geerbt hat). Dass es auch selbst Mietverträge abschließen kann, ist nicht möglich. Es kann eben nicht durch eigenes Handeln Rechte und Pflichten begründen und ist somit nicht handlungsfähig.

Ein besonders wichtiger Bereich der Handlungsfähigkeit ist die **Geschäftsfähigkeit** (vgl § 865 ABGB): Geschäftsfähig ist, wer sich **durch eigenes Handeln rechtsgeschäftlich berechtigen und verpflichten** kann. Wer also zB für sich einen Kaufvertrag abschließen und dadurch einen Anspruch auf Übergabe der Kaufsache, aber eben auch eine Pflicht zur Zahlung des Kaufpreises begründen kann, ist geschäftsfähig. Diese Fähigkeit kommt gerade nicht jedem Menschen zu, sie ist vielmehr abhängig von Alter und Geisteszustand („Entscheidungsfähigkeit", § 24 Abs 2 ABGB). **Voll geschäftsfähig** ist der geistig gesunde Volljährige. Wer noch nicht volljährig oder aufgrund seines Geisteszustandes nicht hinreichend entscheidungsfähig ist, kann nicht selbst rechtsgeschäftlich tätig werden, sondern benötigt zum Abschluss von Rechtsgeschäften einen Vertreter. Bei Minderjährigen sind das zB typischerweise die Eltern (§§ 177, 158 ABGB; siehe dazu H.). Bei Personen unter 18 Jahren muss man zwischen Kindern (bis zur Vollendung des 7. Lebensjahres) sowie unmündigen (bis zum 14. Lebensjahr) und mündigen (ab dem 14. Lebensjahr) Minderjährigen unterscheiden, wobei das Gesetz eine Erweiterung der Geschäftsfähigkeit mit fortschreitendem Alter vorsieht.

Kinder unter 7 Jahren sind an sich völlig **geschäftsunfähig**. Schließen sie allein ein Geschäft ab, ist dieses daher absolut nichtig, das Geschäft wird also so behandelt, als ob es niemals zustande gekommen wäre. Es gibt allerdings zwei Ausnahmen:

Schließen Kinder alterstypische Geschäfte über geringfügige Angelegenheiten des täglichen Lebens ab, so werden diese Geschäfte rückwirkend – mit Erfüllung der das Kind treffenden Pflicht – wirksam. Man nennt diese Ausnahme „Wurstsemmel- oder **Taschengeldparagraph**" (§ 170 Abs 3 ABGB).

Beispiel: Die 6-jährige Lara kauft sich im Supermarkt um EUR 1 einen Kaugummi. Bezahlt sie, so ist das Geschäft wirksam. Kauft sie hingegen um EUR 35 eine Puppe, ist der Vertrag absolut nichtig und sie kann das Geld (vertreten durch ihre Eltern) zurückfordern, weil es sich bei einem Kauf einer Sache um diesen Preis sicherlich nicht um eine geringfügige Angelegenheit des täglichen Lebens handelt.

Darüber hinaus können Kinder auch Versprechen annehmen, die **bloß zu ihrem Vorteil** sind (§ 865 Abs 2 ABGB).

Beispiel: Bekommt die 6-jährige Sissi ein Buch geschenkt, kann sie der Schenkung wirksam zustimmen. Anders verhält es sich, wenn sie ein Computerspiel besonders billig kauft, das Geschäft ist dennoch nicht nur zu ihrem Vorteil. Auch wenn sie ein Pferd geschenkt bekommt ist das Geschäft nicht nur zu Sissis Vorteil, weil bei diesem ein hoher Aufwand für Lebenshaltungskosten anfällt.

Unmündige Minderjährige zwischen 7 und 14 Jahren sind **beschränkt geschäftsfähig**, sie können alle Geschäfte abschließen, die auch Kinder unter 7 Jahren abschließen können.

Geschäfte, die nicht von der Geschäftsfähigkeit des unmündigen Minderjährigen gedeckt sind, sind allerdings nur **schwebend unwirksam**. Man spricht von „hinkenden" Rechtsgeschäften (*negotia claudicantia*). Sie können daher vom gesetzlichen Vertreter genehmigt werden, was auch konkludent (s.u.) möglich ist. Weitere Folge ist, dass der Geschäftspartner bis zur Genehmigung an sein Angebot gebunden ist. Wenn die Genehmigung erteilt wird, kommt das Geschäft zustande. Ist das nicht der Fall, ist das Geschäft endgültig nichtig.

Mündige Minderjährige (zwischen 14 und 18 Jahren) können sich selbst darüber hinaus zu **Dienstleistungen** verpflichten (nicht aber zu Ausbildungsverträgen, hiezu ist stets die Zustimmung der Eltern erforderlich), wobei aber ein Kündigungsrecht der Eltern aus wichtigem Grund besteht (§ 171 ABGB). Weiters können mündige Minderjährige über Einkommen aus eigenem Erwerb und über Sachen, die ihnen zur freien Verfügung überlassen sind, verfügen. Dies gilt aber nur soweit, als dadurch die Befriedigung ihrer Lebensbedürfnisse nicht gefährdet wird (§ 170 Abs 2 ABGB).

Beispiel: Zur freien Verfügung überlassen ist etwa das Taschengeld, nicht aber die Firmuhr, Kleidung oder Schulbücher. Will der 17-jährige Daniel einen Ferialjob in einer Brauerei absolvieren, kann er einen entsprechenden Arbeitsvertrag ohne Zustimmung seiner Eltern abschließen, weil es sich nicht um einen Ausbildungsvertrag handelt. Kommt er aber jeden Tag betrunken nach Hause, steht den gesetzlichen Vertretern ein Kündigungsrecht (aus wichtigem Grund) zu. Das Geld, das Daniel in seinem Ferialjob verdient, ist „Einkommen aus eigenem Erwerb".

Damit zeigt sich, dass im Bereich der Eigengeschäftsfähigkeit der Minderjährige selbst handeln kann. Darüber hinaus benötigt er seinen Vertreter. Das sind nach § 167 ABGB grundsätzlich die Eltern.

Volljährige (nach Vollendung des 18. Lebensjahres) haben grundsätzlich **unbeschränkte Geschäftsfähigkeit**. Anderes gilt, wenn sie nicht im Vollbesitz ihrer geistigen Kräfte sind. Dies trifft auf dauerhaft Geisteskranke ebenso zu wie auf Betrunkene oder Menschen im Drogenrausch. Diese können zwar stets Alltagsgeschäfte abschließen (§ 242 Abs 3 ABGB) und bloß zu ihrem Vorteil gemachte Versprechen annehmen (§ 865 Abs 2 ABGB).

Ist eine Person aber dauerhaft psychisch krank oder aufgrund einer vergleichbaren Beeinträchtigung in ihrer Entscheidungsfähigkeit beeinträchtigt, benötigt sie für darüberhinausgehende Geschäfte einen **Vertreter**. In Frage kommen hierfür eine Vorsorgevollmacht sowie eine gewählte, gesetzliche oder gerichtliche Erwachsenenvertretung. Ist eine Person noch geschäftsfähig, kann sie im Rahmen einer **Vorsorgevollmacht** für den Fall des Verlustes der Geschäftsfähigkeit einen Vertreter bestimmen (§ 260 ABGB). Wurde keine Vorsorgevollmacht errichtet, ist die Person aber noch fähig, die Bedeutung und Folgen einer Bevollmächtigung in Grundzügen zu verstehen, kann sie ihr nahe stehende Personen als **Erwachsenenvertreter auswählen** (§ 264 ABGB). Ist dies nicht der Fall, übernehmen nächste Angehörige die Vertretung (**gesetzlicher Erwachsenenvertreter**), wenn diese im Österreichischen Zentralen Vertretungsregister eingetragen wurde (§ 268 ABGB). Gibt es keine Angehörigen oder können diese die Vertretung nicht wahrnehmen, ist **gerichtlich** ein **Erwachsenenvertreter** zu bestellen (§ 271 ABGB).

Durch eine Erwachsenenvertretung kommt es grundsätzlich zu **keinem automatischen Verlust** der Geschäftsfähigkeit. Die vertretene Person kann im Wirkungsbereich des Erwachsenenvertreters selbst handeln, wenn sie die für die konkrete Rechtshandlung erforderliche Entscheidungsfähigkeit hat. Es muss im Einzelfall überprüft werden, ob die vertretene Person die Bedeutung und die Folgen ihres Handelns im konkreten Zusammenhang verstehen kann.

Beispiel: Die 40-jährige Elsa leidet an einer bipolaren Störung; für sie ist für alle Vermögensangelegenheiten ein Erwachsenenvertreter bestellt. Unterzeichnet sie während einer krankhaften Phase ohne Zustimmung des Erwachsenenvertreters mit ihrem Nachbar einen Kaufvertrag über ihre Liegenschaft, ist dieser schwebend unwirksam. Tut sie dies in einem unbeeinträchtigten Zustand, ist der Kaufvertrag wirksam.

Das Gericht muss jedoch bei Bestellung des gerichtlichen Erwachsenenvertreters einen **Genehmigungsvorbehalt** anordnen, wenn dies zur Abwehr einer ernstlichen und erheblichen Gefahr für die vertretene Person erforderlich ist (§ 242 Abs 2 ABGB). Die Beschränkung der Geschäftsfähigkeit wirkt dann konstitutiv: Selbst wenn die vertretene Person im Einzelfall entscheidungsfähig ist, ist ihre Erklärung schwebend unwirksam und müsste genehmigt werden.

Beispiel: Eine Person, deren Geisteszustand stark schwankt, bestellt laufend Waren im Internet, die sie nicht benötigt und die ihre Vermögenssituation übersteigen. Es ist absehbar, dass aufwändige Gerichtsverfahren bevorstehen, weshalb an einen Genehmigungsvorbehalt zu denken sein könnte.

Geschäftsunfähige sind von der Rechtsordnung besonders geschützt. Selbst wenn der Dritte die Geschäftsunfähigkeit nicht erkennen konnte, kommt der Vertrag nicht zustande. Der **Schutz des Geschäftsunfähigen** geht also dem Schutz des Vertrauens des Dritten vor (Geschäftsunfähigenschutz vor Vertrauensschutz).

Beispiel: Selbst wenn der Nachbar nicht bemerken konnte, dass Elsa geschäftsunfähig ist, kommt der Vertrag nicht zustande.

c) Deliktsfähigkeit

Deliktsfähig ist, wer durch eigenes rechtswidriges Handeln **schadenersatzpflichtig** werden kann. Auch die Deliktsfähigkeit hängt von Alter und Geisteszustand ab. Hinsichtlich des Alters setzt die Deliktsfähigkeit grundsätzlich mit Vollendung des 14. Lebensjahres ein (**mündige Minderjährige**, § 176 ABGB). Für unmündige Minderjährige und Kinder haftet aber ihre **Aufsichtsperson**, wenn diese schuldhaft ihre Aufsichtspflicht verletzt hat (§ 1309 ABGB). Aufsichtspersonen sind im Regelfall die Eltern, zB aber auch der Lehrer während des Unterrichts. Liegt keine Verletzung der Aufsichtspflicht vor, so kann der unmündige Minderjährige subsidiär doch selbst haften, wenn seine Haftung „billig“ (= gerecht) ist (§ 1310 ABGB). Dafür stellt § 1310 ABGB verschiedene Voraussetzungen auf. Zur **Billigkeitshaftung** kommt es insbesondere, wenn der an sich deliktsunfähige Minderjährige das Unrecht der konkreten Tat doch einsehen konnte. Zur Haftung kommt es aber auch, wenn ein Vermögensvergleich zwischen deliktsunfähigem Schädiger und Geschädigtem ergibt, dass es für den Geschädigten wesentlich härter wäre, keinen Ersatz zu erlangen, als es für den Schädiger wäre, Ersatz zu leisten. Dieser Tatbestand hat deshalb eine große Bedeutung, weil die Rechtsprechung ihn auch dann anwendet, wenn für das Kind eine Haftpflichtversicherung besteht. Unabhängig von ihrem Alter nicht deliktsfähig sind psychisch Kranke und geistig Behinderte.

Beispiel: Lässt Alex seinen 12-jährigen Sohn Kevin im Hof unbeaufsichtigt mit dem Luftdruckgewehr spielen, verletzt er seine Aufsichtspflicht und haftet für Schäden, die Kevin anrichtet. Spielt Kevin hingegen bloß am Spielplatz und verletzt beim Rutschen ein anderes Kind, liegt keine Aufsichtspflichtverletzung vor. Evt haftet dann aber Kevin, wenn für ihn eine Versicherung besteht oder er einsehen konnte, dass sein Handeln sorgfaltswidrig war.

d) Verhältnis von Rechts- und Handlungs- bzw Deliktsfähigkeit

Wer handlungs- oder deliktsfähig ist, ist in jedem Fall auch rechtsfähig. Aber nicht jeder, der rechtsfähig ist, ist auch handlungs- oder deliktsfähig. Dies lässt sich etwa am Bsp von Kindern veranschaulichen. Ein Kind ist rechtsfähig, es kann also Eigentümer einer Sache sein. Es ist aber nicht geschäftsfähig, kann also selbst keinen Kaufvertrag abschließen. Dazu bedarf es eines Vertreters, wofür insb die Eltern in Betracht kommen.

Beispiel: Möchte der 6-jährige Maxi eine Modelleisenbahn kaufen, müssen die Eltern als gesetzliche Vertreter den Vertrag abschließen. Mit Übergabe erwirbt Maxi dann Eigentum.

2. Juristische Personen

Neben natürlichen Personen gibt es auch **rechtliche Gebilde**, denen die Rechtsordnung **Rechtsfähigkeit** verleiht (§ 26 ABGB). Es handelt sich dabei um juristische Personen. Zu unterscheiden sind juristische Personen des Privatrechts und juristische Personen des Öffentlichen Rechts. Beispiele für **juristische Personen des Privatrechts** sind die Aktiengesellschaft, die GmbH, Vereine oder die Privatstiftung. Diese werden durch privatrechtlichen Akt gegründet. **Juristische Personen des Öffentlichen Rechts** sind zB Gemeinden oder Sozialversicherungsträger, sie werden durch einen Hoheitsakt (zB Gesetz oder Bescheid) errichtet. Die Unterscheidung zwischen Rechtsfähigkeit und Handlungsfähigkeit ist auch charakteristisch für die juristische Person.

a) Rechtsfähigkeit

Dass juristischen Personen Rechtsfähigkeit zugestanden wird, dient schlicht der **Zweckmäßigkeit**: Wäre nämlich eine Aktiengesellschaft nicht rechtsfähig, könnte ein Dritter mit ihr zB keinen Vertrag abschließen, sondern müsste den Vertrag mit jedem einzelnen Aktionär schließen. Eine Klage müsste gegen jeden einzelnen Aktionär (oft tausende Personen) gerichtet werden. Jeder einzelne Aktionär müsste als Eigentümer einer Liegenschaft ins Grundbuch eingetragen werden. Weil dies unpraktisch wäre, anerkennt die Rechtsordnung auch juristische Personen als Zurechnungssubjekte.

b) Geschäftsfähigkeit

Juristische Personen sind **nicht geschäftsfähig**, sie brauchen notwendigerweise natürliche Personen, die für sie handeln. Diese Personen agieren somit als Vertreter. Dafür kommen insbesondere die **Organe** der juristischen Person in Betracht. So ist etwa in einer Aktiengesellschaft der Vorstand dazu berufen, die AG zu vertreten. Die Vorstandsmitglieder können daher für die AG zB Verträge schließen; selbiges gilt etwa für die Geschäftsführer der GmbH (vgl etwa § 18 GmbHG) und den Vorstand eines Vereins oder einer Privatstiftung.

c) Deliktsfähigkeit

Juristische Personen sind auch **nicht deliktsfähig**. Ihnen wird aber das **schuldhafte Verhalten** ihrer Organe und ihrer Repräsentanten **zugerechnet**, wenn diese in Ausübung ihrer Funktion gehandelt haben. Repräsentanten sind Personen, die in leitender Stellung tätig sind und einen eigenständigen Aufgabenbereich haben (§ 337 ABGB spricht von „Machthabern“).

Beispiel: Hat der Einkaufsleiter der S-GmbH schon davon gehört, dass die Produkte seines Zulieferers gesundheitsschädlich sind und veranlasst er trotzdem deren Weiterverkauf an den Händler, so kann A, wenn er als Endabnehmer krank wird, von der S-GmbH Schadenersatz verlangen.

C. Rechtsobjekte

Während Rechtssubjekte Träger von Rechten und Pflichten sind, beziehen sich diese Rechte und Pflichten auf Rechtsobjekte (Sachen). Nach § 285 ABGB ist alles eine Sache, was keine Person ist und zum Gebrauch der Menschen dient. Dieser **Sachbegriff des ABGB** ist – wie schon erwähnt – sehr weit und umfasst nicht nur körperliche, sondern auch unkörperliche Sachen wie Forderungen oder Rechte. Das **moderne Sachenrecht** beschäftigt sich dagegen nur mit körperlichen Sachen.
Eine „Mittelstellung" nehmen **Tiere** ein. Sie sind nach dem Gesetz zwar keine Sachen, werden aber wie solche behandelt.

Beispiel: Ein Affe kann daher nicht erben oder Eigentümer einer Sache sein. Man kann aber Eigentümer eines Affen sein oder ihn kaufen. Der Affe kann aber auch nicht wegen Körperverletzung schadenersatzpflichtig werden, weil er auch nicht Träger einer Pflicht sein kann.

Ein Unterschied zwischen Sachen und Tieren besteht im Schadenersatzrecht, weil beispielsweise der Ersatz der Behandlungskosten den Wert des Tieres übersteigen kann (vgl § 1332a ABGB).

D. Grundbegriffe der Rechtsgeschäftslehre

1. Privatautonomie

Das österreichische Privatrecht gewährt jeder Person Privatautonomie. Damit ist gemeint, dass jede natürliche oder juristische Person selbstbestimmt die rechtlichen Beziehungen zu ihrem Umfeld regeln kann. Die Privatautonomie ist auch verfassungsrechtlich geschützt, was aus Art 5 Staatsgrundgesetz (Eigentumsfreiheit) abgeleitet wird. Sie ist somit Eckpunkt einer an marktwirtschaftlichen Grundsätzen ausgerichteten Gesellschaftsordnung und ein zentraler Pfeiler unserer Privatrechtsordnung.

Wichtigster Ausfluss der Privatautonomie ist die **Vertragsfreiheit**. Danach kann jede Person frei entscheiden, ob und mit wem sie worüber Verträge abschließt (**Abschluss- und Inhaltsfreiheit**). Hinzu tritt die Freiheit, Verträge grundsätzlich jederzeit einvernehmlich aufzulösen (**Beendigungsfreiheit**) sowie die grundsätzliche **Formfreiheit** von Verträgen (§ 883 ABGB).

Beispiel: A verkauft dem B mündlich sein Grundstück um EUR 700.000. Der mündliche (formfreie) Vertrag ist gültig. B kann A auf Übergabe der Liegenschaft klagen. Ebenso hätte A das Grundstück dem C verkaufen können oder A und B hätten sich auf EUR 750.000 einigen können.

a) Grenzen der Privatautonomie

Von der Privatautonomie bestehen Ausnahmen. In manchen Fällen ist eine Person verpflichtet, Verträge abzuschließen. Man spricht von **Kontrahierungszwang**. Wer eine

Leistung der Daseinsvorsorge erbringt, auf die andere angewiesen sind, kann sich nicht auf die Freiheit berufen, keine Verträge abschließen zu müssen. Den Kontrahierungszwang hat der OGH auch auf Monopolisten ausgedehnt. Diese dürfen Vertragsabschlüsse nur aus sachlichen Gründen verweigern.

Beispiel: Sepp betreibt das einzige Lebensmittelgeschäft in einem abgelegenen Bergdorf. Kommt Fritzi und will bei ihm Brot kaufen, muss Sepp einen Vertrag mit ihm abschließen und kann sich nicht darauf berufen, dass er Fritzi schon immer gehasst habe. Gleiches würde etwa für die Eisenbahn, die Post oder Energieversorger gelten. Der OGH hat aber auch einen Kontrahierungszwang eines Fußballvereins oder eines Casinobetreibers, die jeweils als Monopolisten auftraten, bejaht.

Verträge, die gegen **gesetzliche Verbote** verstoßen, sind nichtig (§ 879 Abs 1 ABGB). So ist etwa ein Kaufvertrag über Kokain ungültig, weil die Rechtsordnung den Verkauf von Kokain als Straftat einstuft. Dasselbe gilt für einen Vertrag, der gegen das Kartellrecht verstößt. Zu prüfen ist dabei aber immer der **Schutzzweck der Norm**. So sind etwa Kaufverträge, die außerhalb der gesetzlichen Ladenöffnungszeiten abgeschlossen werden, zwar gesetzwidrig, aber dennoch nicht nichtig, weil dies der Zweck der Vorschriften zu Ladenöffnungszeiten nicht verlangt (bloßes Abschlussverbot, kein Inhaltsverbot). § 879 Abs 1 ABGB formuliert daher zu streng und ist insofern teleologisch zu reduzieren. Das heißt, dass die Nichtigkeitssanktion für gesetzwidrige Verträge nur dort gilt, wo der Vertragsinhalt rechtlich missbilligt wird.
Auf einen Aspekt der Gesetzwidrigkeit von Verträgen wurde schon hingewiesen, nämlich auf **einseitig zwingendes Recht**, das zugunsten **schutzbedürftiger Personen(gruppen)** besteht, zB Arbeitnehmer oder Verbraucher. Einseitig zwingende Regeln können nur zu ihren Gunsten, nicht aber zu ihren Lasten durch Parteienvereinbarung abbedungen werden – nachteilige Regelungen wären nichtig, auch wenn sich beide Parteien darauf geeinigt hätten.

Daneben sind auch Verträge, die gegen die **guten Sitten** verstoßen, nach § 879 Abs 1 ABGB nichtig. Die guten Sitten sind nicht explizit in der Rechtsordnung festgeschriebene Maßstäbe, die sich entweder aus der Rechtsordnung ableiten lassen oder allgemein in den Moralvorstellungen der Bevölkerung verankert sind. Was gegen die guten Sitten verstößt, kann sich auch über die Zeit ändern.

Beispiel: Der OGH erachtete über lange Zeit den Prostitutionsvertrag als sittenwidrig. Im Jahr 2012 wurde diese Rechtsprechung geändert. Der Prostitutionsvertrag ist nun ein einseitig verpflichtender Vertrag. Die sexuelle Dienstleistung kann daher nicht eingeklagt werden. Wird sie aber erbracht, so kann das Entgelt dafür sehr wohl gerichtlich eingeklagt werden. Nach wie vor sittenwidrig sind bspw wucherische Verträge, bei denen ein grobes Missverhältnis zwischen Leistung und Gegenleistung besteht und der schwächere Vertragspartner ausgenutzt wird (§ 879 Abs 2 Z 4 ABGB).

Die Rechtsfolgen hängen vom Schutzzweck ab: Sind allgemeine Interessen betroffen, ist der Vertrag absolut nichtig. Sind nur die Interessen einer Person betroffen (zB beim Wucher) liegt eine relative, dh geltend zu machende Nichtigkeit vor.

Eine weitere Grenze der Privatautonomie sind **Formgebote**. An sich gilt – wie bereits erwähnt – der Grundsatz der Formfreiheit in Bezug auf den Abschluss des Vertrags (§ 883 ABGB). In bestimmten Fällen ist aber zum **Schutz vor Übereilung** oder zu **Beweiszwecken** eine besondere Form vorgesehen (zB § 1346 Abs 2 ABGB: Schriftform für die Bürgschaft oder §§ 577 ff ABGB: Testamentsformen). Wird das Rechtsgeschäft nicht in der vorgeschriebenen Form errichtet, ist es unwirksam, auch wenn die Parteien das Rechtsgeschäft unzweifelhaft mit diesem Inhalt abschließen wollten.

Beispiel: Der Verstorbene hat in einem Videotestament unzweifelhaft seinen letzten Willen erklärt. Da eine Videoaufzeichnung keine anerkannte Testamentsform ist, ist dieser letzte Wille unbeachtlich.

2. Willenserklärungen

Privatautonomie ist also die Freiheit jedes Einzelnen, seine rechtlichen Angelegenheiten nach seinem Willen zu gestalten. Mittel der Gestaltung, mit dem von der Privatautonomie Gebrauch gemacht wird, sind Willenserklärungen.

Eine Willenserklärung ist eine mit **Rechtsfolgewillen** abgegebene Erklärung einer Person. Notwendig ist also, dass die **Erklärung nach außen** tritt (durch Sprechen, Schreiben, Deuten). Wer sich bloß im Stillen denkt, dass er eine Sache gerne kaufen möchte, setzt keine Willenserklärung. Außerdem muss die Person, die sich äußert, den Willen haben, mit der Erklärung Rechtsfolgen auszulösen.

Beispiel: Am Rechtsfolgewillen fehlt es typischerweise bei einer noch unbestimmten Verabredung zu einem baldigen Kinobesuch. Hier soll kein rechtlich durchsetzbarer Anspruch entstehen. Anders beim Kauf der Kinokarte: hier möchte die betreffende Person eine rechtliche Verpflichtung begründen.

Damit eine Willenserklärung wirksam ist, muss sie ihrem Empfänger zugehen (**Zugangsprinzip**). Solange man nicht wissen kann, was einem erklärt wird, liegt keine wirksame Willenserklärung vor. Allerdings kann für das Wirksamwerden auch nicht verlangt werden, dass der Empfänger tatsächliche Kenntnis von einer Erklärung erlangt, weil er es sonst in der Hand hätte die Kenntnis und damit das Wirksamwerden zu vereiteln. Für den Zugang und damit das Wirksamwerden der Willenserklärung reicht es also aus, dass der Empfänger sich nach dem gewöhnlichen Lauf der Dinge Kenntnis vom Inhalt der Willenserklärung verschaffen kann. Die Willenserklärung muss also in den **Machtbereich** des Angebotsempfängers gelangen (zB Einwurf eines Briefs in den Briefkasten; Nachricht auf dem Anrufbeantworter; E-Mail im Posteingang). Zeitpunkt des Zugangs ist der Moment, in dem der Erklärende mit der Kenntnis durch den Empfänger rechnen konnte.

Beispiel: Wer also in der Nacht einen Brief in einen Briefkasten wirft, kann nicht damit rechnen, dass er sofort gelesen wird; Zugangszeitpunkt ist grundsätzlich der Morgen des nächsten Tages.

Es gibt ausdrückliche und schlüssige (konkludente) Willenserklärungen. **Ausdrückliche Willenserklärungen** bestehen aus geschriebenen oder gesprochenen Worten oder allgemein angenommenen Zeichen.

Beispiel: Bietet A dem B sein Auto zum Kauf um EUR 5.000 an und sagt B darauf: „Einverstanden, ich kaufe es um EUR 5.000“, so liegen zwei ausdrückliche Willenserklärungen vor. Gleiches gilt, wenn B mit dem Kopf nickt, weil es sich hiebei um ein allgemein anerkanntes Zeichen der Zustimmung handelt.

Bei **konkludenten Willenserklärungen** geht der Erklärungswert weniger aus Worten hervor, sondern daraus, wie sich eine Person in einer bestimmten Situation verhält. Das Gesetz setzt hiefür in § 863 ABGB einen hohen Maßstab an: Erst wenn mit Überlegung aller Umstände kein vernünftiger Grund besteht, an einer Willenserklärung zu zweifeln, liegt eine konkludente Willenserklärung vor.

Beispiel: Steigt Kurt in den Bus ein, besteht aus Sicht des Busfahrers kein vernünftiger Grund, daran zu zweifeln, dass Kurt einen Vertrag abschließen will. Gleiches gilt, wenn Rudi sein Auto in einer gebührenpflichtigen Tiefgarage abstellt.

Das **bloße Schweigen** gilt in aller Regel aber nicht als Willenserklärung, weil Schweigen viele Bedeutungen haben kann. Im Zivilrecht gilt also nicht das Prinzip „Wer schweigt, stimmt zu".

3. Arten von Rechtsgeschäften

Liegen eine oder mehrere Willenserklärungen vor, spricht man auch von einem Rechtsgeschäft. Rechtsgeschäfte lassen sich dabei in verschiedene Kategorien einteilen:

a) einseitige und zwei- bzw mehrseitige Rechtsgeschäfte

Für das Zustandekommen eines **einseitigen Rechtsgeschäfts** ist nur **eine Willenserklärung** notwendig (zB Testament, Kündigung). In der Regel reicht es aber nicht aus, dass eine Person etwas möchte, man benötigt dazu die Zustimmung einer anderen Person. Ein **zweiseitiges Rechtsgeschäft** besteht daher aus **zwei übereinstimmenden Willenserklärungen**, gebräuchlich ist dafür der Begriff „**Vertrag**" (Siehe sogleich I.E.).

Beispiele: Kaufvertrag, Tauschvertrag, Werkvertrag, Mietvertrag oder Schenkungsvertrag. Beachte: Auch der Beschenkte muss der Schenkung zustimmen.

Es gibt auch mehrseitige Rechtsgeschäfte, der Vertrag kommt dann zwischen mehreren Parteien zustande.

b) einseitig und zweiseitig verpflichtende Rechtsgeschäfte

Liegt ein zweiseitiges Rechtsgeschäft vor, kann dieses **einseitig oder zweiseitig verpflichtend** sein, je nachdem ob nur ein Partner verpflichtet wird oder beide. Beim Schenkungsvertrag wird nur ein Partner verpflichtet: einer leistet eine Sache (Schuldner), der andere nichts (Gläubiger). Beim Kaufvertrag werden beide Partner verpflichtet: einer muss den Preis, der andere die Sache leisten, jede Partei ist also zugleich Gläubiger und Schuldner. In zweiseitig verbindlichen Rechtsgeschäften kommt die typische Verknüpfung von Leistung und Gegenleistung zum Ausdruck (*do ut des* – „ich gebe, damit Du gibst"), die man „**Synallagma**" nennt.

c) Verpflichtungs- und Verfügungsgeschäfte

Diese Unterscheidung ist von besonderer Bedeutung. Ein Verpflichtungsgeschäft begründet **schuldrechtlich** Pflichten, es ist auf eine künftige Leistung gerichtet. Es stellt somit den **Titel** dar, wirkt aber noch nicht sachenrechtlich. Soll auf **sachenrechtliche Positionen** eingewirkt werden, ist zusätzlich ein Verfügungsgeschäft, der **Modus**, notwendig (vgl Voraussetzungen des Titel und Modus bei Eigentumsübertragung, § 380 ABGB). Die Wirksamkeit dieses Verfügungsgeschäfts hängt von der Wirksamkeit des Verpflichtungsgeschäfts ab, was als **Prinzip der kausalen Tradition** schon aus dem römischen Recht bekannt ist.

Beispiel: A will B sein Auto verkaufen. Schließen beide einen Kaufvertrag, ist dieser das Verpflichtungsgeschäft. Das Eigentum am Auto ist aber dadurch noch nicht übergegangen. Dafür ist zusätzlich die körperliche Übergabe des Autos erforderlich. War der Kaufvertrag ungültig, kann trotz Übereignung kein Eigentumsübergang stattfinden (Prinzip der kausalen Tradition).

Auch wenn es notwendig ist, Verpflichtungs- und Verfügungsgeschäft juristisch zu trennen, so ist doch darauf hinzuweisen, dass faktisch vor allem im täglichen Leben beide Geschäfte oft zusammenfallen, so zB bei Barkäufen (Kauf einer Semmel beim Bäcker oder einer Zeitung in der Trafik).

E. Der Abschluss von Verträgen

Das wichtigste Rechtsgeschäft im heutigen Wirtschaftsleben ist der Vertrag. Ein Vertrag kommt durch zwei oder mehr **übereinstimmende Willenserklärungen** zustande (§ 861 ABGB). Notwendig sind also ein Angebot und eine inhaltsgleiche Annahme: Der Anbietende schlägt einen bestimmten Vertragsinhalt vor und der Angebotsempfänger nimmt dieses Angebot an.

1. Das Angebot

Ein Angebot muss **hinreichend bestimmt** sein. Damit ist gemeint, dass das Angebot die Mindestbestandteile des gewollten Vertrages (**essentialia negotii**) enthält. Beim Kaufvertrag müsste das Angebot also jedenfalls die Kaufsache und den Kaufpreis enthalten, beim Mietvertrag den Mietgegenstand und den Mietzins. Es genügt aber, wenn die *essentialia negotii* des angestrebten Vertrags bestimmbar sind (etwa Kauf zum „derzeit gültigen Listenpreis"). Das Angebot ist also hinreichend bestimmt, wenn es durch bloße Zustimmung angenommen werden kann, der Vertrag also durch bloße Zustimmung „perfekt" werden kann.

Weiters muss das Angebot einen **Bindungswillen** (Rechtsfolgewillen) zeigen. Ein solcher fehlt etwa, wenn lediglich unverbindliche Vertragsverhandlungen geführt werden oder wenn in einem Zeitungsinserat oder in einem Schaufenster eine Sache zum Kauf zu einem bestimmten Preis angeboten wird. Denn in einem solchen Fall will der Erklärende typischerweise gerade nicht gegenüber jedermann an sein Angebot gebunden sein. Betrachtete man ein Zeitungsinserat als wirksames Angebot, so müsste der Inserent jedem, der zum angegebenen Preis einen Vertrag abschließen will, die Sache liefern.

Beispiel: Wer seinen (einzigen!) Gebrauchtwagen inseriert, würde somit allen, die das „Angebot" annehmen und denen er das Auto nicht liefern kann, schadenersatzpflichtig. Das will der Inserent aber gerade nicht. Er will die Sache nur solange verkaufen wie er sie noch vorrätig hat und er will sich seinen Vertragspartner aussuchen. Daher hat er keinen endgültigen Bindungswillen, sein Inserat stellt eine Einladung dar, ein Angebot zu stellen (*invitatio ad offerendum*).

Anders liegt der Fall nach der Rechtsprechung bei Online-Versteigerungsplattformen. Hier ist durch ein vorgegebenes Verfahren dafür gesorgt, dass nur eine Person (der Meistbietende) den Zuschlag erhält. Das Risiko, anderen potentiellen Vertragspartner schadenersatzpflichtig zu werden, besteht gerade nicht, sodass der Anbietende an sein Angebot gebunden ist.

Als letzte Voraussetzung muss das Angebot (wie andere Willenserklärungen auch) dem Angebotsempfänger zugehen, also in seinen Machtbereich gelangen. Der **Zugang** ist bedeutsam, weil in diesem Zeitpunkt das Angebot wirksam wird und die Bindungsfrist zu laufen beginnt. Grundsätzlich ist der Anbietende also ab diesem Moment an sein Angebot gebunden. Wird es angenommen, muss er leisten (§ 862 Satz 3 ABGB)! Es gibt jedoch zwei Einschränkungen: Zum einen kann ein Angebot **widerrufen** werden, wenn es zwar in den Machtbereich des Empfängers gelangt ist, dieser aber das Angebot nicht kennt und daher noch nicht darauf vertraut. Zum zweiten ist die Bindung zeitlich begrenzt (**Bindungsfrist**). Als Bindungsfrist gilt zunächst immer die vom Anbietenden bestimmte Frist. Liegt eine solche nicht vor, so sind unter Anwesenden gemachte Angebote **sofort** anzunehmen. Dies gilt auch für Angebote, die während eines Telefonats gemacht werden. Unter Abwesenden gemachte Angebote hingegen sind innerhalb einer **angemessenen Frist** anzunehmen. Die Dauer der „angemessenen Frist" richtet sich nach dem konkreten Geschäft und inkludiert eine angemessene Beförderungszeit zum Empfänger, eine angemessene Überlegungszeit und die Beförderungszeit für die Antwort.

2. Die Annahme

Liegt ein wirksames Angebot vor, muss dieses noch angenommen werden, damit der Vertrag zustande kommt. Auch für die Annahme gelten die eben dargestellten Voraussetzungen. Innerhalb der **Bindungsfrist** des Angebots muss also dem Anbietenden die **bestimmte** und mit **Bindungswillen** ausgestattete **Annahme zugehen**, die sich mit dem Angebot deckt. Diese Erklärung kann – wie alle Willenserklärungen – entweder ausdrücklich oder konkludent erfolgen. Bloßes Schweigen auf ein Angebot führt daher grundsätzlich nicht zum Vertragsabschluss.

In Ausnahmefällen erlaubt das Gesetz aber auch eine **stille Annahme (Realannahme)** durch „tatsächliches Entsprechen" (§ 864 Abs 1 ABGB). Wenn nach der Natur des Geschäfts oder nach der Verkehrssitte nicht mit einer Annahmeerklärung zu rechnen ist, kommt der Vertrag zustande, wenn dem Angebot binnen angemessener Frist tatsächlich entsprochen wird. Diese Annahme ist keine Willenserklärung, sondern eine **Willensbetätigung**. Die Willensbetätigung hat keinen Kundgabezweck. Ihre Anerkennung im Gesetz bewirkt, dass die zu versendende Sache bereits nach vertraglichen Risikoregeln reisen kann (§ 429 ABGB). Dies wäre nicht möglich, wenn der Vertrag erst durch Zugang der Sache zustande käme.

Beispiel: Bestellt also Kurt beim Versandhändler „Welle" ein Buch, kommt der Vertrag zustande, wenn der Versandhändler das Buch abschickt (und dem Angebot dadurch „tatsächlich entspricht"). Ebenso kommt der Vertrag zustande, wenn der Händler dem Karl zwei Flaschen Sekt zuschickt und Karl die Flaschen, im Willen das Angebot anzunehmen, öffnet.

In diesem Zusammenhang ist noch § 864 Abs 2 ABGB von Bedeutung, der sich mit **Realangeboten** befasst. Wird einem Empfänger eine Sache ohne seine Veranlassung zugesendet, so kann er diese behalten, verwenden, verbrauchen und sich ihrer auch entledigen, ohne dass ein Vertrag zustande kommt. Dies soll Missbrauch vorbeugen und verhindern, dass Waren in der Hoffnung verschickt werden, dass der Empfänger sich verpflichtet fühlt, diese zu bezahlen. Die Bestimmung ist auf den ersten Blick sehr streng. Sie wird aber zweifach eingeschränkt. Zum einen muss der Empfänger die Sache zurückschicken oder den Absender benachrichtigen, wenn ihm auffallen musste, dass die Sache irrtümlich an ihn gelangt ist. Zum anderen ist die Bestimmung nicht anwendbar, wenn der Empfänger wirklich einen Vertrag schließen will (siehe obiges Bsp).

3. Die Auslegung von Willenserklärungen

Zu Beginn des Kapitels wurde bereits dargestellt, dass Verträge durch übereinstimmende Willenserklärungen zustande kommen. Dies ist unproblematisch, wenn beide Parteien das Gleiche wollen und auch das Gleiche erklären (natürlicher Konsens). **Natürlicher Konsens** liegt auch dann vor, wenn beide Parteien das Gleiche wollen, aber etwas anderes erklären. Es gilt der Grundsatz **falsa demonstratio non nocet** – die Fehlbezeichnung schadet nicht. Der übereinstimmende Wille geht vor.

Beispiel: Luise will Clara ihren Kodex Unternehmensrecht verkaufen, den Clara auch erwerben will. Beide verwenden die frühere Bezeichnung und sprechen vom „Kodex Handelsrecht". Trotzdem kommt der Vertrag über den aktuellen Kodex Unternehmensrecht zustande.

Ebenso unproblematisch ist der Fall, in dem beide Parteien nicht das Gleiche wollen und sich ihre Erklärungen auch äußerlich nicht decken. Hier liegt **Dissens** vor, ein Vertrag kommt nicht zustande.

Beispiel: Luise bietet Clara ihren Kodex Unternehmensrecht für EUR 15 an. Clara antwortet: „Ich kaufe ihn für EUR 10." Hier erfolgt keine Einigung, ein Vertrag kommt nicht zustande. Claras Antwort stellt ein Gegenangebot dar.

Kompliziert wird die Situation, wenn beide Parteien nicht das Gleiche wollen, ihre Erklärungen sich aber äußerlich decken.

Beispiel: Clara bietet Luise EUR 15 für den Kodex Unternehmensrecht, meint aber den Kodex Bürgerliches Recht. Luise nimmt an. Hier wollen beide nicht das Gleiche. Clara will den Kodex Bürgerliches Recht kaufen, Luise den Kodex Unternehmensrecht verkaufen. Rein äußerlich decken sich aber ihre Erklärungen.

Stellte man in einer solchen Situation nur auf den Willen der Parteien ab, käme der Vertrag nicht zustande (**Willenstheorie**). Stellte man hingegen rein auf das äußerliche Bild der Erklärungen ab, käme der Vertrag mit dem vermeintlich übereinstimmenden Inhalt zustande (**Erklärungstheorie**). Das ABGB folgt einer Mittellösung: Es kommt nicht darauf an, wie der Erklärungsempfänger die Erklärung tatsächlich verstanden hat. Relevant ist, wie er sie als redlicher Erklärungsempfänger unter Berücksichtigung aller Umstände verstehen durfte. Maßgeblich ist also der objektive Erklärungswert der Erklärung (**Vertrauenstheorie**). Der Vertragspartner wird in einer solchen Situation an den Willen des anderen Vertragspartners gebunden. Die Rechtfertigung dafür liegt darin, dass der Erklärende das Vertrauen des anderen geweckt hat.

Beispiele: Luise konnte die Erklärung objektiv nur so verstehen, dass der Kodex Unternehmensrecht gemeint war. Der Vertrag kommt darüber zustande. Weniger eindeutig ist folgender Fall: Frank bittet den Installateur Ingo darum, sein „Haus am See" zu renovieren. Ingo ist gegen ein Entgelt von EUR 20.000 einverstanden. Tatsächlich hat Frank zwei Häuser am See und meint das größere der beiden, das mehr Renovierungsarbeiten benötigt. Ingo kennt aber nur das kleinere Haus und ist zur Renovierung des größeren um EUR 20.000 nicht bereit. War Ingo schon mehrfach im kleineren Haus zu Gast und hat mit Frank dabei über allfällige Arbeiten gesprochen, durfte er die Erklärung so verstehen, dass das kleinere Haus gemeint war.

Kann mittels Vertrauenstheorie ein **objektiver Erklärungswert** ermittelt werden, auf den der Vertragspartner vertrauen konnte, kommt der Vertrag mit diesem Inhalt zustande. Man spricht von „**normativem Konsens**". Ist das Vertrauen eines Vertragspartners nicht gerechtfertigt, so kommt kein Vertrag zustande, weil **Dissens** vorliegt. In allen Fällen des normativen Konsenses wird eine Partei an den Willen der anderen Partei gebunden, obwohl sie das nicht wollte. Es liegt also immer ein Willensmangel vor. Dennoch kommt der Vertrag zustande. Ob aufgrund des Willensmangels eine Anfechtung des Vertrages möglich ist, ist auf einer zweiten Ebene zu prüfen (dazu beim Irrtumsrecht).

4. Allgemeine Geschäftsbedingungen

Nach der Vorstellung des historischen Gesetzgebers sollten Verträge zwischen den Vertragsparteien einzeln ausgehandelt werden. Im modernen Massengeschäftsverkehr ist das selten möglich. Die Rechtspraxis hat daher allgemeine Geschäftsbedingungen (AGB) entwickelt. Dabei handelt es sich um vorgefertigte Vertragsbedingungen, die eine Partei dem Vertrag zugrunde legen möchte. Somit wird die **Privatautonomie** des anderen freilich deutlich **eingeschränkt**, weil Abänderungen der AGB meist nicht verhandelbar sind. Hinzu kommt, dass in die Erstellung von allgemeinen Geschäftsbedingungen viel Geld und Know-how fließt, sodass – insbesondere im Verhältnis zwischen Unternehmer und Verbraucher (B2C) – ein strukturelles Ungleichgewicht vorliegt. Aber auch im reinen Unternehmergeschäft (B2B) sind AGB aufgrund der **verdünnten Willensfreiheit** des Vertragspartners ein Problem. Die Rechtsordnung hat daher verschiedene ausdifferenzierte Reaktionsmechanismen darauf entwickelt.

Zunächst ist festzuhalten, dass allgemeine Geschäftsbedingungen denselben Geltungsgrund haben wie sonstige Vertragsbestandteile auch. AGB werden daher nur dann **Vertragsbestandteil**, wenn sie vereinbart wurden, also in den Vertrag einbezogen wurden. Dazu genügt es, dass die Person, die zu AGB kontrahieren will, dies deutlich macht und der potentielle Vertragspartner die Möglichkeit hat, das Klauselwerk einzusehen. Ob er davon wirklich Gebrauch macht, ist irrelevant. In Anbetracht der verdünnten Willensfreiheit ist die bloße Einbeziehung durch Vereinbarung aber nicht genug.

Das Gesetz sieht darüber hinaus eine Geltungskontrolle und danach eine Inhaltskontrolle vor. Bei beiden handelt es sich um Filter zur AGB-Kontrolle. Bei der **Geltungskontrolle** (§ 864a ABGB) wird jede einzelne – an sich wirksam vereinbarte! – Klausel darauf geprüft, ob sie nachteilig und überraschend ist. Da allgemeinen Geschäftsbedingungen meistens nur pauschal zugestimmt wird, geht der Gesetzgeber davon aus, dass nur übliche Bestimmungen dadurch Vertragsinhalt werden können, nachteilige überraschende Bestimmungen allerdings nicht, weil sie vom Willen des Vertragspartner nicht mehr getragen werden. **Nachteilig** ist dabei jede Verschlechterung im Vergleich zum dispositiven Recht. **Überraschend** kann eine Klausel einerseits aufgrund ihres Inhaltes sein (weil sie in AGB oder bei einem solchen Geschäft nicht zu erwarten ist). Das Überraschungsmoment kann allerdings auch durch die Gestaltung von AGB begründet werden („Kleingedrucktes"). Die Geltungskontrolle verhindert daher, dass versteckte nachteilige Bestimmungen Vertragsinhalt werden. Der AGB-Verwender müsste das Überraschungsmoment beseitigen, etwa indem er auf die Bestimmung konkret hinweist, dann wäre § 864a unanwendbar.

> *Beispiel:* Unter „Pkt 8 – Zahlungsbedingungen" findet sich in den AGB ein Haftungsausschluss. Die Klausel verstößt gegen § 864a, weil sie (gegenüber dem dispositiven Recht) nachteilig und überraschend ist. Es ist nicht zu erwarten, dass sich unter dem Pkt Zahlungsbedingungen ein Haftungsausschluss findet.

Während die Geltungskontrolle also vor allem das Wirksamwerden versteckter Klauseln bekämpft, nimmt die **Inhaltskontrolle** eine inhaltliche Prüfung vor, ungeachtet der Frage, ob die Klausel versteckt oder nicht versteckt war. Die Inhaltskontrolle will also vermeiden, dass bestimmte inhaltlich missbilligte Klauseln Vertragsinhalt werden. Zentralnorm im ABGB ist § 879 Abs 3, nach dem Vertragsbestimmungen über Nebenleistungen dann nichtig sind, wenn sie unter Berücksichtigung aller Umstände einen Teil **gröblich benachteiligen**. Es handelt sich dabei um eine Generalklausel, die von der Rechtsprechung über die Jahre konkretisiert wurde.

Besondere Vorgaben gibt es für das **Verbrauchergeschäft**. § 6 KSchG sieht in seinen Abs 1 und 2 einen Katalog von Klauseln vor, die entweder im Verbrauchergeschäft überhaupt nicht vereinbart werden dürfen (Abs 1) oder die mit dem Verbraucher zumindest eigens ausgehandelt werden müssen (Abs 2). Die Klauseln nach Abs 2 werden somit nicht Vertragsinhalt, wenn sie sich in allgemeinen Geschäftsbedingungen finden, weil AGB gerade nicht eigens ausgehandelt sein können.

Darüber hinaus sieht § 6 Abs 3 KSchG das sogenannte **Transparenzgebot** vor, nachdem Klauseln unwirksam sind, wenn sie **unklar oder unverständlich** abgefasst sind. Das Transparenzgebot wendet sich daher nicht gegen den Inhalt einer Bestimmung, sondern gegen ihre Formulierung. Wenn der AGB-Verwender sich undeutlich ausdrückt oder durch die Gestaltung der allgemeinen Geschäftsbedingungen den Gehalt der jeweiligen Klausel verschleiert, ist die Klausel unwirksam.

Beispiel: In den AGB wird die Haftung des Vertragspartners „soweit gesetzlich zulässig" ausgeschlossen. Diese Klausel verstößt gegen § 6 Abs 3 KSchG.

Ein wichtiger Kontrollmechanismus für allgemeine Geschäftsbedingungen ist schließlich die Möglichkeit einer **Verbandsklage**. Häufig ist für den einzelnen Verbraucher die Durchsetzung seiner Rechte abschreckend, weil sie mühsam und potentiell kostenintensiv ist. Außerdem lohnt sich in vielen Fällen die Geltendmachung von Ansprüchen nicht, wenn es um Kleinigkeiten geht. Der Gesetzgeber hat allerdings bestimmten Verbänden (insbesondere der Arbeiterkammer und dem VKI) die Befugnis erteilt, die Verwender von allgemeinen Geschäftsbedingungen im Rahmen von Verbandsklagen auf Unterlassung der Verwendung rechtswidriger AGB zu klagen. Viele Fortschritte im Verbraucherschutzrecht sind auf solche Verbandsklagen zurückzuführen.

F. Absolute und relative Nichtigkeit von Verträgen

Passieren im Zeitpunkt des Vertragsabschlusses bestimmte Fehler, so ist zu unterscheiden. Manche Fehler sind so schwerwiegend, dass der Vertrag gar nicht gültig zustande kommt (**absolute Nichtigkeit**, die **von Amts wegen** wahrzunehmen ist). Andere Fehler machen den Vertrag nur **relativ nichtig**. Auf sie muss sich eine **Vertragspartei berufen**, um den Vertrag rückwirkend durch Anfechtung zu beseitigen.
Absolut nichtig sind zunächst Verträge von Geschäftsunfähigen (s.o. I.B.1.b.i.). Weiters fallen in diese Kategorie Verträge über bereits bei Vertragsabschluss absolut unmögliche Leistungen (zB Kauf eines Einhorns). Auch die Nichteinhaltung von zwingenden Formvorschriften macht das Geschäft ungültig. Absolut nichtig sind zudem gesetz- oder sittenwidrige Verträge, wenn das Gesetz oder die guten Sitten, gegen die sie verstoßen, den Zweck haben, solche Verträge zu verhindern, um die Allgemeinheit zu schützen (zB Verstoß gegen das Kartellrecht).

Wird hingegen ein Gesetz übertreten, das nur eine Partei schützt, kann sich nur diese auf die Gesetzwidrigkeit berufen. Gleichermaßen kann eine Partei einen Vertrag anfechten, wenn ihre Leistung mehr als doppelt so viel wert ist wie die Gegenleistung, die sie erhält (§ 934 ABGB; *laesio enormis*).

Beispiel: Karl kauft von Viktor eine Uhr um EUR 650, obwohl sie EUR 300 wert ist. Karl kann den Vertrag wegen laesio enormis anfechten. Dies gilt allerdings nicht, wenn Karl den wahren Wert der Uhr gekannt oder sie aus besonderer Vorliebe um einen besonders hohen Preis übernommen hat (§ 935 ABGB).

Gleiches gilt unter gewissen Voraussetzungen, wenn eine Partei bei Vertragsschluss einem Willensmangel unterlag (dazu sogleich).

G. Willensmängel

In den vergangenen Kapiteln hat sich gezeigt, dass ein wirksamer Vertragsabschluss übereinstimmende Willenserklärungen voraussetzt. Wollen die Parteien auch tatsächlich dasselbe, liegt natürlicher Konsens vor. Ist das nicht der Fall, kann es durch vertrauenstheoretische Überlegungen zum normativen Konsens kommen. In einer zweiten Stufe ermöglicht das Recht der Willensmängel eine **ausdifferenzierte Prüfung** der abgegebenen Willenserklärungen und des daraus allenfalls folgenden Vertrages. Liegen bestimmte Willensmängel vor, kann die an sich wirksame Willenserklärung bzw der daraus resultierende Vertrag unter bestimmten Voraussetzungen angefochten werden. Die Vertrauenstheorie hat daher zwei Ebenen. Einerseits gibt sie Auskunft darüber, ob ein Vertrag zustande gekommen ist. Andererseits gibt sie Auskunft darüber, ob ein wirksam zustande gekommener Vertrag angefochten werden kann. Diese Zweistufigkeit dient der Rechtssicherheit, weil mangels Anfechtung ein gültiges Rechtsgeschäft auch gültig bleibt. Unterschieden werden drei Willensmängel:
Drohung
List
Irrtum

1. Drohung und List

Bei der Drohung (§ 870 ABGB) wird jemand „durch ungerechte und gegründete Furcht zu einem Vertrage veranlasst". Der Bedrohte wird also zum Vertragsabschluss gezwungen. Wer seinen Willen nur unter **Zwang** gebildet hat, kann seine Willenserklärung binnen drei Jahren ab Wegfall der Zwangslage anfechten.
Bei der List (§ 870 ABGB) hat eine Vertragspartei ihre Erklärung nur durch Vorspiegelung falscher Tatsachen abgegeben. Die List wird daher auch als **zivilrechtlicher Betrug** bezeichnet. Zwar will die Partei das Erklärte, die Voraussetzungen unter denen sie den Willen gebildet hat, liegen aber nicht vor. Da es für den Überlistete schwieriger sein kann, die Täuschung aufzudecken, beträgt die Verjährungsfrist dreißig Jahre ab Vertragsabschluss (§§ 1478, 1487 ABGB).

Beispiel: Albert will Boris' Grundstück erwerben. Da Boris nicht verkaufen will, droht ihm Albert damit, ihn wegen Steuerhinterziehung anzuzeigen. Daraufhin verkauft Boris das Grundstück unter seinen Preisvorstellungen. Ein Vertrag kommt zwar zustande, er kann aber angefochten werden. Gleiches gilt, wenn Albert dem Boris weismacht, dass in Kürze in der Nachbarschaft eine Fabrik zur Schwermetallverarbeitung gebaut werde, obwohl er weiß, dass keine derartigen Pläne existieren.

2. Irrtum

Dass dem Vertragspartner, der den anderen Teil durch Drohung oder List zum Vertragsabschluss bewegt hat, der Vertrag durch Anfechtung wieder „weggenommen" werden kann, leuchtet ein. Weder der Drohende noch der Listige ist besonders schutzwürdig, die Abwägung fällt daher leicht. Schwieriger ist das beim Irrtum, der den praktisch bedeutendsten Willensmangel darstellt.
Ein Irrtum ist eine **Fehlvorstellung von der Wirklichkeit**. Nicht jede Fehlvorstellung von der Wirklichkeit kann allerdings dazu führen, dass man sich von einem Vertrag lösen kann, ansonsten bliebe vom zentralen Grundsatz, dass Verträge einzuhalten sind (*pacta sunt servanda*), nicht viel übrig. Das Gesetz stellt daher besondere Anforderungen für die Irrtumsanfechtung auf.

Es können überhaupt nur bestimmte Irrtümer zur Vertragsanfechtung führen. Es handelt sich dabei einerseits um **Erklärungsirrtümer**, also solche Fälle, in denen eine Person nach dem objektiven Erklärungswert etwas anderes erklärt, als sie erklären möchte (also beim normativen Konsens). Andererseits können **Geschäftsirrtümer** zur Anfechtung führen. Geschäftsirrtümer sind Irrtümer über die Person des Vertragspartners, die Art des Vertrages, oder die Eigenschaften des Vertragsgegenstandes. In allen drei Fällen geht es also um zentralste Fragen der vertraglichen Vereinbarung (Mit wem wird welcher Vertrag worüber abgeschlossen?). Außerhalb dieser Irrtümer liegende Fehlvorstellungen von der Wirklichkeit sind als bloße **Motivirrtümer**, jedenfalls bei entgeltlichen Geschäften, unbeachtlich. Wer in der Früh einen Regenschirm kauft, weil er glaubt es werde regnen, kann, wenn sich diese Erwartung nicht erfüllt, nicht am Abend den Schirm unter Berufung auf Irrtumsanfechtung zurückgeben. Der Irrtum ist vom Vertragsinhalt zu weit entfernt. Es soll nicht das Risiko des Verkäufers sein, dass der Käufer Fehlvorstellungen über das Wetter hat. Daher berechtigen bloße Motivirrtümer grundsätzlich nicht zur Anfechtung, sie sind unbeachtlich.

Beispiel: Karl kauft Veras Auto in der Annahme, mit diesem seien bisher 40.000 km gefahren worden (was der Tachometer anzeigt). Wurden damit tatsächlich bereits 100.000 km gefahren, unterliegt Karl einem Geschäftsirrtum (er irrt über die Eigenschaft des Vertragsgegenstandes). Will er ein Auto um EUR 10.000 erwerben und schreibt im Kaufangebot versehentlich EUR 100.000, so unterliegt er einem Erklärungsirrtum. Wenn er hingegen ein Auto deshalb kauft, weil er glaubt, dass es seiner Freundin gefallen werde, unterliegt er einem unbeachtlichen Motivirrtum, wenn die Freundin das Auto anschließend hässlich findet.

Auch das Vorliegen eines Erklärungs- oder Geschäftsirrtums allein führt noch nicht zur erfolgreichen Geltendmachung. § 871 ABGB sieht als Ausfluss der Vertrauenstheorie nämlich **drei Alternativtatbestände** vor, von denen einer vorliegen muss, um ein Rechtsgeschäft erfolgreich anzufechten. Der Irrtum kann nur dann geltend gemacht werden,

- wenn er vom Vertragspartner des Irrenden veranlasst wurde,
- wenn er aus den Umständen offenbar auffallen musste,
- oder wenn der Irrtum noch rechtzeitig aufgeklärt wurde.

Irrtumsveranlassung liegt immer dann vor, wenn der Vertragspartner – auch ohne Verschulden – den Irrtum verkehrswidrig (zB durch eine unrichtige Auskunft) verursacht hat. Er ist am Irrtum dann nämlich „näher dran". Ebenso einleuchtend ist die Irrtumsanfechtung beim **Offenbar-Auffallen** des Irrtums. Wer bei einer Erklärung bemerken muss, dass der Erklärende sie so nicht meinen kann, ist nicht schutzwürdig. Anders ist dies bei **rechtzeitiger Aufklärung** des Irrtums. Hier hat der Vertragspartner des Irrenden vielleicht sehr wohl ein Vertrauen auf den Erklärungstatbestand entfaltet. Sein Vertrauen hat sich allerdings noch nicht ausgewirkt, insbesondere weil noch keine vermögenswerten Dispositionen gesetzt worden sind. Solange das Vertrauen nicht in die Realität umgesetzt wurde, soll es daher möglich und dem Vertragspartner des Irrenden zumutbar sein, den Vertrag wieder zu beseitigen.

Beispiel: Hat Vera das Auto mit einem Kilometerstand von 40.000 angeboten, so hat sie Karls Irrtum veranlasst, auch wenn sie selbst glaubte, mit dem Auto seien erst 40.000 km gefahren worden, weil der Voreigentümer ohne ihr Wissen den Tacho zurückgedreht hat. Bietet Karl für ein Auto mit einem Wert von etwa EUR 10.000 in seinem Kaufangebot EUR 100.000, wird dies dem Verkäufer auffallen müssen. Ohne Bedeutung ist dabei, ob der Irrtum dem Irrenden selbst hätte auffallen müssen.

Die **Irrtumsanfechtung** ist binnen drei Jahren ab Vertragsabschluss möglich (§ 1487 ABGB). Es handelt sich dabei um ein **Gestaltungsrecht**, mit dem der Irrende einseitig die Rechtslage ändern (den Vertrag beseitigen) kann. Da es sich beim Irrtum – wie bei Drohung und List auch – um einen Wurzelmangel handelt, führt die Anfechtung dazu, dass so getan wird, als habe der Vertrag nie bestanden. Übertragungsakte, die im Hinblick auf den Vertrag geleistet worden sind, sind unwirksam, bereits Geleistetes ist zurückzugeben.

Beispiel: Wurde Karl das Auto mit zurückgedrehtem Tacho bereits übergeben und ficht er in der Folge den Vertrag erfolgreich wegen eines Geschäftsirrtums an, so ist er trotz der Übergabe nie Eigentümer geworden (s dazu auch III.C.1.). Er hat das Auto zurückzugeben, erhält dafür aber auch den Kaufpreis zurück.

Eine Irrtumsanfechtung ist freilich nur dann eine angemessene Rechtsfolge, wenn der Irrende den Vertrag bei Kenntnis der wahren Umstände überhaupt nicht abgeschlossen hätte. Hätten der Irrende und sein Vertragspartner den Vertrag hingegen sehr wohl – nur zu anderen Bedingungen – abgeschlossen, wäre die Gewährung eines Lösungsrechts zu viel. Hier genügt die Möglichkeit der **Vertragsanpassung** (§ 872 ABGB), bei der der Vertrag nach dem hypothetischen Parteiwillen beider Parteien angepasst wird (zB durch eine Preisreduktion).

Beispiel: Karl hätte das Auto mit zurückgedrehtem Tacho auch bei Kenntnis des wahren Kilometerstands gekauft, allerdings nur um EUR 7.000 statt um EUR 10.000. Er kann Vertragsanpassung begehren. Hätte Vera auch um EUR 7.000 verkauft, wird der Vertrag auf einen Kaufpreis von EUR 7.000 angepasst.

H. Stellvertretung

1. Allgemeines

Jede geschäftsfähige Person kann sich grundsätzlich selbst berechtigen und verpflichten, also Rechtsgeschäfte im eigenen Namen abschließen. Sie kann aber – als Ausdruck ihrer Privatautonomie – auch eine andere Person damit betrauen, für sie ein Rechtsgeschäft abzuschließen. Dies kann etwa bei Krankheit, Zeitmangel oder einem Auslandsaufenthalt notwendig sein; es kann aber auch einfach nur praktischer sein. In einer hochgradig arbeitsteiligen Gesellschaft ist ein solcher Mechanismus, der es ermöglicht, durch einen Dritten zu handeln, unbestreitbar notwendig. Man spricht von Stellvertretung. Die beteiligten Personen sind der Stellvertreter, der Vertretene (auch „Geschäftsherr“ genannt) und der Dritte, mit dem der Vertrag abgeschlossen wird.

Dabei unterscheidet man die direkte und die indirekte Stellvertretung, je nachdem ob der Vertretene durch die rechtsgeschäftliche Erklärung des Stellvertreters unmittelbar (= direkt) gebunden wird oder nicht.

Beispiel: Lars ist gerade auf Auslandssemester, braucht aber gleich nach seiner Rückkehr ein Auto. Er bittet seinen Freund Franz, für ihn ein Auto zu erwerben. Kauft Franz das Auto im eigenen Namen, erwirbt daran Eigentum und gibt es dann gegen Ersatz des Kaufpreises an Lars weiter, damit dieser Eigentümer wird, liegt indirekte Stellvertretung vor. Hier bestehen keine besonderen Probleme, es liegen schlichtweg zwei hintereinander geschaltete Verträge vor (einer zwischen dem Verkäufer und Franz, ein zweiter zwischen Franz und Lars).
Bevollmächtigt Lars Franz aber, kann Franz das Auto im Namen des Lars kaufen. Dann liegt nur ein Vertrag vor: durch das Handeln von Franz (dem Stellvertreter) entsteht direkt ein Kaufvertrag zwischen dem Verkäufer (dem „Dritten") und Lars (dem Vertretenen). Lars ist Gläubiger des Autos und Schuldner des Kaufpreises.

Direkte Stellvertretung führt also zu einer direkten Berechtigung und Verpflichtung des Geschäftsherrn gegenüber dem Dritten durch das Handeln des Stellvertreters. Der Stellvertreter bindet durch seine Willenserklärung direkt seinen Geschäftsherrn. So wird der Weg abgekürzt und dem Geschäftsherrn größere Sicherheit verschafft, als er hätte, wenn er nur einen Anspruch gegen den indirekten Stellvertreter hätte (zB in der Insolvenz des indirekten Stellvertreters). Im französischen Recht wird **indirekte Stellvertretung** daher auch als *représentation imparfaite* bezeichnet, die – anders als die direkte Stellvertretung – auch keine besonderen rechtsgeschäftlichen Probleme aufweist.

Für manche Rechtssubjekte ist die Stellvertretung mangels eigener **Handlungsfähigkeit** überhaupt die einzige Möglichkeit, am Rechtsverkehr teilzunehmen. Dies gilt für Minderjährige, geistig Behinderte und juristische Personen.

Beispiel: Benötigt die Bau-AG ein neues Grundstück, kann der Vorstand der AG dieses im Namen der AG erwerben. Die AG selbst kann nicht handeln (s.o. I.B.2.).

Zu beachten ist jedoch, dass manche Geschäfte **stellvertretungsfeindlich** sind. Niemand kann etwa einen anderen bevollmächtigen, für ihn ein Testament zu errichten oder eine Ehe zu schließen.

2. Voraussetzungen der direkten Stellvertretung

Für eine wirksame direkte Stellvertretung müssen **drei Voraussetzungen** vorliegen, die stets zu prüfen sind:
a) Vertretungsmacht des Stellvertreters
b) Offenlegung, dass für den Geschäftsherrn gehandelt wird
c) zumindest beschränkte Geschäftsfähigkeit des Stellvertreters

a) Vertretungsmacht

Für eine wirksame Vertretung ist es notwendig, dass der Stellvertreter die Befugnis hat, für den Geschäftsherrn handeln zu können. Hat er keine Vertretungsmacht, kommt kein Vertrag zustande. Das ist selbstverständlich, weil es nicht sein kann, dass man von beliebigen Personen, ohne es zu wollen, vertreten wird. Die Vertretungsmacht ist daher das **rechtsgeschäftliche „Können"** des Vertreters, das verschieden begründet werden kann:

i) Gesetzliche bzw gerichtliche Vertretungsmacht

Am einfachsten ist es, wenn das Gesetz jemanden mit Vertretungsmacht ausstattet. So sind bspw die **Eltern** die gesetzlichen Vertreter ihrer Kinder (§ 167 ABGB). Auf dem Gesetz beruht auch die gerichtliche Erteilung von Vertretungsmacht an einen **Erwachsenenvertreter** für eine psychisch kranke oder eine in ihrer Entscheidungsfähigkeit vergleichbar beeinträchtigte Person.

Beispiel: Der 6-jährige Olli kann nicht selbst die Erbschaft nach seinem Erbonkel antreten. Er kann auch keine Staatsanleihen zur Vermögensanlage aus dem Erbe kaufen oder eine geerbte Wohnung vermieten. Seine Eltern können all das für ihn tun (wobei teils eine gerichtliche Genehmigung notwendig ist). Ist für die 80-jährige Clara ein Erwachsenenvertreter in allen Vermögensangelegenheiten bestellt, kann sie ihren wertvollen Barockschrank nicht selbst verkaufen, außer sie besitzt die erforderliche Entscheidungsfähigkeit.

ii) Organschaftliche Vertretungsmacht

Juristische Personen handeln durch ihre Organe. Bei einer AG, einem Verein oder einer Privatstiftung ist der Vorstand, bei der GmbH der Geschäftsführer zur umfassenden Vertretung berufen. Deren Vertretungsmacht umfasst grundsätzlich alle Rechtsgeschäfte, die für die juristische Person geschlossen werden. Die Organstellung wird von natürlichen Personen eingenommen (**Organwalter**). Erst durch diese natürlichen Personen kann die juristische Person handeln.

Beispiel: Der Aufsichtsrat der Bau AG bestellt Albert und Bea zu Vorständen. Kauft der Vorstand im Namen der Bau-AG von Cäsar eine Beteiligung an einer anderen Gesellschaft, ist der Vertrag wirksam zwischen der Bau-AG und Cäsar zustande gekommen.

iii) Rechtsgeschäftliche Vertretungsmacht (Vollmacht)

Vertretungsmacht kann nicht nur aus dem Gesetz oder durch die Bestellung als Organ folgen. Jede geschäftsfähige Person kann Vertretungsmacht auch rechtsgeschäftlich begründen. Der Geschäftsherr kann also seinen Stellvertreter **rechtsgeschäftlich bevollmächtigen**, dh ihn mit dem rechtlichen Können ausstatten, im Namen des Geschäftsherrn Rechtsgeschäfte abzuschließen. Die Bevollmächtigung ist dabei eine **einseitige empfangsbedürftige Willenserklärung**, dh der Stellvertreter muss der Bevollmächtigung nicht zustimmen. Dies ist einleuchtend. Wird ihm Vollmacht erteilt, so kann er den Geschäftsherrn rechtsgeschäftlich verpflichten (rechtliches Können). Es wird ihm aber **keine Pflicht** dazu auferlegt. Der Geschäftsherr kann die Vollmacht gegenüber dem Stellvertreter erklären (**interne Bevollmächtigung**) oder auch gegenüber Dritten (**externe Bevollmächtigung**).

Beispiel: Der wohlhabende Walter möchte das Grundstück des Gerd erwerben, sich aber nicht mit den mühsamen Vertragsverhandlungen quälen. Er bevollmächtigt daher seinen Anwalt Alex, das Grundstück für ihn zu kaufen. Die Vollmacht kommt sowohl wirksam zustande, wenn Walter sie bloß Alex gegenüber erklärt (interne Bevollmächtigung) als auch, wenn er sie Gerd gegenüber erklärt, zB durch eine Urkunde (externe Bevollmächtigung). Die externe Bevollmächtigung ist praktisch häufiger, weil Dritte sich nicht immer darauf verlassen wollen, was der (vorgebliche?) Vertreter ihnen sagt.

b) Offenlegung

Es genügt nicht, dass der Stellvertreter Vollmacht hat, also in fremdem Namen handeln könnte, er muss es auch tatsächlich tun. Als zweite Voraussetzung muss der Stellvertreter dem Dritten daher **offenlegen, dass er für seinen Geschäftsherrn handelt** (zB: „ich handle im Namen von" oder „ich kaufe für"). Tut er das nicht, tätigt er ein **Eigengeschäft** und wird somit selbst berechtigt und verpflichtet, weil der Dritte ja nicht wissen kann, dass in fremdem Namen gehandelt wird. Die Offenlegung muss freilich nicht immer ausdrücklich erfolgen, oft wird schon aus den Umständen klar sein, für wen gehandelt wird. Wer bspw als Geschäftsführer auftritt, macht klar, dass er für die Gesellschaft handelt. Ist das nicht klar, kommt der Vertrag mit dem Vertreter selbst zustande (Eigengeschäft).

c) Geschäftsfähigkeit

Schließlich muss der Stellvertreter zumindest **beschränkt geschäftsfähig** sein. Er muss also mindestens 7 Jahre alt sein und darf keiner die Geschäftsfähigkeit ausschließenden geistigen Beeinträchtigung unterliegen. Das ist konsequent: Da der Stellvertreter ja beim Vertragsabschluss einen eigenen Willen bildet und damit eine eigene Willenserklärung abgibt, kann er nicht völlig geschäftsunfähig sein.

3. Die Trennung von Innen- und Außenverhältnis

Ein besonderes Problem des Stellvertretungsrechts ist die Situation, dass der Vertreter mehr kann als er darf, weil er mehr an Vollmacht hat, als er eigentlich ausnützen darf. Plastisch ist dies vor allem bei der externen Bevollmächtigung. Wenn der Unternehmer seiner Sekretärin eine Vollmachtsurkunde zur Vorlage bei potentiellen Vertragspartnern aushändigt, dass sie zur Bestellung von Büromaterial bevollmächtigt ist, kann sie Büromaterial bestellen (rechtliches Können). Dies auch dann, wenn intern klar ist, dass die Sekretärin solche Bestellungen nur nach Absprache mit dem Chef tätigen darf (rechtliches Müssen/Dürfen). Sie kann mehr als sie darf, weil sie nach der Vollmachtsurkunde, die sie dem Dritten vorweisen kann, die Rechtsmacht hat, Verträge abzuschließen.

Im Stellvertretungsrecht muss somit stets zwischen Innen- und Außenverhältnis differenziert werden. Das **Außenverhältnis** betrifft das Verhältnis zwischen dem Geschäftsherrn und dem Dritten, es bestimmt sich nach der erteilten Vollmacht. Das **Innenverhältnis** regelt die Beziehung zwischen Geschäftsherrn und Vertreter und damit zB die Frage, ob der Vertreter Aufwandersatz für seine Tätigkeit bekommt oder sogar ein Honorar oder ob er haftet, wenn er einen Fehler macht.

Illustrativ kommt die Trennung im Aktiengesetz zum Ausdruck: Nach § 71 Abs 1 AktG wird die Aktiengesellschaft durch den Vorstand gerichtlich und außergerichtlich vertreten, wobei nach § 74 Abs 2 AktG eine Beschränkung seiner Vertretungsmacht Dritten gegenüber unwirksam ist. Nach § 95 Abs 5 Z 2 AktG dürfen der Erwerb, die Veräußerung und die Belastung von Liegenschaften nur mit Zustimmung des Aufsichtsrats vorgenommen werden. § 74 Abs 2 AktG stellt auf das rechtliche Können des Vorstands im Außenverhältnis ab. § 95 Abs 5 Z 2 AktG betrifft das Innenverhältnis.

Beispiel: Vera verkauft als Vorstand der X-AG eine Betriebsliegenschaft an Karl, obwohl sich der Aufsichtsrat gegen den Verkauf ausgesprochen hat. Karl weiß nichts vom Veto des Aufsichtsrats.

Das Geschäft kommt gültig zustande, weil es von der Vertretungsmacht des Vorstands gedeckt ist. Die Beschränkung im Innenverhältnis schlägt nicht durch.

a) Das Außenverhältnis

Das Außenverhältnis bezeichnet wie bereits erwähnt das Verhältnis zwischen **Geschäftsherrn und Drittem**. Im Rahmen der rechtsgeschäftlichen Bevollmächtigung bestimmt der Geschäftsherr den Umfang der Vertretungsmacht. Er kann seinem Stellvertreter die Befugnis einräumen, ein bestimmtes Geschäft abzuschließen (**Spezialvollmacht**). Er kann ihm aber auch die Vollmacht für bestimmte Arten von Geschäften (**Gattungsvollmacht**) oder für sämtliche Geschäfte, die der gewöhnliche Betrieb seines Unternehmens mit sich bringt (**Generalvollmacht**), erteilen.

Bei Vollmachten, die nicht auf Rechtsgeschäft beruhen, muss der Vollmachtsumfang anders bestimmt werden. So ist der Umfang der gesetzlichen Vertretungsmacht der Eltern auch im Gesetz geregelt (§ 167 ABGB). Wird ein gerichtlicher Erwachsenenvertreter für eine geschäftsunfähige Person durch **richterlichen Beschluss** bestellt, so bestimmt sich der Umfang der Vertretungsmacht des Erwachsenenvertreters nach diesem Beschluss. Die Vertretungsbefugnis kann verschiedene Bereiche umfassen (§ 268 iVm § 269 ABGB)

Der Umfang der organschaftlichen Vertretungsmacht bestimmt sich nach dem **Gesetz**. Beschränkungen des Umfangs sind Dritten gegenüber unwirksam (s.o.: § 74 Abs 2 AktG; so auch § 20 Abs 2 GmbHG oder § 6 Abs 3 VereinsG). Dieses Konzept (gesetzlich definierter Umfang und Unbeschränkbarkeit) wird als **Formalvollmacht** bezeichnet und schützt den Geschäftsverkehr. Wer mit dem Organ einer juristischen Person des Privatrechts einen Vertrag abschließt, soll sich darauf verlassen können, dass das Organ sämtliche Geschäfte abschließen kann, ohne langwierige Nachforschungen darüber anstellen zu müssen.

Sonderbestimmungen enthält das Unternehmensrecht zur Prokura und zur Handlungsvollmacht. Auch die **Prokura** ist eine Formalvollmacht: ihr Umfang ist vom Gesetz festgelegt und Beschränkungen sind Dritten gegenüber unwirksam. Wer als Prokurist ins Firmenbuch eingetragen ist, kann sein Unternehmen sehr weitgehend vertreten. Ausgenommen ist insbesondere die Veräußerung und Belastung von Grundstücken. Die **Handlungsvollmacht** ist hingegen keine Formalvollmacht, weil ihr Umfang beliebig ausgestaltet werden kann.

b) Innenverhältnis

Die Beziehung zwischen **Geschäftsherrn und Vertreter** wird demgegenüber Innenverhältnis genannt. Wie erwähnt bestimmt sich nach diesem Verhältnis, ob der Vertreter gegen den Geschäftsherrn einen Anspruch auf Entgelt für seine Tätigkeit hat, ob er haftet, wenn er einen Fehler macht usw. Das Innenverhältnis kann rechtlich auf verschiedene Art geregelt sein. Es kann bspw ein Dienstvertrag oder ein Auftragsvertrag vorliegen, im Rahmen derer der Stellvertreter dazu verpflichtet ist, für den Geschäftsherrn bestimmte Rechtshandlungen vorzunehmen (**rechtliches Müssen**). Im Innenverhältnis ist aber auch eine Ermächtigung denkbar, die den Stellvertreter bloß berechtigt, ein Geschäft abzuschließen, ihn aber nicht dazu verpflichtet (**rechtliches Dürfen**).

Beispiele: Paul ist Angestellter der Z-AG und auch deren Prokurist. Paul hat mit der Z-AG einen Dienstvertrag abgeschlossen, wobei unter anderem der Einkauf von Rohstoffen für die Z-AG in seinen Aufgabenbereich fällt (rechtliches Müssen).
Walter beauftragt seinen Anwalt Alex damit, Vertragsverhandlungen über den Kauf eines Grundstücks zu tätigen (Auftragsvertrag, rechtliches Müssen).
Sepp ist krank und kann daher, anders als geplant eine Fotomesse nicht besuchen. Er teilt seinem Freund Karl mit, dass sich dieser für ihn auf der Messe umschauen möge, ob er eine neue Kamera für Sepp finde. Karl wird dazu aber nicht verpflichtet (Ermächtigung, rechtliches Dürfen).

c) Fazit

Beschränkungen, die im Innenverhältnis vorliegen, schlagen grundsätzlich nicht ins Außenverhältnis durch. Dies dient dem Schutz des Dritten. Sein Vertrauen auf das Bestehen von Vertretungsmacht soll nicht dadurch beeinträchtigt werden, dass im Innverhältnis Beschränkungen vorliegen, die er nicht erkennen kann. Grundsätzlich kommt daher ein Vertrag wirksam zustande, wenn er von der Vertretungsmacht im Außenverhältnis gedeckt ist, auch wenn gegen Beschränkungen des Innenverhältnisses verstoßen wird. Der Umfang der Vollmacht bestimmt sich daher bei einer extern erteilten Vollmacht nach der nach außen abgegebenen Erklärung. Bei einer bloß intern erteilten Vollmacht wird in einer Beschränkung im Innenverhältnis hingegen in aller Regel gleichzeitig eine Beschränkung des Vollmachtumfanges zu sehen sein, weil mit einem Satz das Außen- und das Innenverhältnis geregelt wird. Bei intern erteilten Vollmachten besteht daher regelmäßig ein Gleichlauf von Können (Außenverhältnis) und Dürfen (Innenverhältnis).

Beispiel: Hat Walter dem Alex eingeschärft, für das Grundstück nicht mehr als EUR 600.000, auszugeben und hat er ihm aber gleichzeitig eine Vollmachtsurkunde ohne Betragsbegrenzung ausgestellt, so kommt der Vertrag mit Max zustande, selbst wenn Alex sich mit ihm auf einen Kaufpreis von EUR 650.000 einigt. Max wird geschützt. Hier wird auch klar, warum Innen- und Außenverhältnis oft auseinanderfallen können: Walter will Max nicht von Anfang an offenlegen, um welchen Preis er maximal kaufen will, um seine Verhandlungsposition nicht zu schwächen. Deshalb nennt er in der Vollmachtsurkunde keine Betragsbegrenzung.

4. Der „Missbrauch" der Vertretungsmacht

Hält sich der Vertreter im Rahmen seiner Vertretungsmacht und **verstößt nur gegen Beschränkungen des Innenverhältnisses**, ist das Geschäft grundsätzlich wirksam (s.o.). Man spricht hier meist von einem „Missbrauch" der Vertretungsmacht. Es kann lediglich im Innenverhältnis zu **Schadenersatzansprüchen** kommen (überdies kann strafrechtlich das Delikt der Untreue verwirklicht sein, § 153 StGB).

Beispiel: Walter wird durch Alex' Handeln verpflichtet, er muss EUR 650.000 als Kaufpreis bezahlen. War das Grundstück lediglich EUR 600.000 wert, entsteht Walter dadurch ein Schaden iHv EUR 50.000. Diesen muss Alex ersetzen.

Etwas anderes gilt bei **Kollusion**. Hier wirken der Vertreter und der Dritte in gemeinsamer Absicht, den Geschäftsherrn zu schädigen, zusammen. Es kommt **kein Vertrag** zustande, weil ein solches Geschäft nach § 879 ABGB sittenwidrig ist.

Beispiel: Alex und Max sprechen sich ab. Sie wollen einen höheren Kaufpreis vereinbaren, um Walter einen Schaden zuzufügen; Alex soll einen Teil des Kaufpreises bekommen. Hier liegt Kollusion vor, ein Vertrag kommt aufgrund § 879 ABGB nicht zustande.

Strittig ist, was zu gelten hat, wenn der Dritte zwar nicht in Schädigungsabsicht mit dem Vertreter zusammengewirkt hat, aber doch wusste oder wissen musste, dass der Vertreter gegen Beschränkungen im Innenverhältnis verstößt. Hier wird meist danach differenziert, ob eine Formalvollmacht oder eine gewöhnliche Vollmacht vorliegt. Bei der Formalvollmacht, bei der der Schutz des Rechtsverkehrs im Mittelpunkt steht, schadet nur Kenntnis des Verstoßes gegen das Innenverhältnis. Bei einer gewöhnlichen extern erteilten Bevollmächtigung schadet schon fahrlässige Unkenntnis dieses Verstoßes („Kennen müssen").

5. Vertretung ohne Vertretungsmacht: Falsa procuratio (Scheinvertretung)

Bisher wurde stets der Fall behandelt, dass ein Geschäft von der Vertretungsmacht des Stellvertreters gedeckt ist, sodass bei bloßen Verstößen gegen das Innenverhältnis der Vertrag wirksam zustande kam („Missbrauch"). Davon streng zu unterscheiden ist das Handeln ohne Vertretungsmacht.

Handelt jemand als Vertreter, obwohl er gar keine Vertretungsmacht hat, ist er **Scheinvertreter (falsus procurator)**. Dies ist sowohl dann der Fall, wenn ihm überhaupt keine Vertretungsmacht eingeräumt wurde, als auch, wenn ihm zwar Vertretungsmacht eingeräumt wurde, er diese aber überschritten hat.

Beispiele: Felix stellt sich beim Autohändler Andi mit einer gefälschten Vollmacht als Stellvertreter der Edith vor und kauft in deren Namen einen PKW. Felix hat keine Vertretungsmacht, er ist *falsus procurator*. Ein Vertrag zwischen Andi und Edith kommt nicht zustande.
Peter hat Fabian eine Vollmacht erteilt, die ihn berechtigt, Bürobedarf in Höhe von EUR 2.000 für ihn einzukaufen. Kauft Fabian in Peters Namen beim Händler Y-AG Bürobedarf iHv EUR 2.500, kommt der Vertrag nicht wirksam zustande (Überschreitung der Vollmacht). Fabian ist *falsus procurator*. Gleiches gilt, wenn Fabian statt Bürobedarf Kleidungsstücke kauft. Weist Fabian der Y-AG eine Vollmachtsurkunde vor (externe Bevollmächtigung), die keine Betragsbeschränkung enthält, ist der Büromaterialkauf über EUR 2.500 hingegen gültig, weil nur gegen interne Anweisungen verstoßen wird. Die Vollmacht wird missbraucht.

Der Scheinvertreter kann daher den vermeintlichen **Geschäftsherrn nicht binden**. Es kommt aber auch **kein Vertrag zwischen dem Dritten und dem Scheinvertreter** zustande, weil ein solches Geschäft (Vertrag mit dem *falsus procurator*) ja von keinem der Beteiligten gewollt ist. Bei Verschulden wird der Scheinvertreter aber gegenüber dem Dritten **schadenersatzpflichtig** (§ 1019 ABGB). Zu ersetzen ist der Vertrauensschaden, also jener Schaden, der dadurch entstanden ist, dass der Dritte auf das Bestehen der Vertretungsmacht vertraut hat.

Beispiel: Andi hat bereits von einem Anwalt einen schriftlichen Kaufvertrag aufsetzen lassen (Kosten EUR 300) und hat das Auto – wie mit Felix vereinbart – schon zu Edith transportieren lassen (Kosten EUR 300). Sein Vertrauensschaden beträgt EUR 600. Diesen kann er von Felix verlangen.

Auch wenn derjenige, in dessen Namen der *falsus procurator* das Geschäft „abgeschlossen hat", einen Schaden erleidet (zB Prozesskosten), steht ihm nach allgemeinen Grundsätzen Ersatz zu.

Bei der *falsa procuratio* kommt das Geschäft nicht zustande, allerdings kann der vermeintlich Vertretene es immer noch **nachträglich genehmigen** oder sich den Vorteil aus dem Geschäft mit Genehmigungswillen zuwenden. Dann wird das Geschäft rückwirkend wirksam, es handelt sich gleichsam um eine nachträgliche Bevollmächtigung.

Beispiel: Peter kann die von Fabian beschafften zusätzlichen Büroartikel gut gebrauchen und beginnt, sie in Kenntnis der Kostenüberschreitung in seinem Unternehmen zu verwenden. Er hat sich den Vorteil aus dem vollmachtlosen Geschäft zugewendet, sodass dieses rückwirkend wirksam wird.

6. Anscheinsvollmacht

Grundsätzlich gilt also: Hat der Vertreter keine Vertretungsmacht, kann er den Geschäftsherrn nicht verpflichten. Vertraut der Dritte dem Vertreter, ist das sein Risiko, er könnte jederzeit Informationen beim Geschäftsherrn einholen.

Vertrauensschutz des Dritten gibt es aber ausnahmsweise im besonderen Fall der Anscheinsvollmacht (§§ 1026 ff ABGB). Geschützt wird – unter ganz bestimmten Voraussetzungen! – das Vertrauen des Dritten, der **glaubt, dass Vertretungsmacht vorliege**. Voraussetzungen für das Vorliegen einer Anscheinsvollmacht sind folgende Elemente, die **kumulativ** erfüllt sein müssen:

- Anschein, dass Vertretungsmacht vorliegt (**Rechtsschein**),
- dieser Rechtsschein muss seine **Grundlage im Verhalten des Vertretenen** haben,
- der Dritte muss auf diesen Rechtsschein **vertrauen** (leichte Fahrlässigkeit schadet).

Beispiel: Sophie ist im Antiquitätengeschäft Konrads angestellt und sitzt dort an der Verkaufstheke. Konrad hat ihr verboten, Antiquitäten zu verkaufen, wovon seine Kunden nicht informiert sind. Hier liegt ein Rechtsschein vor, der seine Grundlage im Verhalten des Konrad hat: er lässt schließlich Sophie in seinem Geschäft an der Verkaufstheke sitzen. Kommt nun der redliche Richard ins Geschäftslokal und erwirbt eine alte Rokokokommode, kommt ein Vertrag mit Konrad zustande. Richard kann darauf vertrauen, dass Sophie zum Verkauf befugt ist.

Der Schutz des Dritten ist also nur dann gerechtfertigt, wenn der Rechtsschein seine Grundlage im Verhalten des Vertretenen hat. Es reicht insbesondere nicht aus, wenn der vermeintliche Vertreter selbst einen Rechtsschein geschaffen hat.

Beispiel: War Sophie gar nicht die Angestellte von Konrad, sondern eine Passantin, die das Geschäft betritt und die Kommode einfach so verkauft, kommt kein Vertrag zustande. Gleiches gilt, wenn Karl das Briefpapier von Julian stiehlt und sich mit einer gefälschten Vollmachtsurkunde als dessen Vertreter ausgibt. Julian hat nichts dazu beigetragen, dass Karl die Urkunde fälscht.

Nach denselben Prinzipien werden die Fälle des Fortwirkens einer **erloschenen Vollmacht** behandelt. Wird eine einmal erteilte Vollmacht wieder entzogen, so wird das Vertrauen des Dritten, der die Bevollmächtigung gekannt hat, auf das Weiterbestehen der Vollmacht geschützt.

Beispiel: Cora teilt Eva mit, dass sie ihre Angestellte Anna zum Kauf von Büromaterial bevollmächtigt hat. Wegen eines Streits widerruft Cora Annas Vollmacht, wovon Eva aber nichts weiß. Wenn Anna nach dem Widerruf der Vollmacht erneut Büromaterial in Coras Namen einkauft, kommt ein wirksamer Vertrag zwischen Cora und Eva zustande.

II. Schuldrecht

A. Grundbegriffe

Das Schuldrecht beschäftigt sich mit Schuldverhältnissen zwischen zwei oder mehreren Personen. Ein Schuldverhältnis ist dabei als eine Art **„Rechtsband“ (vinculum iuris)** zu sehen, das diese Personen verbindet und sie der anderen Partei gegenüber berechtigt und/oder verpflichtet. Gemeinsam ist allen Schuldverhältnissen, dass es jeweils um Ansprüche geht, die nur gegen bestimmte Personen durchsetzbar sind (**relative Rechte**), nicht aber – im Unterschied zum Sachenrecht – gegenüber jedermann Schutz genießen (absolute Rechte). Das Schuldrecht wird somit auch als **Recht der Güterbewegung** bezeichnet: Es vermittelt **Rechte auf etwas**, während das Sachenrecht Aussagen über Rechte an etwas trifft.

Ein Schuldverhältnis entsteht gem § 859 ABGB durch Rechtsgeschäft, Gesetz oder aufgrund einer erlittenen Beschädigung, wobei freilich das Schuldverhältnis aus erlittener Beschädigung (Schadenersatzanspruch) auch ein gesetzliches Schuldverhältnis ist. Man unterscheidet daher zwischen vertraglichen und gesetzlichen Schuldverhältnissen.

Unter die **vertraglichen Schuldverhältnisse** fallen die verschiedenen Vertragstypen des ABGB. Hiebei sind Kaufvertrag, Schenkungsvertrag, Arbeitsvertrag, freier Dienstvertrag, Werkvertrag, Auftragsvertrag, Kreditvertrag, Verwahrungsvertrag oder Leihvertrag zu erwähnen. Die **Privatautonomie** erlaubt es, sich nicht auf diese Vertragstypen zu beschränken. Der Rechtsverkehr kann aus diesen Vertragstypen gemischte Verträge schaffen (zB das Leasing, das eine Mischung aus Miete und Kauf darstellt). Es ist aber auch möglich, ganz neue Verträge zu schaffen (atypische Verträge, wie das Franchising).

Beispiel: Der Installateur Ingo verpflichtet sich gegen Entgelt, Berts Badezimmer zu renovieren: Werkvertrag (Inhalt ist eine tatsächliche Leistung gegen Entgelt). Alex verpflichtet sich gegen Entgelt, für Walter ein Grundstück zu kaufen und den Vertrag aufzusetzen: Auftragsvertrag (Inhalt ist die entgeltliche oder unentgeltliche Erbringung einer Rechtshandlung). Max verpflichtet sich gegen Entgelt, für zwei Wochen auf Karls Katze aufzupassen: Verwahrungsvertrag. Im Detail lernen Sie die verschiedenen Vertragstypen in den aufbauenden Lehrveranstaltungen kennen.

Die wichtigsten **gesetzlichen Schuldverhältnisse** sind das Schadenersatzrecht (s.u.) und das Bereicherungsrecht (dazu in den aufbauenden Lehrveranstaltungen).

Eine weitere gebräuchliche Einteilung trennt das Schuldrecht in einen allgemeinen Teil und einen besonderen Teil. Der besondere Teil behandelt die konkreten Schuldverhältnisse wie eben die verschiedenen Vertragstypen und die gesetzlichen Schuldverhältnisse. Der allgemeine Teil umfasst die Entstehung und Beendigung von Schuldverhältnissen sowie das Recht der Leistungsstörungen (dazu sogleich).

B. Leistungsstörungen

1. Allgemeines

Sie haben bereits gelernt, wer Verträge abschließen kann und wie und worüber sie zustande kommen. Besteht ein gültiger Vertrag, kann dieser durch Anfechtung beseitigt werden, wenn im Zeitpunkt des Vertragsabschlusses ein Fehler vorgelegen ist (s.o.). Passiert der **Fehler** hingegen erst **bei der Vertragserfüllung**, sieht das ABGB dafür das Recht der Leistungsstörungen vor. Dessen Regeln sind also einschlägig, wenn eine Abwicklungsstörung vorliegt, also entweder eine Nichterfüllung oder eine Schlechterfüllung des Vertrags. Dabei werden drei Fallgruppen unterschieden:

- Nachträgliche Unmöglichkeit (Nichterfüllung)
- Verzug (Nichterfüllung)
- Gewährleistung (Schlechterfüllung)

Charakteristisch für zweiseitig verpflichtende Rechtsgeschäfte ist ein Austauschverhältnis (**Synallagma**), in dem jeder Vertragspartner eine **Leistung** zu erbringen hat und dafür eine **Gegenleistung** erhält. Jeder Vertragspartner ist daher gleichzeitig Schuldner und Gläubiger. Es ist somit stets darauf zu achten, wer Gläubiger und Schuldner der jeweiligen Leistung ist. Auf beiden Seiten kann es zu Leistungsstörungen kommen.

Beispiel: Wenn Viktor dem Kurt ein Auto verkauft, ist er Schuldner hinsichtlich der Übergabe des Autos, aber Gläubiger hinsichtlich des Kaufpreises, den ihm Kurt schuldet. Zahlt Kurt den Kaufpreis nicht rechtzeitig, ist er in Verzug. Wird das Auto mangelhaft übergeben, trifft Viktor die Gewährleistungspflicht.

2. Nachträgliche Unmöglichkeit

Eine nachträgliche Unmöglichkeit liegt vor, wenn die vertraglich vereinbarte Leistung, die im Zeitpunkt des Vertragsabschlusses noch hätte erbracht werden können, aufgrund eines Ereignisses zwischen Vertragsabschluss und geplanter Vertragserfüllung endgültig nicht mehr geleistet werden kann. Dadurch ist sie von der anfänglichen Unmöglichkeit abzugrenzen, bei der die Unmöglichkeit schon im Zeitpunkt des Vertragsschlusses besteht. Entscheidendes Kriterium ist, dass die Leistung **endgültig nicht mehr erbracht werden kann** (so grenzt man die nachträgliche Unmöglichkeit nämlich vom Verzug ab, s.u.).

Beispiele: Alex einigt sich mit Berta über den Verkauf seines Cabrios (Wert EUR 10.000) um EUR 8.000, wobei das Auto zwei Wochen später übergeben werden soll. Drei Tage vor dem Übergabetermin fällt ein Baum vor Alex‘ Haus auf das Cabrio und zerstört es. Die Leistung dieses Cabrios ist somit endgültig unmöglich.
Hat Berta ihr neues Auto bei der Ferrari AG gekauft und wird das Auto beim Transport zerstört, weil es vom Lastwagen fällt, liegt keine nachträgliche Unmöglichkeit vor, weil die Leistung eines vertragsgemäßen Neuwagens ja noch möglich ist. Ferrari ist allenfalls in Verzug.

Bei nachträglicher Unmöglichkeit wird zwischen drei Fallgruppen unterschieden, die verschiedene Rechtsfolgen nach sich ziehen:
a) **Zufällige** nachträgliche Unmöglichkeit
b) Dem **Schuldner zuzurechnende** nachträgliche Unmöglichkeit
c) Dem **Gläubiger zuzurechnende** nachträgliche Unmöglichkeit

a) Zufällige nachträgliche Unmöglichkeit (§ 1447 ABGB)

Es kann sein, dass der Vertragsgegenstand nach Vertragsabschluss zufällig, also **ohne Verschulden** einer der Vertragspartner, untergeht. Dabei stellt sich insbesondere die Frage, wer das **Risiko** des zufälligen Untergangs trägt. Bis zum Vertragsschluss ist klar, dass dieses Risiko beim bisherigen Eigentümer liegt. Nach Erfüllung trägt es der neue Eigentümer, der die Sache erworben hat. Dazwischen entscheidet das ABGB, dass die Gefahr im **Zeitpunkt der bedungenen** (= vereinbarten) **Übergabe** übergeht.

Beispiel: Das Cabrio geht vor dem vereinbarten Übergabetermin unter. Die Gefahr ist noch nicht auf Berta übergegangen. Alex trägt das Risiko. Er bekommt den Kaufpreis nicht, der Vertrag zerfällt. Bereits Geleistetes ist zurückzugeben.

Dieses Konzept leuchtet beim Cabrio unmittelbar ein. Etwas modifiziert werden muss es, wenn die Parteien nicht den Kauf einer individuell bestimmten Sache (**Speziessache**, etwa „Alex‘ Cabrio“) vereinbaren, sondern den Vertragsinhalt nur nach generellen

Merkmalen beschreiben (**Gattungssache**, etwa „ein neuer Audi A4"). Denn dann wird die Leistungserbringung nicht unmöglich, wenn nur die Leistung eines Stücks unmöglich ist. Geliefert werden kann immer noch ein anderes Stück derselben Gattung; die **Gattung geht nicht unter** („*genus non perit*"). Hat der Schuldner aber bereits alles zur Erfüllung des Vertrages Nötige getan und schon bestimmte Stücke der Gattung zur Vertragserfüllung ausgesondert, kommt es auch bei Gattungssachen im Zeitpunkt der bedungenen Übergabe zum Gefahrenübergang. Die Gattungssache wird ab diesem Zeitpunkt als Speziessache behandelt (man spricht von **Konzentration**).

Beispiel: Das Herstellerunternehmen A-AG muss dem Händler Hans am 1.9. hundert Paar Alpinski liefern. Werden am 28.8. zwanzig Paar Ski aus dem Lager der A-AG gestohlen, muss die A-AG weiter 100 Paar Ski liefern. Werden die hundert Paar Ski aber am 1.9. geliefert und erscheint weder Hans noch einer seiner Angestellten zur Übernahme, tritt Konzentration ein. Gehen die Ski auf dem Rücktransport zufällig unter, muss die A-AG nicht erneut liefern. Hans muss aber den Kaufpreis bezahlen.

b) Dem Schuldner zuzurechnende nachträgliche Unmöglichkeit (§§ 920 f ABGB)

Wird die Leistung durch ein **Verschulden des Schuldners** oder seiner Gehilfen unmöglich oder wird sie im verschuldeten Schuldnerverzug (s.u.) zufällig unmöglich, steht dem Gläubiger ein **Wahlrecht** zu. Er kann entweder am Vertrag festhalten und den Wert der untergegangenen Sache verlangen (**Austauschanspruch**) oder vom Vertrag zurücktreten und die Wertdifferenz zwischen Leistung und Gegenleistung verlangen (**Differenzanspruch**).

Beispiel: Der Einsturz des Baumes war Folge eines lange vorhergesagten heftigen Sturmes; außerdem war der Baum morsch, worüber Alex Bescheid wusste. Wenn er das Auto trotzdem unter dem Baum abstellt, verschuldet er die Unmöglichkeit der Leistung. Berta kann entweder am Vertrag festhalten, den Kaufpreis leisten und den Wert des Cabrios (EUR 10.000) verlangen oder vom Vertrag zurücktreten und die Differenz zwischen Leistung und Gegenleistung (EUR 2.000) verlangen. Dasselbe gilt im verschuldeten Schuldnerverzug.

c) Dem Gläubiger zuzurechnende nachträgliche Unmöglichkeit

Eine dem Gläubiger zuzurechnende nachträgliche Unmöglichkeit liegt vor, wenn die Leistung aufgrund von Umständen, die in der **Sphäre des Gläubigers** liegen, unmöglich wird. Dies ist auch der Fall, wenn der Gläubiger den vertraglich geschuldeten Erfolg selbst herbeiführt (etwa das liegengebliebene Auto vor Eintreffen des Pannenservice selbst repariert); weiters wenn die Sache im Gläubigerverzug zufällig untergeht (§ 1419 ABGB). Ein Verschulden des Gläubigers ist dann nicht erforderlich. Als Rechtsfolge kann der Schuldner die **Gegenleistung** (zB den Kaufpreis) **verlangen**.

Beispiel: Berta erscheint nicht zum vereinbarten Übergabezeitpunkt. Sie ist im Gläubigerverzug. Stürzt der Baum danach unvorhergesehen um, trägt sie das Risiko des zufälligen Sachuntergangs. Alex kann das vereinbarte Entgelt verlangen.

3. Verzug (§§ 918 ff ABGB)

a) Schuldnerverzug (Leistungsverzug)

Wird der Vertrag vom Schuldner nicht am gehörigen Ort, zur gehörigen Zeit oder auf die bedungene Weise erfüllt, ist die **Erfüllung** aber (anders als bei der nachträglichen

Unmöglichkeit, s.o.) **noch möglich**, spricht man von Schuldnerverzug (§§ 918 ff ABGB).

Beim Schuldnerverzug wird differenziert:
i) objektiver Schuldnerverzug
ii) subjektiver Schuldnerverzug

i) Objektiver Schuldnerverzug

Objektiver Schuldnerverzug liegt vor, wenn der Schuldner nicht wie vereinbart leistet, ihn daran aber **kein Verschulden** trifft. In diesem Fall hat der Gläubiger ein **Wahlrecht**. Er kann entweder am Vertrag festhalten oder vom Vertrag unter Setzung einer angemessenen Nachfrist zurücktreten.

Beispiel: Andi verkauft Toni einen handsignierten Fußball. Zum vereinbarten Übergabetermin taucht Andi nicht auf, weil er nach einem Autounfall im Koma liegt. Da Andi nicht zur gehörigen Zeit den Vertrag erfüllt, liegt Verzug vor. Ein Verschulden daran trifft ihn aber nicht. Toni hat für die Anfahrt extra ein Auto gemietet. Er kann nun am Vertrag festhalten und weiterhin die Übergabe des Balls fordern oder vom Vertrag unter Setzung einer angemessenen Nachfrist zurücktreten. Weitere Ansprüche (Schadenersatz, zB für die Mietwagenkosten) hat er mangels Verschuldens nicht.

ii) Subjektiver Schuldnerverzug

Subjektiver Schuldnerverzug liegt vor, wenn der Schuldner den Verzug **schuldhaft verursacht** hat. Der Gläubiger hat wieder dasselbe **Wahlrecht** wie zuvor. Zusätzlich steht ihm **Schadenersatz** zu. Hält er am Vertrag fest, kann er den Verspätungsschaden fordern, also den Schaden, den er durch die Verspätung erlitten hat. Tritt er (unter Setzung einer angemessenen Nachfrist) zurück, kann er den Nichterfüllungsschaden fordern, also den Schaden, den er durch die Nichterfüllung erlitten hat. Dabei ist zu bedenken, dass bei Vertragsverletzungen das **Verschulden vermutet** wird (§ 1298 ABGB), Andi müsste also beweisen, dass ihn kein Verschulden am Verzug getroffen hat (sog Freibeweis).

Beispiel: Andi ist zum Übergabetermin auf Urlaub gefahren. Ihn trifft am Verzug also ein Verschulden. Hält Toni am Vertrag fest, kann er den Verspätungsschaden fordern (die Kosten für die erneute Miete eines Autos). Tritt er unter Nachfristsetzung zurück, kann er den Nichterfüllungsschaden verlangen. War der Ball EUR 2.000 wert und hat ihn Toni für EUR 1.800 erworben, kann er also EUR 200 verlangen.

Im Schuldnerverzug geht die **Gefahr** auch nach dem Zeitpunkt der bedungenen Übergabe nicht über.

Beispiel: Wird der Ball nach dem vereinbarten Übergabezeitpunkt von einem unbekannten Einbrecher gestohlen, ist die Leistung nachträglich unmöglich geworden. Die Gefahr des zufälligen Untergangs trägt nach wie vor Andi, weil er in Verzug geraten ist. Er kann daher kein Entgelt verlangen. Wird der Ball im subjektiven Schuldnerverzug gestohlen, liegt ein Fall der dem Schuldner zuzurechnenden nachträglichen Unmöglichkeit (s.o.) vor, sodass Andi schadenersatzpflichtig werden kann (§§ 920 f ABGB).

b) Gläubigerverzug (Annahmeverzug)

Nicht nur der Schuldner kann in Verzug geraten, auch der Gläubiger. Beim Gläubigerverzug sind zwei Aspekte relevant: Der Gläubiger ist erstens **nicht zur Annahme** der Leistung **verpflichtet** (wohl aber zur Zahlung der Gegenleistung). Zweitens kann der

Gläubiger nur in Verzug geraten, wenn der **Schuldner seine Leistung ordnungsgemäß angeboten** hat.
Nimmt der Gläubiger diese ordnungsgemäß angebotene Leistung nicht an, geht die Gefahr des zufälligen Untergangs auf den Gläubiger über. Überdies kann der Schuldner die Sache schuldbefreiend bei **Gericht hinterlegen** und erhält **Ersatz für Aufwendungen**, die er tätigen muss.

Beispiel: Erscheint Toni nicht zum vereinbarten Termin und wird der Ball dann von Unbekannten gestohlen, muss er den Kaufpreis trotzdem zahlen (die Gefahr ist übergegangen). Andi könnte aber ab dem Zeitpunkt der bedungenen Übergabe den Ball auch gerichtlich hinterlegen und erhält Ersatz für Aufwendungen, die er tätigen musste.

4. Gewährleistung (§§ 922 ff ABGB)

a) Allgemeines und Abgrenzung

Bei nachträglicher Unmöglichkeit wird die Leistung endgültig nicht erbracht; beim Verzug wird sie trotz Fälligkeit noch nicht erbracht. Nachträgliche Unmöglichkeit und Verzug bilden somit die Leistungsstörungen der Nichterfüllung. Anders stellt es sich bei der Gewährleistung dar. Hier wird der Vertrag zwar erfüllt, die Erfüllung ist aber mangelhaft, es liegt daher eine **Schlechterfüllung** vor. Wird also eine vertragswidrige Leistung angeboten, kann der Gläubiger die Annahme verweigern, der Schuldner gerät dann in Verzug. Nimmt der Gläubiger die Leistung aber an (zB weil er den Fehler nicht bemerkt), kommt Gewährleistungsrecht zur Anwendung.

Gewährleistung ist die **verschuldensunabhängige Haftung** für Sach- und Rechtsmängel im Zeitpunkt der Vertragserfüllung. Sie kommt nur bei **entgeltlichen Geschäften** zur Anwendung. Ihr Zweck ist es, das von den Vertragspartnern gewollte Verhältnis von Leistung und Gegenleistung wiederherzustellen. Gibt es keine Gegenleistung, dann entfällt auch der Bedarf nach einer Wiederherstellung der **subjektiven Äquivalenz** („Einem geschenkten Gaul schaut man nicht ins Maul"). Die Gewährleistung ist dabei nicht auf Kaufverträge beschränkt, sondern gilt etwa auch bei Werk- oder Mietverträgen. Der Erbringer einer mangelhaften Leistung wird als Übergeber, der Empfänger als Übernehmer bezeichnet.

b) Mangel und maßgebender Zeitpunkt

Ansatzpunkt für die Gewährleistung ist immer das Vorliegen eines Mangels. Pauschal kann man eine Vertragsleistung nicht als mangelfrei oder mangelhaft einordnen. Vielmehr muss die Mangelhaftigkeit immer durch einen **Vergleich** der **erbrachten Leistung** mit dem **vertraglich Geschuldeten** ermittelt werden. Zunächst muss also der Vertragsinhalt bestimmt werden. Jede Abweichung der Leistung davon stellt einen Mangel dar. Dementsprechend sagt schon § 922 ABGB, dass der Übergeber dafür Gewähr leistet, dass die Leistung dem Vertrag entspricht.

Beispiel: Verkauft Veronika dem Kilian einen Neuwagen und liefert einen Gebrauchtwagen, so ist die Leistung mangelhaft. War hingegen der Verkauf eines Gebrauchtwagens vereinbart, ist die Leistung vertragskonform.

Bei **Bestimmung des Vertragsinhalts** wird auf ausdrücklich **bedungene** (also vertraglich vereinbarte) und **gewöhnlich vorausgesetzte** Eigenschaften gleichermaßen abgestellt. Weist die erbrachte Leistung diese Eigenschaften nicht auf, ist sie mangelhaft.

Beispiel: Gewöhnlich vorausgesetzt ist etwa, dass ein Fahrrad über Bremsen verfügt oder dass ein Kletterseil das Gewicht eines Menschen trägt. Dies ist auch ohne ausdrückliche Vereinbarung Vertragsinhalt.

Mängel können in Sachmängel und Rechtsmängel unterteilt werden. **Sachmängel** haften der Sache körperlich an. Ein **Rechtsmangel** kann sich sowohl auf bewegliche als auch auf unbewegliche Sachen beziehen und liegt vor, wenn nicht die geschuldete Rechtsposition übertragen wird.

Beispiele: Die kaputten Bremsen des Fahrrads sind ein Sachmangel. Verkauft der Dieb das Fahrrad, kann er daran kein Eigentum übertragen, sodass ein Rechtsmangel vorliegt.

Maßgebender Zeitpunkt für die Beurteilung der Mangelhaftigkeit ist grundsätzlich der **Zeitpunkt der Übergabe**. Eine Erleichterung für den Übernehmer besteht aber darin, dass, wenn ein Mangel binnen 6 Monaten nach Vertragserfüllung hervorkommt, vermutet wird, dass er schon im Zeitpunkt der Übergabe vorhanden war (§ 924 ABGB).

Beispiel: Mario kauft ein neues Handy bei der MegaMercado GmbH. Nach 5 Monaten funktioniert es nicht mehr. Es wird vermutet, dass das Handy schon im Zeitpunkt der Übergabe mangelhaft war. Die MegaMercado GmbH muss den Beweis des Gegenteils führen.

c) Rechtsfolgen der Gewährleistung und Fristen (§§ 932 f)

Genau geprüft werden müssen die Rechtsfolgen einer mangelhaften Leistung. Alle Rechte aus der Gewährleistung stehen immer nur gegenüber dem Vertragspartner zu. Mit der in der Praxis auch oft gebräuchlichen (Hersteller-)Garantie hat die Gewährleistung nichts zu tun. Die Garantie besteht allenfalls neben der Gewährleistung.

In der Gewährleistung folgt das Gesetz dem **Konzept der zweiten Chance**. Wer mangelhaft leistet, soll die Möglichkeit haben, die Leistung zu verbessern oder auszutauschen. Der Übernehmer kann daher als **primäre Gewährleistungsbehelfe** Verbesserung oder Austausch verlangen. **Austausch** ist dabei die Lieferung einer anderen Sache derselben Gattung (zB neuer Fernseher desselben Modells statt des defekten Fernsehers). Bei Stückschulden (Lisas alter Bauernkasten; Rembrandts „Nachtwache") ist ein Austausch unmöglich. **Verbesserung** bedeutet Reparatur im weitesten Sinn (nicht nur das Nachziehen einiger Schrauben bei einem Auto, sondern auch die Neuerrichtung des mangelhaften Hauses ist Verbesserung).

Zwischen diesen Behelfen kann der Übernehmer **frei wählen**, wenn nicht ein Behelf unmöglich oder für den Übergeber mit einem unverhältnismäßig hohen Aufwand verbunden ist.

Beispiel: Kauft Pia von Vera ein neues Fahrrad und ist das Rücklicht defekt, liegt ein Mangel vor. Pia kann aber nur Verbesserung verlangen. Der Austausch des gesamten Fahrrads wäre bei einem solchen Mangel mit einem unverhältnismäßig hohen Aufwand für Vera verbunden.

Unter bestimmten, vom Gesetz abschließend aufgezählten, Voraussetzungen stehen die **sekundären Gewährleistungsbehelfe** zur Verfügung. Das ist der Fall, wenn:

- beide primären Behelfe unmöglich oder für den Übergeber mit einem unverhältnismäßig hohen Aufwand verbunden sind, dann hat der Übernehmer nur die sekundären Behelfe;
- der Übergeber einen der primären Behelfe verweigert bzw nicht in angemessener Frist vornimmt, dann kann der Übernehmer zwischen primären und sekundären Behelfen wählen;
- beide primären Behelfe für den Übernehmer mit erheblichen Unannehmlichkeiten verbunden wären, dann kann der Übernehmer zwischen primären und sekundären Behelfen wählen; oder
- beide primären Behelfe dem Übernehmer aus triftigen, in der Person des Übergebers liegenden Gründen unzumutbar sind, dann kann der Übernehmer zwischen primären und sekundären Behelfen wählen. Bei der Beurteilung ist ein strenger Maßstab anzulegen, bloße Mangelhaftigkeit der Leistung reicht nicht aus.

Es handelt sich dabei um Alternativvoraussetzungen, dh dass nur einer dieser Gründe vorliegen muss, um die sekundären Gewährleistungsbehelfe zur Verfügung zu haben.

Die sekundären Behelfe sind **Preisminderung**, also eine Reduktion des Entgelts, und **Wandlung**, die Aufhebung des Vertrages (entspricht dem Rücktritt beim Verzug). Auch hier hat der Übernehmer grundsätzlich ein Wahlrecht. Liegt aber nur ein **geringfügiger Mangel** vor, kann er lediglich Preisminderung verlangen. Ob ein Mangel geringfügig ist, muss für jeden Vertrag gesondert geprüft werden. Dabei kommt es etwa auf die objektive Wertminderung an oder darauf, ob eine Eigenschaft ausdrücklich bedungen wurde.

Beispiel: Verweigert Vera die Verbesserung, kann Pia nur Preisminderung verlangen. Denn ein defektes Rücklicht stellt bei einem neuen Fahrrad einen geringfügigen Mangel dar. Ist hingegen das Dach eines Oldtimer-Cabrios nicht regendicht, liegt kein geringfügiger Mangel vor.

Die Preisminderung wird mittels **relativer Berechnungsmethode** ermittelt, sodass eine verhältnismäßige Kürzung eintritt. Es gilt die Gleichung $W:w = P:p$. Wenn die mangelfreie Leistung einen Wert (W) von EUR 8.000 gehabt hätte und um einen Preis (P) von EUR 10.000 verkauft wurde, so ist für eine mangelhafte Sache mit einem Wert (w) von EUR 6.000 noch ein Kaufpreis (p) von EUR 7.500 fällig.

Mit Wandlung ist die Aufhebung des Vertrags gemeint. Bereits Geleistetes ist zurückzugeben und noch ausstehende Leistungen müssen nicht mehr erbracht werden.

Die **Verjährungsfrist** für die Gewährleistung beträgt bei beweglichen Sachen zwei Jahre und bei unbeweglichen Sachen drei Jahre (§ 933 ABGB). Sie beginnt bei Sachmängeln im Zeitpunkt der Übergabe, bei Rechtsmängeln mit deren Erkennbarkeit zu laufen.

d) Ausschluss der Gewährleistung?

Zu beachten ist, dass die Gewährleistung ein universelles Prinzip ist. Sie kommt auch im Verhältnis zwischen Privatpersonen oder zwischen Unternehmern (B2B-Bereich) zur Anwendung. Die Gewährleistungsregeln sind aber **dispositiv** und können daher vertraglich beschränkt werden. Anderes gilt für Gewährleistungsrechte des Verbrauchers gegenüber einem Unternehmer (**B2C**): Sie können vertraglich grundsätzlich nicht beschränkt werden (§ 9 KSchG). Eine Ausnahme bilden gebrauchte bewegliche Sachen, bei denen die Frist auf ein Jahr verkürzt werden kann. Ausgeschlossen ist die Gewährleistung weiters bei – schon im Zeitpunkt des Vertragsabschlusses – **offenkundigen Mängeln** (§ 928 ABGB) und beim Kauf einer Sachgesamtheit zu einem Pauschalpreis (§ 930 ABGB; „**Kauf in Pausch und Bogen**", zB eine Bibliothek).

C. Schadenersatzrecht

1. System

Grundsätzlich gilt, dass jeder, der einen Schaden erleidet, diesen selbst tragen muss (***casum sentit dominus***, § 1311 ABGB). Wer also sein Auto zu Schrott fährt oder wem die Kamera in einem Regenguss kaputt geht, der muss diese Nachteile selbst tragen. In bestimmten Konstellationen ist es aber geboten, dass diese Schäden von einem Dritten (dem Schädiger) getragen werden. Voraussetzung dafür ist ein **Zurechnungsgrund**, der es rechtfertigt, dass nicht der Geschädigte auf dem Schaden „sitzenbleibt". Dabei unterscheidet man primär zwei verschiedene Zurechnungsgründe, die zu einer Zweispurigkeit des Schadenersatzrechts führen:

- Die **Verschuldenshaftung** knüpft die Haftung an ein rechtswidriges und schuldhaftes Handeln des Schädigers an (siehe sogleich). Sie ist das Standardmodell der Haftung nach dem ABGB.

> *Beispiel:* Hans zerstört aus Wut das Auto seines Konkurrenten Felix.

- Die **Gefährdungshaftung** knüpft die Haftung an die Ausübung einer abstrakt gefährlichen Tätigkeit und verlangt weder Rechtswidrigkeit noch Verschulden. Bereits die Ausübung einer besonders gefährlichen Tätigkeit bildet die Rechtfertigung der Gefährdungshaftung. Prominentestes Beispiel dafür ist die Haftung des Kraftfahrzeughalters (geregelt im **EKHG**): Wer trotz der Gefahren ein Kfz betreibt, handelt selbstverständlich nicht unrechtmäßig. Entstehen daraus aber Schäden, soll der Halter des Kfz auch ohne Verschulden dafür aufkommen. Ähnliche Haftungen gibt es aber noch für andere gefährliche Tätigkeiten, zB im LuftfahrtG oder im AtomHG.

2. Verschuldenshaftung (§§ 1293 ff ABGB)

Im Rahmen der Verschuldenshaftung müssen **vier Voraussetzungen kumulativ** vorliegen, damit ein Ersatzanspruch besteht (Prüfschema):

a) Schaden
b) Kausalität
c) Rechtswidrigkeit
d) Verschulden

a) Schaden

Ein Schaden kann auf verschiedene Weise eintreten. Er kann entweder ein in Geld messbares Vermögensminus (**Vermögensschaden**, materieller Schaden) oder **ideeller** (immaterieller) **Schaden** sein.

> *Beispiel:* Wird etwa ein Auto mit einem Wert von EUR 8.000 beschädigt und hat es danach noch einen Wert von EUR 5.000, entsteht dem Eigentümer ein Schaden iHv EUR 3.000.

Bei Vermögensschäden wird weiter differenziert zwischen einem **positiven Schaden** und dem **entgangenen Gewinn**.

Beispiel: Die Wertminderung des Autos iHv EUR 3.000 stellt einen positiven Schaden dar, weil ein bereits bestehendes Rechtsgut zerstört wird. Besteht die Hoffnung, dass das Auto demnächst um EUR 9.000 verkauft werden kann, stellen die zusätzlichen EUR 1.000 den entgangenen Gewinn dar.

Hier wird kein bestehendes Rechtsgut zerstört, sondern die Chance einer Vermögensvermehrung verhindert. Die Rechtsprechung zählt freilich schon sehr konkrete zukünftige Erwerbschancen zum positiven Schaden, sodass die Unterscheidung zwischen positivem Schaden und entgangenem Gewinn verwischt wurde. Im obigen Beispiel hängt die Einordnung als positiver Schaden oder entgangener Gewinn davon abhängt, wie sicher die Weiterveräußerung um EUR 9.000 war. Bedeutung hat die Abgrenzung, weil im allgemeinen Zivilrecht der **entgangene Gewinn nur bei grobem Verschulden** (Vorsatz oder grober Fährlässigkeit) ersetzt wird (§§ 1323 f ABGB).

Beispiel: A vernichtet die Bienenstöcke inkl Bienenvolk des B. Neben der zerstörten Sachen ist nach der Rsp auch die entgangene Möglichkeit der Honiggewinnung positiver Schaden.

Im Gegensatz zu Vermögensschäden wird Ersatz für **ideelle Schäden** vom Gesetzgeber grundsätzlich nur sehr zurückhaltend gewährt, weil ideelle Schäden kaum objektivierbar sind. In bestimmten Fällen ist ein solcher Ersatz **ausdrücklich gesetzlich angeordnet**. Bekanntestes Beispiel dafür ist das **Schmerzengeld**, dessen Festsetzung zwar Erfahrungswerten folgt, letztlich aber – wie ein Rechtsvergleich mit anderen Staaten zeigt – auch willkürlich bleibt.

Beispiel: Ob für einen komplett gelähmten 21-jährigen, der den Rest seines Lebens künstlich beatmet werden muss und in ständiger Todesangst lebt, dass das Beatmungsgerät versagt, EUR 218.000 ein angemessenes Schmerzengeld sind (vgl OGH 2 Ob 237/01v), oder ob eine gebrochene Rippe mit EUR 4.400 hinreichend abgegolten ist (vgl OGH 2 Ob 17/01s) lässt sich kaum sagen.

i) Schadensberechnung bei Körperverletzung (§ 1325 ABGB)

Wer am Körper verletzt wird, hat insbesondere Anspruch auf den Ersatz der **Heilungskosten**, auf Ersatz des **Verdienstentgangs** und auf ein angemessenes **Schmerzengeld** zur Abgeltung seiner (nicht in Geld messbaren) Schmerzen. Ersatzfähig sind weiters etwa die Kosten wegen vermehrter Bedürfnisse (zB behindertengerechtes Auto), die Besuchskosten nahestehender Personen und die Pflegekosten, falls eine Pflege des Verletzten notwendig ist.

Beispiel: Der rücksichtslose Hermann missachtet die Pistenregeln und verletzt beim Skifahren Benjamin, sodass dieser sich den Fuß bricht. Benjamin muss zahlreiche Behandlungen und Therapien absolvieren (Kosten EUR 4.000). Zudem kann er für zwei Wochen nicht seinem Beruf als Arzt nachgehen, wodurch ihm Einnahmen iHv EUR 3.000 entgehen. Im Krankenhaus besucht ihn seine Ehefrau (Fahrtkosten EUR 25). Alle diese Kosten sind ersatzfähig. Zusätzlich gebührt Benjamin ein angemessenes Schmerzengeld.

ii) Schadensberechnung bei Tötung (§ 1327 ABGB)

Wer jemanden rechtswidrig und schuldhaft tötet, haftet den Hinterbliebenen auf den **Unterhalt**, der ihnen vom Getöteten zugestanden ist. Außerdem sind die **Begräbniskosten** zu bezahlen.

iii) Weitere Sondertatbestände

Sonderregeln gibt es auch für die Verletzung der geschlechtlichen Selbstbestimmung (§ 1328 ABGB), Beeinträchtigungen der Privatsphäre (§ 1328a ABGB), Freiheitsbeeinträchtigungen (§ 1329 ABGB), Ehrverletzungen (§ 1330 ABGB), Beschädigungen von Tieren (§ 1332a ABGB) usw.

b) Kausalität

Nur wer einen Schaden verursacht hat, also für den Schaden kausal war, kann für ihn haften. Dies ist nach der ***conditio sine qua non-Formel*** zu prüfen. Es wird gefragt, ob der Schaden auch eingetreten wäre, wenn man sich die schädigende Handlung wegdenkt (**Eliminationsmethode**). Wäre der Schaden entfallen, war die Handlung kausal für den Schaden.

Beispiel: A fügt B mit dem Messer eine Stichwunde zu. Hätte er nicht zugestochen, wäre der Schaden nicht eingetreten.

Dies ist aber nur ein sehr grober Filter. Verkauft A dem B ein Küchenmesser, mit dem B später den C ermordet, so war der Verkauf durch A kausal für den Mord: Wäre das Messer nicht verkauft worden, hätte B nicht damit den C ermordet. Dennoch haftet A nicht, weil es gänzlich außerhalb jeder Lebenserfahrung liegt, dass das verkaufte Küchenmesser als Mordwaffe eingesetzt wird. Gehaftet wird also nur für adäquat kausale Handlungen (**Prüfung der Adäquanz**). Ist ein Schaden überhaupt nicht vorhersehbar, wird nicht gehaftet.

Beispiel: Der OGH bejaht die Adäquanz etwa, wenn der Geschädigte eines Autounfalls in eine Depression stürzt und später Selbstmord begeht. Der Unfallschädiger haftet dann auch für die Begräbniskosten.

c) Rechtswidrigkeit

Der bloße Umstand, dass das Verhalten einer Person einer anderen Person einen Nachteil zufügt, sagt noch nichts über eine Haftung aus. Wer nichts falsch macht, muss auch nicht haften. Eine weitere Voraussetzung der Haftung ist daher die Rechtswidrigkeit. Rechtswidrig handelt, wer **objektiv sorgfaltswidrig** handelt, also Ge- oder Verbote der Rechtsordnung missachtet.

Beispiel: Wer in der Nachbarschaft eines Gasthauses ein eigenes Gasthaus eröffnet, wird dem anderen mit hoher Wahrscheinlichkeit ein Vermögensminus zufügen. Dafür wird aber nicht gehaftet, weil eine Haftung grundsätzlich auch rechtswidriges Verhalten voraussetzt und lauterer Wettbewerb nicht rechtswidrig ist.

Das Rechtswidrigkeitsurteil kann sich dabei aus mehreren Gründen ergeben, wobei sich hier eine ganz fundamentale Unterscheidung (s.u.) im Schadenersatzrecht zeigt. Auf der einen Seite kann die **Verletzung vertraglicher Pflichten** rechtswidrig sein.

Beispiele: Max liefert Kurt das vertraglich geschuldete Fahrrad zu spät; Gregor liefert Franz eine mangelhafte Sache.

Zum anderen kann die **Verletzung einer deliktischen Pflicht** (Jedermannspflicht) die Rechtswidrigkeit begründen. Anders als Vertragspflichten bestehen deliktische Pflichten nicht nur gegenüber dem Vertragspartner, sondern gegenüber jedermann. Sie lassen sich in folgende Gruppen einteilen:

- Eingriff in **absolut geschützte Rechtsgüter**: Absolut (gegenüber jedermann) geschützt sind insb die Persönlichkeitsrechte (zB Recht auf körperliche Unversehrtheit, Freiheit, Ehre, Privatsphäre, Namensrecht) und die dinglichen Rechte (zB Eigentumsrecht, Pfandrecht, Servitut).

Beispiele: Schlägt A auf B ein und bricht ihm die Nase, ist B in seinem Recht auf körperliche Unversehrtheit verletzt. Stoßen der rücksichtslose Hermann und der korrekt fahrende Stephan auf der Piste zusammen und werden Stephans Ski dabei beschädigt, ist er in seinem Eigentumsrecht verletzt.

- Verletzung von **Schutzgesetzen** (§ 1311 ABGB): Manche Gesetze verbieten bestimmte abstrakt gefährliche Verhaltensweisen, um Schädigungen vorzubeugen (Schutzgesetze). Bekanntestes Beispiel dafür ist die StVO.

Beispiel: Fährt A im Ortsgebiet mit 60 km/h und verletzt dabei B, liegt die Rechtswidrigkeit auch (neben dem Eingriff in ein absolut geschütztes Rechtsgut) in der Verletzung der StVO.

- Verletzung von **Verkehrssicherungspflichten**: Wer eine Gefahrenquelle schafft, muss diese entsprechend absichern, widrigenfalls haftet er.

Beispiel: Hebt Bernd bei Straßenbauarbeiten eine Grube aus und sichert diese nicht ordentlich ab, so haftet er, wenn Karl in die Grube fällt und sich das Bein bricht.

- **Absichtliche sittenwidrige Schädigung** (§ 1295 Abs 2 ABGB): Wer einen anderen absichtlich und sittenwidrig schädigt, haftet ebenso dafür.

Beispiel: Aus der Rsp des OGH: Die Mutter veranlasst eine Person durch bewusst falsche Angaben, ein Vaterschaftsanerkenntnis abzugeben, aus dem Unterhaltspflichten resultieren.

Die Rechtswidrigkeit eines schädigenden Verhaltens kann sich dabei in einem Fall sowohl aus der Verletzung vertraglicher als auch deliktischer Pflichten ergeben. Auch die gleichzeitige Verletzung verschiedener deliktischer Pflichten ist denkbar. Der Geschädigte kann dann grundsätzlich wählen, auf welche Grundlage er seinen Anspruch stützt, wobei die Verletzung vertraglicher Pflichten für den Geschädigten gewisse Vorteile bietet (siehe II.C.2.e).

Zu beachten ist, dass in bestimmten Fällen ein an sich rechtswidriges Verhalten **gerechtfertigt** sein kann. Bekannte Beispiele dafür sind die Notwehr, die Einwilligung des Verletzten und das Handeln auf eigene Gefahr.

Beispiel: B wird von A mit einem Messer attackiert. Er verteidigt sich durch einen Faustschlag, der A die Nase bricht. Der (an sich rechtswidrige) Eingriff in die körperliche Unversehrtheit ist hier gerechtfertigt. Ebenso ist eine ärztliche Operation zwar an sich ein Eingriff in die körperliche Unversehrtheit des Patienten. Wenn der ordnungsgemäß aufgeklärte Patient ihr aber zugestimmt hat (Einwilligung), ist der Eingriff gerechtfertigt. Ebensowenig hat derjenige einen Ersatzanspruch, der bei einem Fußballspiel durch ein übliches Foul am Körper verletzt wird.

d) Verschulden

Wer durch eine rechtswidrige Handlung einen Schaden verursacht hat, haftet in der Verschuldenshaftung grundsätzlich nur, wenn ihm diese Handlung auch **subjektiv vorwerfbar** ist. Einem Deliktsunfähigen sind seine Handlungen etwa nicht vorwerfbar, weil er das Unrecht seiner Handlung nicht einsehen kann. Das Verschulden bestimmt sich also nach einem subjektiven Maßstab.

Beispiel: Das 7-jährige Kind, das zündelt und ein Feuer verursacht, handelt daher zwar sicher rechtswidrig (objektiv sorgfaltswidrig), aber nicht schuldhaft (subjektiv vorwerfbar).

Dabei werden verschiedene Verschuldensgrade unterschieden. Wer den Schadenseintritt herbeiführen will (direkter Vorsatz) oder ihn für möglich hält und sich damit abfindet (Eventualvorsatz), der handelt **vorsätzlich**.

Im Zivilrecht begründet in aller Regel aber auch schon leicht fahrlässiges Verhalten ein Verschulden. Kann ein Verhalten einem sorgfältigen Menschen auch einmal passieren, so ist es **leicht fahrlässig**. Wenn es einem sorgfältigen Menschen in dieser Situation keinesfalls unterläuft, ist es **grob fahrlässig**. Die Unterscheidung ist ua deshalb von Bedeutung, da der entgangene Gewinn nur bei grobem Verschulden (Vorsatz oder grobe Fahrlässigkeit), nicht aber bei leichter Fahrlässigkeit ersetzt wird.

e) Unterschiede zwischen Vertrags- und Deliktshaftung

Wie oben angedeutet, sind Vertrags- und Deliktshaftung (Haftung **ex contractu** und **ex delicto**) zu unterscheiden. Die Vertragshaftung, die ja nur gegenüber dem Vertragspartner besteht, ist strenger als die Deliktshaftung gegenüber jedermann. Dies zeigt sich zunächst daran, dass bei Vertragsverletzungen – entgegen der allgemeinen Beweislastregel, dass jeder das beweisen muss, was für ihn günstig ist – hinsichtlich des Verschuldens eine **Beweislastumkehr** zu Lasten des Schädigers besteht (§ 1298 ABGB).

Da ein Sachverhalt bei einer Prüfung keine Beweisprobleme enthält, müssen Sie sich nicht mit Beweisproblemen auseinandersetzen, der Sachverhalt muss „nur mehr" rechtlich beurteilt werden. Die Beweisbarkeit (die bei der Prüfung kein Problem ist) hat aber nichts mit der Beweislast zu tun, die als Rechtsfrage sehr wohl ein Problem ist und eine Antwort darauf gibt, wer das Risiko des Beweisnotstandes trägt. Grundsätzlich muss jeder das beweisen, was er behauptet und was für ihn günstig ist. Bei der Falllösung ist es insbesondere wichtig, auf Fälle einer Beweislastumkehr zu achten (§ 1298 ABGB: Vermutung des Verschuldens bei Vertragsverletzungen).

Beispiel: Bekommt Franz von Gregor eine mangelhafte (vertragswidrige) Sache geliefert, durch die ein Schaden entsteht, muss Gregor beweisen, dass ihn daran kein Verschulden trifft. Kann weder Franz beweisen, dass er am Mangel schuldlos ist, noch Gregor beweisen, dass Franz Verschulden trifft, muss der Richter dennoch eine Entscheidung treffen (non-liquet-Verbot). Dies tut er aufgrund der Beweislastregel in § 1298 ABGB, nach dem das Verschulden an einer Vertragsverletzung vermutet wird. Gregor haftet daher.

Der zweite große Unterschied besteht in der **Gehilfenhaftung**, weil gegenüber dem Vertragspartner die strenge Erfüllungsgehilfenhaftung nach § 1313a ABGB greift (siehe sogleich).

f) Gehilfenhaftung

Grundsätzlich gilt, dass niemand für die rechtswidrige und schuldhafte Handlung eines anderen haftet (§ 1313 ABGB). Eine Ausnahme dazu bildet die Gehilfenzurechnung, die dafür sorgt, dass der sog Geschäftsherr, der einen anderen (= Gehilfe) seine Angelegenheiten erledigen lässt, für diesen Gehilfen haftbar werden kann, wenn der Gehilfe einen anderen schädigt.

Dabei ist zu unterscheiden: Besteht eine **Sonderbeziehung** (insb ein Vertrag) zwischen Geschäftsherrn und Geschädigtem, haftet der Geschäftsherr gegenüber dem Geschädigten für jedes Verhalten des Gehilfen, den er zur Erfüllung der Sonderbeziehung heranzieht, wie für sein eigenes: Der Gehilfe ist **Erfüllungsgehilfe** iSd § 1313a ABGB.

Beispiel: Albert soll gegen Entgelt Beas Haus renovieren (Werkvertrag). Er tut dies aber nicht selbst, sondern schickt seinen Lehrling Lukas, der dabei aus Unachtsamkeit Beas Boden zerkratzt. Obwohl Albert nicht selbst schuldhaft gehandelt hat, haftet er für das Verschulden des Lukas wie für sein eigenes.

Der Grund für diese strenge Haftung ist einleuchtend: Der Vertragspartner soll nicht dadurch seine Haftung vermeiden können, dass er sich eines Gehilfen zur Vertragserfüllung bedient. Er hat schließlich auch den Vorteil aus der Tätigkeit dieses Gehilfen (er kann mehr Verträge erfüllen und erhält dadurch mehr Entgelt).

Gegenüber Dritten (keine Vertragspartner) haftet der Geschäftsherr nur in sehr engen Grenzen für die Handlungen seiner Gehilfen. Man spricht von **Besorgungsgehilfenzurechnung** nach § 1315 ABGB. Eine Haftung tritt dabei nur ein, wenn man sich eines habituell untüchtigen oder wissentlich eines gefährlichen Gehilfen bedient. Habituelle Untüchtigkeit bedeutet, dass der Gehilfe nach seiner Ausbildung oder Veranlagung für die ausgeübte Tätigkeit nicht geeignet war (eine lediglich einmalige Unachtsamkeit ist nicht ausreichend).

Beispiel: Stiehlt der bislang stets brave Lukas während der Renovierungsarbeiten Davids Fahrrad, das zufällig vor Beas Haus geparkt ist, so haftet Albert dem David nicht. Er hat sich nicht eines habituell untüchtigen oder wissentlich eines gefährlichen Gehilfen bedient. Etwas anderes würde gelten, wenn Albert wusste, dass Lukas Kleptomane ist. Dann hätte er sich wissentlich eines gefährlichen Gehilfen bedient und haftet deshalb für das Verhalten des Lukas.

Ob eine Person Erfüllungs- oder Besorgungsgehilfe ist, ist stets aus der **Warte des Geschädigten** zu prüfen. Zieht der Geschäftsherr den Gehilfen zur Vertragserfüllung heran, so ist der Gehilfe Erfüllungsgehilfe. Besteht kein Vertrag, ist er hingegen Besorgungsgehilfe. Ein Gehilfe kann somit gleichzeitig Erfüllungsgehilfe gegenüber dem Vertragspartner des Geschäftsherrn und Besorgungsgehilfe gegenüber sonstigen Dritten sein.

Zu beachten ist, dass neben dem Geschäftsherrn auch der Gehilfe selbst haftet, wenn er schuldhaft deliktische Pflichten verletzt hat. Aus einer Verletzung vertraglicher Pflichten haftet er nicht, weil diese ihn nicht treffen (er hat den Vertrag mit dem Geschädigten ja nicht selbst geschlossen).

Beispiel: Die Zerstörung des Bodens stellt ebenso wie der Diebstahl einen Eingriff in ein absolut geschütztes Rechtsgut dar, sodass Lukas deliktisch gegenüber Bea bzw David haftet. Er haftet hingegen nicht selbst, wenn er vertragswidrig mangelhaftes Baumaterial liefert.

Auch **juristische Personen** haften gegenüber Vertragspartnern nach § 1313a ABGB. Deliktisch haften sie aber neben § 1315 ABGB auch für das Verschulden ihrer Organe und Repräsentanten (s.o.).

g) Mitverschulden (§ 1304 ABGB)

In manchen Fällen kommt es vor, dass sich der Geschädigte selbst sorglos verhalten hat. Handelt auch der Geschädigte sorgfaltswidrig, wird sein Schadenersatzanspruch gekürzt.

Beispiel: Leo fährt deutlich zu schnell und kollidiert mit Uwe, der Leos Vorrang missachtet. Blickt Karl nicht zu Boden und fällt dann in Bernds an sich leicht sichtbare Grube, so trifft ihn ein Mitverschulden. Der OGH nahm etwa Mitverschulden eines verunfallten Motorradfahrers an, der ohne Schutzbekleidung unterwegs war. Auch bei sportlich ambitionierten Rennradfahrern bejahte der OGH ein Mitverschulden des Geschädigten, der ohne Helm unterwegs war.

Im Zweifel wird angenommen, dass beide Beteiligten dieselbe Verantwortung trifft, sodass der Schaden anteilig zu teilen ist.

Beispiel: Nimmt man an, dass Leo und Uwe die gleiche Verantwortung trifft, bekommt Uwe die Hälfte seines Schadens ersetzt.

h) Verjährung (§ 1489 ABGB)

Schadenersatzansprüche verjähren innerhalb von drei Jahren ab Kenntnis des Geschädigten von Schaden und vom Schädiger.

Beispiel: A wirft im Winter Steine in das Fenster von Bs Sommerhaus, der erst im nachfolgenden Sommer den Schaden bemerkt. Die Frist kann erst zu laufen beginnen, wenn B Kenntnis vom Schaden (zerbrochenes Fenster), als auch vom Schädiger (Steinwerfer) hat.

Erlangt der Geschädigte keine Kenntnis davon, kann die kurze Frist nicht zu laufen beginnen. Der Anspruch verjährt dann innerhalb von 30 Jahren ab der schädigenden Handlung.

III. Sachenrecht

A. Grundlagen und Prinzipien

Obwohl der Sachbegriff des ABGB (§ 285 ABGB) sehr weit ist und alles umfasst, was vom Menschen verschieden ist und seinem Gebrauch dient, findet das Sachenrecht im modernen Verständnis nur auf **körperliche Sachen** Anwendung (siehe dazu schon I.C.). Das sind gem § 292 ABGB Sachen, die „in die Sinne fallen".

Beispiele: Ein Auto, ein Bild, Möbelstücke, aber auch Grundstücke und Wohnungen oder Elektrizität.

Unkörperliche Sachen sind etwa Rechte oder Forderungen, sie sind nicht Gegenstand des Sachenrechts, sondern gehören dem Schuldrecht an, sodass man nicht Besitzer oder Eigentümer, sondern nur Gläubiger einer Forderung sein kann.

Man kann weiters bewegliche und unbewegliche Sachen unterscheiden. Dies ist vor allem für die Form der Eigentumsübertragung von Bedeutung (s III.C.1.). **Bewegliche Sachen** können „ohne Verletzung ihrer Substanz von einer Stelle zur andern versetzt werden" (§ 293 ABGB).

Beispiele: Liegenschaften, darauf errichtete Gebäude, aber auch das Liegenschaftszubehör (zB landwirtschaftliche Geräte, aber auch das Vieh) sind unbewegliche Sachen.

Das Sachenrecht beschäftigt sich mit der Zuordnung von Sachen zu Personen (**Recht der Güterzuordnung**). Es vermittelt absolute Herrschaftsrechte über Sachen. Wer ein

Sachenrecht hat, kann dieses daher gegenüber jedermann durchsetzen (**absolute Wirkung** des Sachenrechts). Dies unterscheidet das Sachenrecht vom Schuldrecht, das nur relative Rechte vermittelt. Aus der Stärke der Sachenrechte folgt auch, dass möglichst leicht erkennbar sein soll, wem ein Sachenrecht zusteht (**Publizität**) und dass die Parteien nur aus einem gesetzlich vorgegebenen Katalog von Sachenrechten wählen können (**Typenzwang**): Eigentum, Pfandrecht, Servitut, Baurecht und Reallast sind die möglichen dinglichen Rechte. Gemeinsam ist den Sachenrechten, dass ihr Erwerb einen gültigen (!) Titel und einen Modus voraussetzt (§ 380 ABGB), es gilt also das **Prinzip der kausalen Tradition**. Titel ist meist ein Vertrag (Verpflichtungsgeschäft), Modus ist bei beweglichen körperlichen Sachen typischerweise die körperliche Übergabe der Sache (Verfügungsgeschäft; im Detail s III.C.1.).

Dass sich absolute Sachenrechte gegenüber jedermann durchsetzen lassen, hat verschiedene Konsequenzen. Im Schadenersatzrecht wurde schon darauf hingewiesen, dass die Beeinträchtigung absolut geschützter Rechtspositionen die Rechtswidrigkeit des Handelns indiziert.

B. Innehabung – Besitz – Eigentum

Grundlegend ist die Unterscheidung von Innehabung, Besitz und Eigentum. Die Innehabung ist ein bloßes Faktum, aber keine Rechtsposition: Wer eine Sache in seiner Gewahrsame hat, ist ihr Inhaber. Auch der Besitz ist ein bloßes Faktum. Besitzer einer Sache ist, wer sie in seiner Gewahrsame hat (Innehabung, ***corpus***) und dazu noch den Willen hat, die Sache für sich zu behalten (***animus***). Der Besitzer kann nicht mit dem Eigentümer gleichgesetzt werden: Auch der Dieb ist Besitzer, mangels eines Rechts an der Sache aber nicht ihr Eigentümer. Denn Eigentümer ist derjenige, dem eine Sache auch wirklich zugeordnet ist und der deshalb das Recht hat, darüber zu verfügen und andere von der Nutzung der Sache auszuschließen (§ 354 ABGB). Das Eigentum ist somit das stärkste Sachenrecht, weil es dem Eigentümer ein Vollrecht über die Sache vermittelt. Er kann die Sache bspw veräußern, verleihen, verpfänden oder gar zerstören. Alle anderen Sachenrechte sind im Vergleich dazu beschränkt (s III.E.).

Beispiel: Wer ein Auto mietet, ist Inhaber des Autos. Gibt er das Auto nicht zurück, sondern setzt sich damit ab, ist er auch (unredlicher) Besitzer. Ebenso ist Besitzer, wer einen Geldschein findet und (rechtswidrig) für sich behalten will. Wer ein Auto vom vorigen Eigentümer kauft und übereignet bekommt, wird Eigentümer. Hat er das Auto in seiner Gewahrsame, ist er auch Besitzer.

Auch der Besitz hat allerdings bereits eine rechtliche Bedeutung. Zum Schutz des Rechtsfriedens darf der Besitz nicht eigenmächtig gestört werden. Wer bestehende Besitzverhältnisse ändern möchte (etwa eine Sache, die X hat, für sich haben möchte), soll dafür gerichtliche Hilfe in Anspruch nehmen. Die eigenmächtige Störung des Besitzes ist daher ebenso rechtswidrig wie die eigenmächtige Besitzentziehung (**Besitzstörungsklage**, § 339 ABGB).

C. Eigentumserwerb

1. Derivativer Eigentumserwerb

Die wichtigste Form des Eigentumserwerbs ist der derivative (vom Vormann abgeleitete) Erwerb. Dieser verlangt zunächst die **dingliche Berechtigung des Vormanns**. Dieses Prinzip leuchtet ein: Niemand kann mehr Rechte übertragen als er selbst hat (§ 442 ABGB; *nemo plus iuris transferre potest quam ipse habet*). Von einem Dieb ist somit kein derivativer Eigentumserwerb möglich. Neben der dinglichen Berechtigung sind als Ausfluss des Prinzips der kausalen Tradition ein gültiger Titel und ein Modus erforderlich (§ 380 ABGB).

Als **Titel** für einen Eigentumserwerb kommen etwa ein Kauf- oder ein Schenkungsvertrag in Betracht. Ist der Titel ungültig (etwa wegen Geschäftsunfähigkeit einer Partei oder ***falsa procuratio***), scheitert auch der Eigentumserwerb, selbst wenn ein Modus gesetzt wurde. Der **Modus** für den Eigentumserwerb variiert je nach Art der Sache. Bei beweglichen Sachen ist die **körperliche Übergabe** der Regelfall (§ 426 ABGB). Daneben ist auch eine **Übergabe durch Erklärung** (§ 428 ABGB) zulässig, bei der drei Arten unterschieden werden:

- die **Übergabe kurzer Hand** *(traditio brevi manu)*, bei der die Sache bereits beim Erwerber ist, der sie bislang nur innehatte;
- das **Besitzkonstitut**, bei dem vereinbart wird, dass die Sache vorerst beim Veräußerer bleiben soll;
- die **Besitzanweisung**, bei der ein Dritter angewiesen wird, die Sache von nun an für den Erwerber innezuhaben.

Nur wenn die körperliche Übergabe unmöglich ist (etwa bei großen Warenlagern oder schweren Maschinen), reicht eine **Übergabe durch Zeichen** (§ 427 ABGB) aus, etwa durch Übergabe von Schlüsseln oder Urkunden. All diese Übergabeformen zielen letztlich auf die Einräumung von Besitz ab, dessen Erwerb nach denselben Grundsätzen abläuft. Die Besitzeinräumung ist daher der Modus für den Eigentumserwerb. Bei unbeweglichen Sachen liegt der Modus hingegen in der **Eintragung** des Eigentumsrechts **im Grundbuch**.

Beispiel: Vera schließt mit Kurt einen Kaufvertrag über den Verkauf ihres Autos. War das Auto schon bisher bei Kurt (etwa weil er es ausgeliehen hat), kann der Eigentumserwerb mittels Übergabe kurzer Hand erfolgen: die Sache bleibt bei Kurt. Hat bislang Lukas das Auto ausgeliehen, kann auch eine Besitzanweisung erfolgen: Lukas wird angewiesen, das Auto von nun an für Kurt innezuhaben. Wenn das Auto noch für ein Wochenende bei Vera verbleiben soll, ist die Eigentumsübertragung auch mittels Besitzkonstitut zulässig. Unzulässig wäre es hingegen, bloß den Typenschein oder die Schlüssel zu übergeben (Übergabe durch Zeichen), weil bei einem Auto eine körperliche Übergabe sehr wohl möglich ist. Die Subsidiarität der Übergabe durch Zeichen wird aber dadurch relativiert, dass die Übergabe durch Erklärung zulässig ist.

2. Originärer Eigentumserwerb

Fehlt die dingliche Berechtigung des Vormannes (§ 442 ABGB), scheitert ein derivativer Erwerb. In manchen Fällen scheint es aber dennoch angebracht, den Erwerber zu schützen und ihn Eigentum erwerben zu lassen. Man spricht dann von einem originären (nicht vom Vormann abgeleiteten) Eigentumserwerb. Wichtigstes Beispiel dafür ist der **gutgläubige Eigentumserwerb** nach § 367 ABGB. Dieser ist anwendbar auf den Erwerb:

- beweglicher, körperlicher Sachen, die
- auf Basis eines entgeltlichen und gültigen Titelgeschäfts
- bereits übergeben wurden.

Liegen diese Voraussetzungen vor und ist der Erwerber der Sache
- redlich (gutgläubig im Hinblick auf die Berechtigung des Vormannes; leichte Fahrlässigkeit schadet ihm hier schon),

so erwirbt er Eigentum, wenn eine der drei folgenden Voraussetzungen vorliegt:
- Erwerb vom **Vertrauensmann** des Berechtigten (also des bisherigen Eigentümers);
- Erwerb vom **Unternehmer** im gewöhnlichen Betrieb seines Unternehmens;
- Erwerb im Rahmen einer öffentlichen **Versteigerung**.

Die Voraussetzungen zeigen, dass es letztlich darum geht, die **Interessen** des Berechtigten und jene des Erwerbers gegeneinander **abzuwägen**. Wird der Erwerber Eigentümer, bedeutet dies ja, dass der bisherige Eigentümer sein Eigentumsrecht verliert. Dies erlaubt das Gesetz nur, wenn der Erwerber schutzwürdiger ist als der bisherige Eigentümer, was durch die umfangreichen Voraussetzungen des § 367 ABGB gewährt wird.

Beispiele: Mario leiht Ivo sein Mountainbike. Wenn Ivo das Mountainbike nun Leo verkauft und übergibt und Leo glaubt, es gehöre Ivo, dann wird Leo Eigentümer. Denn Ivo ist als Entlehner Vertrauensmann des Mario. Dass Ivo Marios Vertrauen enttäuscht, ist ein Risiko, das eher dem Bereich von Mario als dem von Leo zuzuordnen ist. Vertrauensmann sind auch der Mieter, der Pächter, der Verwahrer oder der Pfandgläubiger, also jede Person, der der Eigentümer die Sache willentlich und wissentlich anvertraut hat. Hätte Ivo das Fahrrad dem Leo geschenkt, wäre Leo – mangels eines entgeltlichen Titels – nicht Eigentümer geworden. In diesem Fall erachtet ihn das Gesetz für weniger schutzwürdig.
Kai kauft im Möbelgeschäft des Alex einen Sessel, den Alex der Verena gestohlen hat. Weiß Kai nichts von Alex' Diebstahl, wird er gutgläubig Eigentümer, weil er von einem Unternehmer im gewöhnlichen Betrieb seines Unternehmens erwirbt.

Zu beachten ist, dass der gutgläubige Eigentumserwerb bloß den guten Glauben auf die dingliche Berechtigung des Vormannes schützt. Daher kann zB das Fehlen oder die Mangelhaftigkeit eines Titels durch den guten Glauben des Erwerbers nicht kompensiert werden, ein gutgläubiger Eigentumserwerb ist in dieser Konstellation also nicht möglich.

Beispiel: Ein gutgläubiger Erwerb nach § 367 kann nicht zustande kommen, wenn wegen *falsa procuratio* oder Geschäftsunfähigkeit kein gültiger Titel vorliegt.

Je nachdem ob es zum gutgläubigen Eigentumserwerb kommt oder nicht, wird der frühere Eigentümer oder der frustrierte Erwerber **Ansprüche gegen den Mittelsmann** geltend machen. Dazu stehen zB Schadenersatzansprüche zur Verfügung, der Erwerber könnte sich auch auf Rechtsmangelgewährleistung stützen.

D. Das Grundbuch

Liegenschaften sind besonders wichtige, weil knappe und besonders wertvolle Sachen. Für sie gelten daher auch besondere Regeln, die sachenrechtlichen Verhältnisse an Liegenschaften sollen besonders sicher und publik sein. Diese Funktion erfüllt das Grundbuch. Dieses ist prinzipiell für jedermann einsehbar (**Öffentlichkeitsprinzip**) und enthält ein Verzeichnis der österreichischen Liegenschaften, denen jeweils eine Einlagenzahl zugeordnet ist. Im Grundbuch wird eingetragen, wer Eigentümer der jeweiligen Liegenschaft ist. Diese Eintragung (man spricht von „**Einverleibung**") ist der **Modus** für den Erwerb dinglicher Rechte an einer Liegenschaft (§ 431 ABGB). Auch beschränkte dingliche Rechte wie Hypotheken (Pfandrechte an Liegenschaften) oder Servituten entstehen erst durch die Einverleibung (Modus). Die körperliche Übergabe (etwa des Schlüssels zu einem Haus) genügt für den Erwerb dinglicher Rechte nicht.

Beispiel: Alex verkauft Bea seine Eigentumswohnung. Damit Bea Eigentümerin wird, reicht die Übergabe der Wohnung nicht aus. Es muss eine Einverleibung ins Grundbuch erfolgen.

Aus dem Eintragungsprinzip folgt der **Vertrauensgrundsatz**, dies bedeutet, dass jedermann auf die Richtigkeit und Vollständigkeit der Eintragungen im Grundbuch vertrauen darf. Somit wird derjenige Dritte geschützt, der auf den aus dem Grundbuch ersichtlichen Rechtstand vertraut, auch wenn dieser nicht der Wirklichkeit entspricht (zB weil der Vertrag unwirksam war oder jemand ein Recht ersessen hat).

E. Beschränkte dingliche Rechte

Das Eigentumsrecht ist das Vollrecht an einer Sache. Es ist aber möglich, von diesem Vollrecht beschränkte dingliche Rechte abzuspalten, die beiden wichtigsten sind Pfandrecht und Dienstbarkeiten (Servituten).

1. Pfandrecht

Wer ein Pfandrecht an einer Sache hat (bei Liegenschaften spricht man von **Hypotheken**), kann die Sache für den Fall, dass sein Schuldner die geschuldete Leistung nicht erbringt, gerichtlich **verwerten** lassen und sich aus dem Erlös bevorzugt befriedigen. Pfandrechte dienen also der **Besicherung von Forderungen**. Sie können an allen verwertbaren Objekten bestellt werden (körperliche Sachen, Forderungen, Rechte etc).

Beispiel: Julian nimmt bei der B-Bank einen Kredit für den Kauf einer Eigentumswohnung auf. Um den Kredit zu besichern, lässt sich die B-Bank von Julian ein Pfandrecht an der Eigentumswohnung (Hypothek) einräumen. Kann Julian den Kredit nicht zurückzahlen, kann die B-Bank die gerichtliche Versteigerung der Eigentumswohnung verlangen. Der so erzielte Erlös entschädigt die B-Bank für die von Julian nicht zurückgezahlten Kreditraten. Sie ist somit besichert.

Besondere Bedeutung erlangt das Pfandrecht in der Insolvenz. Die **Insolvenz** ist eine Situation der Knappheit. Der Schuldner hat nicht genug Vermögen, um alle seine Gläubiger befriedigen zu können. Es wäre kontraproduktiv, jetzt einen Wettlauf der Gläubiger auf das Vermögen der Schuldner zuzulassen (Konkurs kommt von *concurrere*, also dem „Zusammenlaufen" der Gläubiger). Ungeordnete Zugriffe einzelner Gläubiger auf das Vermögen des Schuldners können ökonomisch ungünstige Effekte haben (wer auf eine Maschine des Schuldners greift, kann den ganzen Betrieb zum Erliegen bringen) und dazu führen, dass die Gläubiger, die einen Wissensvorsprung haben (zB Hausbank) oder den Schuldner am meisten bedrängen, noch volle Befriedigung erlangen, während für die übrigen umso weniger über bleibt. Deshalb sieht die **Insolvenzordnung (IO)** vor, dass einzelne Vollstreckungszugriffe blockiert werden. Das gesamte Vermögen wird einer Generalexekution unterworfen, der Erlös an alle gleichmäßig verteilt. Es herrscht **Gläubigergleichbehandlung** (*par conditio creditorum*).

Beispiel: Der Schuldner hat eine Liegenschaft im Wert von 750 und Aktien im Wert von 250 (also eine Insolvenzmasse von 1000). Er hat Schulden bei A von 500, bei B von 1000 und bei C von 2500. Da nicht genug für alle da ist, werden alle Gläubiger gleichmäßig gekürzt. Jeder bekommt ¼ (A: 125; B: 250; C 625). So viel Vermögen ist in der Praxis aber meistens nicht vorhanden, durchschnittlich ist mit 7 % zu rechnen.

Wer ein Pfandrecht hat, muss sich nicht kürzen lassen. Er hat nicht nur ein relatives Forderungsrecht gegen den Schuldner, sondern ein **absolutes dingliches Recht** an einer Sache, das von allen anderen zu respektieren ist, sodass die Pfandsache primär für ihn verwertet wird.

Beispiel: A hat sich für seine Forderung das Grundstück verpfänden lassen (Hypothek). Vom Verwertungserlös gehen 500 an A, der Rest (250 von der Liegenschaft und die Aktien) an die anderen Gläubiger. Das würde bedeuten, dass A voll befriedigt wird, während für B und C nur mehr 500 übrig sind.

Der Preis für diese Begünstigung ist ein besonders **schwieriger Erwerb des Pfandrechts**. Die Pfandsache darf nicht beim Pfandbesteller bleiben (**Faustpfandprinzip**), es bedarf daher der körperlichen Übergabe an den Gläubiger. Bei Liegenschaften braucht man – wie stets – die Einverleibung im Grundbuch.

Weil das Pfandrecht Insolvenzmassen zugunsten einzelner Gläubiger aushöhlt, sieht das Gesetz außerdem den **Spezialitätsgrundsatz** vor. Es können immer nur bestimmte Sachen (nicht: das ganze Vermögen) für bestimmte Forderungen (nicht: für alle Forderungen, die ein Gläubiger hat und in Zukunft erwirbt) als Pfand bestellt werden. Da das Pfandrecht damit ein Mittel der Kreditsicherung ist, hängt sein Entstehen und sein Fortbestand von der **Gültigkeit der gesicherten Forderung** ab.

Beispiel: X bestellt ein Pfand für eine Kaufpreisforderung des Y. Wird der Kaufvertrag anschließend wegen Irrtums angefochten, fällt auch das Pfandrecht weg.

2. Dienstbarkeit

Wer eine **Servitut** an einer Sache hat, hat das Recht, dass der Eigentümer einer Sache zum Vorteil des Servitutsberechtigten etwas **duldet** (zB das Gehen oder Fahren über sein Grundstück) oder **unterlässt** (zB so zu bauen, dass der Nachbar die Aussicht verliert).

Beispiel: Der Bauer Bert ist Eigentümer eines Grundstücks. Sein Nachbar Norbert hat das Recht, über Berts Grundstück auf sein eigenes Grundstück zu gehen; Bert muss dies dulden (Wegerecht). Berts Mutter Elsa hat das Recht, in Berts Bauernhaus zu wohnen (Wohnrecht). In beiden Fällen handelt es sich um Servituten. Weder Norbert noch Elsa dürfen aber natürlich das Grundstück veräußern oder verpfänden.

IV. Familienrecht und Erbrecht

A. Familienrecht

Das Familienrecht beschäftigt sich mit dem **Eherecht** (Eheschließung, Wirkungen der aufrechten Ehe, Ehescheidung), dem Recht der Lebensgemeinschaft, dem Recht der eingetragenen Partnerschaften, dem **Kindschaftsrecht** (Abstammung, Obsorge, Adoption) und der **Vertretung von geschäftsunfähigen Personen** (Erwachsenenvertretung, Vorsorgevollmacht, Patiententestament).

Schon aus den Regelungsbereichen des Familienrechts zeigt sich, dass es eine besonders hohe **gesellschaftliche Bedeutung** hat. Das Familienrecht ist Schauplatz intensiver, weltanschaulicher Auseinandersetzung. Fragen wie die nach dem Ausmaß der Selbstbestimmung im Alltag, der Zulässigkeit künstlicher Befruchtungen, der Obsorge über Kinder nach Scheidungsverfahren, der Rechtsstellung gleichgeschlechtlicher Paare und der Möglichkeit von Adoptionen durch gleichgeschlechtliche Paare beschäftigten und beschäftigen dabei regelmäßig sowohl den Gesetzgeber als auch den VfGH.

Da das Familienrecht im Bachelorstudium Wirtschaftsrecht an der WU sowohl in der PI „Zivilrecht für Fortgeschrittene" und FPV „Zivilrecht III" gelehrt wird als auch Teil der daran anschließenden Fachprüfung aus Privatrecht ist, soll sich die Behandlung dieses Teilgebiets hier auf das Aufwerfen der soeben gezeigten Fragestellungen beschränken und die vertiefte Erörterung in den genannten Lehrveranstaltungen stattfinden.

B. Erbrecht

1. Grundlagen

Das Erbrecht beschäftigt sich mit den Rechtsfolgen des Todes eines Menschen, dem **Verstorbenen**. Auch der ältere Begriff des **Erblassers** ist noch sehr gebräuchlich. Unter den vielen juristischen Fragen, die der Tod eines Menschen auslöst, beschäftigt sich das Erbrecht nur mit der Nachfolge in die **vermögenswerten** Rechte und Pflichten des Verstorbenen. Sie bilden zusammen die **Verlassenschaft** (§ 531 ABGB; früher auch Nachlass genannt), die anschließend unter den Erben verteilt wird. Man kann daher keinen Verdienstorden oder akademischen Grad erben, sehr wohl aber das Auto des Verstorbenen oder seine Kreditverbindlichkeiten. Das Erbrecht beschäftigt sich somit mit der Frage, wer nach dem Tod des Erblassers vermögensrechtlich an seine Stelle tritt, also sein Gesamtrechtsnachfolger wird. Diese Person nennt man **Erbe**, wobei es unproblematisch möglich ist, dass ein Erblasser mehrere Erben hat. Der Erbe erhält also die gesamte Verlassenschaft oder eine bestimmte Quote (Prozentsatz) und übernimmt nicht nur einzelne Vermögensstücke (Einzelrechtsnachfolge). Allerdings kann der Verstorbene auch bestimmen, dass Personen, die nicht seine Erben sind, einzelne Stücke aus der Verlassenschaft (etwa ein bestimmtes Möbelstück) erhalten sollen. Diese Begünstigten werden **Vermächtnisnehmer** genannt.

2. „Berufungsgründe"

Wer Erbe werden will, braucht einen sogenannten Berufungsgrund, also einen Rechtsgrund, der ihn zum Erben beruft. Dabei ist zwischen gesetzlicher und gewillkürter Erbfolge zu unterscheiden. Die **gewillkürte Erbfolge** (§§ 552 ff ABGB) ermöglicht dem Einzelnen, über sein Vermögen durch die Errichtung eines Testaments oder Vermächtnisses auch im Fall seines Todes zu bestimmen. Diese Testierfreiheit ist Ausfluss der Privatautonomie. Falls jedoch keine Vorkehrungen getroffen wurden, greift als subsidiäre Berufungsgrundlage die **gesetzliche Erbfolge** (§ 727 ff ABGB).

3. Die gesetzliche Erbfolge

Das Gesetz ist der praktisch bedeutendste Berufungsgrund. In Fällen, in denen **keine Vorkehrungen** durch den Erblasser getroffen wurden, gibt das Gesetz darüber Auskunft, wer Erbe werden soll. In den §§ 730 ff AGBG normiert das Gesetz, basierend auf dem hypothetischen Erblasserwillen, wer nach einer Person Erbe wird. Es gilt das **Prinzip der Familienerbfolge**, die Verlassenschaft soll also an die nächsten Angehörigen – die Verwandten und den Ehegatten – gehen, weil das Gesetz die Annahme trifft, dass dies dem Willen des Verstorbenen am ehesten entspreche. Die Verwandten erben dabei nach dem sogenannten Parentelensystem (siehe sogleich), die Erbportion des Ehegatten hängt davon ab, mit welchen Verwandten er konkurriert.

a) Parentelensystem

Das Parentelensystem bestimmt die Reihenfolge, in der die Verwandten erben können, indem sie diese in vier Parentelen kategorisiert (§ 731 ABGB).

Zur **ersten Parentel** gehören die Nachkommen des Erblassers, also seine Kinder und Kindeskinder (§§ 732–734 ABGB; Enkel, Urenkel, etc). Die **zweite Parentel** besteht aus den Eltern des Erblassers und deren Nachkommen (§ 735–737 ABGB; Geschwister des Erblassers, Neffen und Nichten etc). Die **dritte Parentel** besteht aus den Großeltern des Erblassers und deren Nachkommen (§§ 738–740 ABGB; Onkel und Tanten des Erblassers, Cousins und Cousinen etc). Zur **vierten Parentel** gehören die Urgroßeltern des Erblassers, nicht aber deren Nachkommen (§ 741 ABGB; Erbrechtsgrenze). Die Parentelen kommen nacheinander zum Zug, es kann immer bloß eine Parentel erben.

Innerhalb einer Parentel können jedoch mehrere Personen erben, jeder erhält dann eine **Quote** der Verlassenschaft. Das Gesetz geht daher etwa davon aus, dass der Erblasser mehrere Kinder zu gleichen Teilen begünstigen will und lieber seine Kinder als seine Eltern bzw lieber seine Eltern als seine Onkel und Tanten berücksichtigen will. Allgemein gelten somit zwei Regeln:

- Es erbt immer die niedrigste Parentel (also die erste vor der zweiten, die zweite vor der dritten usw). Es können nie mehrere Parentelen nebeneinander erben.
- Innerhalb einer Parentel erben primär die Vorfahren (§§ 732 ff ABGB).

In einem ersten Schritt ist daher immer zu prüfen, welche blutsverwandten Angehörigen des Verstorbenen vorhanden sind. Ist nach diesen Grundsätzen die Parentel gefunden, die erbt, ist die Verlassenschaft innerhalb der konkreten Parentel zu verteilen: In der ersten Parentel erben also primär die Kinder, nicht die Enkel. In der zweiten Parentel primär die Eltern, nicht die Geschwister des Erblassers. In der dritten Parentel primär die Großeltern, nicht Onkel und Tanten oder Cousins und Cousinen des Erblassers. Nur wenn die Stammhäupter nicht zum Zug kommen (das ist insbesondere der Fall, wenn sie schon vor dem Erblasser verstorben sind), treten ihre Nachkommen in ihre Rechtsposition ein und können erben (**Repräsentation**). Wenn keine Nachkommen vorhanden sind, also keine Repräsentation möglich ist, **wächst** die Erbportion des Stammhauptes den übrigen Erben **an**, die Quote dieser Erben erhöht sich um diesen Anteil. Damit zeigt sich eine weitere Regel: Repräsentation geht vor Anwachsung.

Beispiel: Susanne verstirbt und hinterlässt 3 Söhne, Florian, Georg und Herbert.
Die erste Parentel kommt zum Zug, jeder der drei Söhne erhält jeweils ein Drittel der Verlassenschaft (§ 732 ABGB).

Beispiel: Eva hinterlässt ihre Tochter Tanja und ihren Vater Alexander. Tanja hat wiederum eine Tochter, Vera.
Tanja erbt alles, sie gehört der ersten Parentel an und verdrängt somit Alexander, der der zweiten Parentel angehört. Auch innerhalb der ersten Parentel kommt Tanja vor Vera zum Zug (§ 732 ABGB).

Variante: Tanja ist bereits vorverstorben.
Nun erbt Vera das gesamte Vermögen, sie gehört, so wie Tanja, auch der ersten Parentel an und verdrängt deshalb Alexander, die zweite Parentel kommt nicht zum Zug. Innerhalb der ersten Parentel repräsentiert Vera ihre Mutter Tanja, weil diese bereits vorverstorben ist (§ 732 ABGB).

Beispiel: Anton verstirbt. Er hinterlässt einen Sohn Boris sowie eine Tochter Christa. Seine Tochter Daniela ist bereits vorverstorben und hat ihre Tochter Gerda hinterlassen. Christa hat zwei Kinder, Erich und Franz.
In der ersten Parentel erben primär die Kinder des Erblassers, Enkel von noch lebenden Kindern haben kein Erbrecht. Sind mehrere Kinder vorhanden, so teilen sie die Verlassenschaft nach Köpfen (§ 732 ABGB). Ist ein Kind vorverstorben, so erhalten dessen Nachkommen seinen Anteil, sie repräsentieren das vorverstorbene Kind (§ 733 ABGB). Im vorliegenden Fall erhalten also Boris, Christa und Gerda jeweils ein Drittel der Verlassenschaft, Gerda repräsentiert ihre vorverstorbene Mutter Daniela. Erich und Franz gehen leer aus; sie würden bloß erben, wenn Christa nicht mehr leben würde.

Variante: Fall wie oben, bloß dass Daniela keine Tochter hat.
Kann ein vorverstorbenes Kind nicht repräsentiert werden, wächst seine Erbportion den übrigen Erben an. Somit erben Boris und Christa jeweils die Hälfte der Verlassenschaft.

Beispiel: Ernst verstirbt kinderlos und hinterlässt seinen Vater Viktor und seine Schwester Sophie. Seine Mutter Maria ist bereits vorverstorben.
In der zweiten Parentel erben Vater und Mutter des Erblassers je die Hälfte des Vermögens. Sind beide am Leben, kommen ihre Nachkommen nicht zum Zug. Ist ein Elternteil vorverstorben, wird er von seinen Nachkommen repräsentiert (§ 735 ABGB). Nur wenn es nicht zur Repräsentation kommt, weil es keine erbberechtigten Nachkommen gibt, kommt es zur Anwachsung des freien Anteils an den anderen Elternteil. Somit erhalten Viktor und Sophie je die Hälfte der Verlassenschaft, Sophie repräsentiert ihre Mutter.

b) Ehegatte/eingetragener Partner

Aus der bisherigen Betrachtung ist das Erbrecht des Ehegatten/eingetragenen gleichgeschlechtlichen Partners ausgeklammert gewesen. Er ist keiner Parentel zuzuordnen, sondern erbt **neben den Parentelen**. Seine Erbportion hängt davon ab, mit welchen Verwandten aus dem Parentelensystem er konkurriert (§ 744 ABGB). Neben der ersten Parentel (Nachkommen) erbt der Ehegatte ein Drittel der Verlassenschaft. Neben der zweiten Parentel (Eltern und Geschwister des Erblassers) erbt der Ehegatte grundsätzlich zunächst zwei Drittel, außerdem werden die Repräsentations- und Anwachsungssregeln so verändert, dass statt Repräsentanten bzw Anwachsungsberechtigten der Ehegatte zum Zug kommt. Ist ein Elternteil vorverstorben, erhält der Ehegatte des Verstorbenen nämlich auch den Teil, der ansonsten den Geschwistern als Repräsentanten zufallen würde, oder mangels Nachkommen dem anderen Elternteil anwachsen würde. Neben der dritten und vierten Parentel erbt der Ehegatte alles. Diese Regelungen gelten allerdings nicht für Lebensgefährten.

Beispiel: Olga hinterlässt ihre Mutter Paula und ihren Ehemann Richard, sowie ihren Bruder Stefan. Olgas Vater Leo ist bereits vorverstorben.

Neben der zweiten Parentel erbt der Ehegatte zwei Drittel. Da vom verbleibenden Drittel auf die Eltern jeweils ein Sechstel entfällt, erhält Olgas Mutter Paula ein Sechstel. Das übrige Sechstel würde Olgas Vater zufallen, der allerdings bereits vorverstorben ist. Außerhalb des Ehegattenerbrechts würde das Sechstel von Olgas vorverstorbenen Vater Leo ihr Bruder Stefan als Repräsentant erhalten. Wäre Stefan nicht vorhanden, würde das Sechstel Paula anwachsen. Im Ehegattenerbrecht sind allerdings beide Schritte zugunsten des Ehegatten abgeschnitten. Richard erhält somit zwei Drittel und zusätzlich das übrige Sechstel, also fünf Sechstel.

4. Die gewillkürte Erbfolge

Wie bereits erwähnt, setzt das Privatrecht auf die Selbstbestimmung der einzelnen Rechtssubjekte (Privatautonomie). Dies ist auch bei der Bestimmung des Erben so, daher gilt **Testierfreiheit**, das bedeutet, dass der Erblasser durch Errichtung einer letztwilligen Verfügung bestimmen kann, wer sein Vermögen erben soll. Eine gewisse Einschränkung der Testierfreiheit bildet allerdings das **Pflichtteilsrecht**, hiebei handelt es sich um einen Mindestanteil am Vermögen des Verstorbenen, der zwingend bestimmten nahen Angehörigen zukommt (s IV.B.4.c).

a) Letztwillige Verfügungen

Entspricht der hypothetische Wille, der dem Erblasser durch die Regelungen zur gesetzlichen Erbfolge unterstellt wird, nicht dem wirklichen Willen des konkreten Erblassers, so kann dieser eine letztwillige Verfügung errichten und von seiner Testierfreiheit Gebrauch machen. Es gibt zwei Arten von letztwilligen Verfügungen (§ 552 Abs 2 ABGB): **Testamente** und **sonstige letztwillige Verfügungen** (früher auch Kodizill genannt). Für alle letztwilligen Verfügungen gilt dabei ein strenger **Formzwang**, es gibt also detaillierte gesetzliche Regelungen, die besagen, in welcher Form bestimmte letztwillige Verfügungen errichtet werden dürfen (§§ 577 ff ABGB; siehe unten beim Testament). Wird die Form nicht eingehalten, ist die Verfügung ungültig.

Generell ist die Errichtung einer letztwilligen Verfügung ein **vertretungsfeindliches, einseitiges Rechtsgeschäft**. Da letztwillige Verfügungen Willenserklärungen sind, bedarf es zudem der nötigen Geschäftsfähigkeit, um zu testieren. Im Erbrecht spricht man dabei von **Testierfähigkeit** (§§ 566–569 ABGB). Unbeschränkte Testierfähigkeit haben geistig gesunde Volljährige, aber auch mündige Minderjährige können bereits testieren, sie müssen dies allerdings vor Gericht oder Notar tun (§ 569 ABGB, beschränkte Testierfähigkeit). Personen, denen ein Erwachsenenvertreter bestellt wurde, sind nicht schon deswegen testierunfähig. Wenn die dafür nötige Einsichtsfähigkeit gegeben ist, können sie testieren. Außerdem ist es notwendig, dass die Person im Moment der Errichtung ihrer letztwilligen Verfügung auch das Bewusstsein hat, zu testieren (sog ***animus testandi***).

i) Testament

Ein Testament ist eine letztwillige Verfügung, die eine **Erbseinsetzung** enthält. Es werden in einem Testament also eine oder mehrere Personen als Erben bezeichnet, diese treten im Wege der **Gesamtrechtsnachfolge** in die rechtliche Position des Verstorbenen ein. Ein formgültiges Testament verdrängt die gesetzliche Erbfolge (vgl § 727 ABGB). Das Gesetz kennt verschiedene Testamentsformen. Neben öffentlichen Testamenten

(§§ 581–583 ABGB; Errichtung vor Gericht oder Notar) sind praktisch vor allem private Testamentsformen relevant.
Die einfachste Testamentsform ist das **eigenhändige Testament** (§ 578 ABGB). Der Erblasser muss den Text der letztwilligen Verfügung selbst mit der Hand schreiben und die Verfügung am Ende unterschreiben. Hat der Erblasser den Text nicht selbst oder nicht mit der Hand geschrieben, liegt kein eigenhändiges Testament vor. Das Testament kann dann nur als **fremdhändiges Testament** gültig sein (§ 579 ABGB). Dabei muss der Text vom Erblasser mit einem eigenhändig verfassten Zusatz versehen werden, dass die Urkunde seinen letzten Willen enthält (*nuncupatio*), anschließend ist die Verfügung zu unterschreiben. Zusätzlich bedarf es dreier gleichzeitig anwesender Zeugen, deren Identität (Vor-, Nachname sowie Geburtsdatum und Adresse) aus der Urkunde hervorgehen muss. Diese müssen dann mit einem eigenhändig geschriebenen, auf ihre Eigenschaft als Zeugen hinweisenden Zusatz (zB „als Testamentszeuge“) die Urkunde ebenfalls unterschreiben.

Kann ein reguläres (privates oder öffentliches) Testament nicht errichtet werden, etwa weil die Gefahr droht, dass der Erblasser stirbt oder die Testierfähigkeit verliert, bevor er ein reguläres Testament errichten kann, kann er ein **Nottestament** errichten (§ 584 ABGB). Er kann dann mündlich oder fremdhändig vor zwei Zeugen testieren.

Stets gilt, dass die **Zeugen** fähige Zeugen sein müssen (§ 587 ABGB). Sie dürfen insbesondere nicht selbst begünstigt sein, oder in einem Naheverhältnis zu einer begünstigten Person stehen (§ 588 ABGB).

ii) Sonstige letztwillige Verfügung

In einer sonstigen letztwilligen Verfügung wird nicht über das Erbrecht verfügt. Der Erblasser kann darin **einzelne Vermögenspositionen** (zB „das Auto“) hinterlassen. Der Erblasser kann also auch Zuwendungen machen, die keine Erbenstellung begründen, man nennt dies auch **Vermächtnis** (früher auch Legat). Der Begünstigte eines Vermächtnisses wird Vermächtnisnehmer genannt (vgl §§ 647 ff ABGB). Er ist **Einzelrechtsnachfolger** und tritt damit nicht in die gesamte Rechtsposition des Verstorbenen ein, sondern hat nur einen schuldrechtlichen Anspruch gegen auf Herausgabe der konkreten Sache. Auch der Eigentumserwerb richtet sich nach allgemeinem Sachenrecht, so werden zB bewegliche Sachen durch Übergabe erworben. Die soeben beim Testament erörterten Formvorschriften gelten gleichermaßen bei sonstigen letztwilligen Verfügungen.

b) Rechtstellung des Erben

Ob man als Erbe Gesamtrechtsnachfolger oder (wie ein Vermächtnisnehmer) Einzelrechtsnachfolger ist, macht einen erheblichen Unterschied, weil die Gesamtrechtsnachfolge eine Rechtsnachfolge in Rechte und Pflichten des Verstorbenen bedeutet. Erben iSe Gesamtsrechtsnachfolge heißt also auch **haften**. Steht fest, wer der Erbe ist, wird die Verlassenschaft vom Verlassenschaftsgericht mit **Gerichtsbeschluss eingeantwortet**. Das bedeutet, dass der Erbe dadurch *ipso iure* („automatisch“) ebenso Eigentümer der Verlassenschaftssachen wie Gläubiger der Forderungen des Verstorbenen und Schuldner seiner Verbindlichkeiten wird. Sind die Aktiven des Verstorbenen niedriger als die Passiven, ist dies für den Erben sehr gefährlich. Allerdings hat es der Erbe in der Hand, seine Haftung zu gestalten (§ 800 ABGB). Einerseits muss er die Verlassenschaft natürlich überhaupt nicht annehmen, er kann sich des Erbes **entschlagen**. Aber auch wenn er die Verlassenschaft annimmt, also eine Erbantrittserklärung abgibt, hängt die Art der Haftung von der Art der Erbantrittserklärung ab. Gibt der Erbe eine **unbedingte Erbantrittserklärung** ab, haftet er unbeschränkt für alle Verbindlichkeiten des Erblassers mit seinem gesamten Vermögen (§ 801 ABGB). Gibt der Erbe hingegen eine **bedingte Erbantrittserklärung** ab, wird im Verlassenschaftsverfahren ein Inventar aller Vermögenswerte errichtet (§ 802 ABGB). Der Erbe haftet in der Folge dann nur bis zum Wert der übernommenen Aktiven. Bei der bedingten Erbantrittserklärung steigt der Erbe also im schlimmsten Fall mit Null aus.

c) Pflichtteilsrecht

Eine Beschränkung der Testierfreiheit sieht das Pflichtteilsrecht vor. Bestimmte Personen, die dem Erblasser besonders nahestehen, sollen jedenfalls etwas aus der Verlassenschaft erhalten. So soll gewährleistet werden, dass zumindest ein Teil des Vermögens in der Familie bleibt. Pflichtteilsberechtigt sind nach § 757 ABGB der **Ehegatte** und die **Nachkommen** des Erblassers. Der Pflichtteil beträgt die Hälfte (§ 759 ABGB) des gesetzlichen Erbteils (das ist die Portion, die der Pflichtteilsberechtigte erhalten hätte, wenn die gesetzliche Erbfolge zum Zug gekommen wäre).

Beispiel: Ilse hinterlässt ihren Ehemann Josef und ihre Tochter Karin. Ilse hat in einem formgültigen Testament ihrer Freundin Laura ihr Vermögen vermacht.
Gäbe es kein Testament, würde die gesetzliche Erbfolge zur Anwendung kommen. Gemäß der gesetzlichen Erbfolge stünden Josef ein Drittel und Karin zwei Drittel der Verlassenschaft zu. Im vorliegenden Fall wurde jedoch über das Vermögen letztwillig verfügt, weshalb die gesetzliche Erbfolge verdrängt wird. Die gewillkürte Erbfolge wird eingeschränkt durch das Pflichtteilsrecht. Josef erhält ein Sechstel (die Hälfte von einem Drittel) und Karin ein Drittel (die Hälfte von zwei Drittel) des Vermögens als Pflichtteil, Laura erhält die Hälfte des Vermögens aufgrund des Testaments.

Ist der gesetzlich vorgesehene Pflichtteil nach dem letzten Willen des Verstorbenen nicht gedeckt (zB durch Einräumung einer Erbenstellung oder durch Aussetzung eines Vermächtnisses), hat der verkürzte Pflichtteilsberechtigte einen **Geldanspruch** gegen die Verlassenschaft (§§ 761, 763 ABGB).

Eine Entziehung des Pflichtteils (§§ 769–775 ABGB; **Enterbung**) ist nur unter sehr engen Voraussetzungen möglich, etwa dann, wenn der Pflichtteilsberechtigte gegen den Verstorbenen (oder bestimmte nahe Angehörige) eine gerichtlich strafbare Handlung begangen hat, die nur vorsätzlich begangen werden kann und mit mehr als einjähriger Freiheitsstrafe bedroht ist, den wahren Willen des Verstorbenen zu vereiteln versucht (zB indem er ein Testament unterdrückt), dem Verstorbenen schweres seelisches Leid zugefügt hat (zB indem er den Verstorbenen im Notstand hilflos gelassen hat, wiederholt beschimpft oder Psychoterror ausübt), wenn er familienrechtliche Pflichten gegenüber dem Verstorbenen gröblich vernachlässigt (zB die grundlose Ablehnung jeglichen Kontakts) oder wenn er wegen einer mit Vorsatz begangenen strafbaren Handlung zu einer lebenslangen oder 20-jährigen Freiheitsstrafe verurteilt worden ist. Außerdem besteht die Möglichkeit, den Pflichtteil um die Hälfte zu **mindern**, wenn zwischen Erblasser und Pflichtteilsberechtigtem über einen langen Zeitraum kein Naheverhältnis bestanden hat (§ 776 ABGB).

Beispiel: Valerie hinterlässt ihren Vater Andreas und ihre Tochter Sabrina. Sie vermacht durch ein formgültiges Testament ihr gesamtes Vermögen ihrem Lebensgefährten Matthias.
Sabrina steht ein Pflichtteil in Höhe der Hälfte des Vermögens zu (gemäß gesetzlicher Erbfolge hätte sie die gesamte Verlassenschaft geerbt, der Pflichtteil beträgt die Hälfte des gesetzlichen Erbteils). Andreas erbt nicht, weil er als Elternteil nicht pflichtteilsberechtigt ist. Somit hat Sabrina einen Geldanspruch in Höhe der Hälfte der Verlassenschaft, den sie gerichtlich gegen die Verlassenschaft durchsetzen kann.

Variante: Sabrina hat versucht, ihre Mutter Valerie zu ermorden und ist zu einer lebenslangen Freiheitsstrafe verurteilt worden. In diesem Fall kann Sabrina der Pflichtteil entzogen werden. Durch das Begehen einer gerichtlich strafbaren Handlung setzte Sabrina einen Enterbungsgrund.
Beispiel: Markus hinterlässt eine 25-jährige Tochter Lisa. Markus hatte seit der Scheidung von Lisas Mutter vor 20 Jahren keinen Kontakt mehr zu Lisa, davor lebte die Familie zusammen. Er vermacht sein gesamtes Vermögen seinem Arbeitskollegen Gerhard.
Lisa hat einen Pflichtteilsanspruch, ihr steht grundsätzlich die Hälfte der Verlassenschaft zu. Es kommt allerdings eine Minderung des Pflichtteils gem § 776 ABGB um die Hälfte in Betracht. Lisa hat dann nur Anspruch auf ein Viertel der Verlassenschaft. Die restlichen drei Viertel erhält Gerhard (gewillkürte Erbfolge).

V. Grundzüge des Zivilverfahrensrechts

A. Zweck

Das materielle Zivilrecht bestimmt, wann jemand einen zivilrechtlichen Anspruch hat. Wer etwa rechtswidrig und schuldhaft am Körper verletzt wird, hat einen Schadenersatzanspruch (§§ 1293 ff iVm § 1325 ABGB); wer einen wirksamen Kaufvertrag abschließt und vertragsgemäß erfüllt, hat Anspruch auf Zahlung des Kaufpreises (§ 1062 ABGB) usw. Wer einen solchen zivilrechtlichen Anspruch nach materiellem Recht hat, der soll ihn auch durchsetzen können. Diese **Rechtsdurchsetzung** wird vom Zivilprozessrecht geregelt. Denn häufig kommt es zwischen den beteiligten Personen zum Streit darüber, ob der Anspruch wirklich besteht. Der Schädiger wird behaupten, an der Verletzung nicht schuld zu sein, der Käufer wird einwenden, die gelieferte Sache sei mangelhaft etc. Es zählt zu den fundamentalen Prinzipien einer entwickelten Rechtsordnung, dass in einer solchen Situation der Betroffene sich sein Recht grundsätzlich nicht eigenmächtig verschaffen kann (**Verbot der Selbsthilfe**, § 19 ABGB). Vielmehr ist er zur Rechtsdurchsetzung auf ein staatliches Verfahren angewiesen. In diesem Verfahren stehen sich der Kläger und der Beklagte gegenüber. Zweck des Verfahrens ist die bindende Entscheidung über streitige Rechte und damit die **Wiederherstellung des Rechtsfriedens**. Am Ende steht also eine Entscheidung darüber, ob der Schadenersatzanspruch oder der Anspruch auf Kaufpreiszahlung wirklich besteht. Trotz der wichtigen Funktion, die dem Zivilprozess damit zukommt, sollte er – wegen des belastenden Einflusses auf die Beziehung der Prozessparteien und der potentiell hohen Kosten – stets das letzte Mittel (*ultima ratio*) der Streitbeilegung sein.

B. Rechtsquellen

Die zentrale Rechtsquelle des Zivilprozessrechts ist die **Zivilprozessordnung** (ZPO) aus dem Jahr 1895. Sie wurde von *Franz Klein* in Weiterentwicklung der deutschen

ZPO maßgebend geprägt und regelt insbesondere den Ablauf des Verfahrens. Die Zuständigkeit der Gerichte (s sogleich) ist hingegen in der **Jurisdiktionsnorm** (JN) geregelt, wobei bei grenzüberschreitenden Angelegenheiten europäische und internationale Rechtsquellen zur Anwendung kommen. Die zwangsweise Durchsetzung von Gerichtsentscheidungen (Zwangsvollstreckung) wird hingegen in der **Exekutionsordnung** (EO) geregelt. Reicht das Vermögen einer Person nicht mehr aus, um alle ihre Schulden zu begleichen, ist sie insolvent. Dafür sieht die Rechtsordnung Sonderregeln in der **Insolvenzordnung** (IO) vor, nach denen das gesamte Vermögen verwertet und quotenmäßig an die Gläubiger verteilt wird.

C. Die ordentliche Zivilgerichtsbarkeit

Zur Entscheidung über Streitigkeiten zwischen den Parteien eines Zivilprozesses sind die **ordentlichen Gerichte** berufen. Diese sind mit weisungsfreien (Art 87 B-VG) und gegen ihren Willen grundsätzlich unabsetzbaren und unversetzbaren (Art 88 B-VG) Richtern besetzt. Diese verfassungsmäßigen Garantien gewährleisten eine **unabhängige und unparteiliche Justiz** und gelten für alle Gerichtstypen, somit für den Obersten Gerichtshof (OGH) gleichermaßen wie für Oberlandesgerichte (OLG), Landesgerichte (LG) und Bezirksgerichte (BG).

1. Zuständigkeiten

Wer einen Anspruch in einem Zivilprozess durchsetzen will, muss seine Klage beim „richtigen", also beim zuständigen Gericht einbringen. Dabei ist die **sachliche Zuständigkeit**, die regelt welcher Gerichtstyp zuständig ist, von der **örtlichen Zuständigkeit** zu unterscheiden, die regelt an welchem Ort die Klage einzubringen ist. Örtlich zuständig ist regelmäßig das Gericht am Wohnort bzw gewöhnlichen Aufenthalt des Beklagten (allgemeiner Gerichtsstand, § 66 JN). Daneben gibt es zahlreiche Sonderregeln. So ermöglichen Wahlgerichtsstände Klagen am Erfüllungsort eines Vertrages (§ 88 JN), am Ort der gelegenen Sache (§ 91 JN) oder am Ort der Schadenszufügung (§ 92a JN). Die sachliche Zuständigkeit richtet sich hingegen im Regelfall nach dem Streitwert der Angelegenheit (§§ 49 ff JN).

Für „geringere" Streitigkeiten (Streitwert bis EUR 15.000) sind in **erster Instanz** grundsätzlich die Bezirksgerichte sachlich zuständig, für über der Streitwertgrenze liegende Angelegenheiten die Landesgerichte. In Wien gibt es für Klagen aus unternehmensbezogenen Geschäften gegen ins Firmenbuch eingetragene Unternehmer ein eigenes Bezirksgericht für Handelssachen (BGHS) und ein eigenes Handelsgericht (HG); in den anderen Bundesländern entscheiden die BG bzw LG auch „in Handelssachen". Es gibt dabei 18 Landesgerichte, wobei sich in jeder Landeshauptstadt eines befindet (außer in Vorarlberg: LG Feldkirch).

Beispiel: Bert aus Bregenz wird bei einem Verkehrsunfall in Linz von Lukas aus Linz verletzt. Da sich Lukas weigert, Schmerzengeld zu bezahlen, klagt Bert seinen Anspruch iHv EUR 30.000 ein. Sachlich zuständig ist hier das Landesgericht, weil der Streitwert (EUR 30.000) über der Streitwertgrenze liegt. Örtlich zuständig ist grundsätzlich das Gericht am allgemeinen Gerichtsstand des Beklagten, der in Linz liegt. Die Klage muss somit beim LG Linz eingebracht werden.

2. Gerichtsbesetzung

Die Gerichtsbarkeit wird bei den Bezirksgerichten stets durch **Einzelrichter** ausgeübt (§ 5 JN).
Sind die Landesgerichte in erster Instanz zuständig, entscheiden grundsätzlich ebenfalls Einzelrichter. In zweiter Instanz entscheiden bei den Landesgerichten und Oberlandesgerichten stets **Senate** (§§ 7 Abs 1, 8 JN). Der OGH entscheidet im Regelfall im einfachen Senat mit fünf Richtern. Über Rechtsfragen von grundsätzlicher Bedeutung, bei einem Abgehen von der bisherigen ständigen Rechtsprechungslinie oder von einer zuletzt ergangenen Entscheidung eines **verstärkten Senats** oder sofern in dieser Rechtsfrage keine einheitliche Judikatur des OGH existiert, entscheidet ein verstärkter Senat mit elf Richtern (§ 8 OGHG).

D. Verfahrensablauf

Partei eines Zivilprozesses kann jeder sein, der parteifähig ist. Die Parteifähigkeit ist das Pendant zur Rechtsfähigkeit, parteifähig ist also jeder, der Träger von Rechten und Pflichten ist. Wer im Prozess auch selbst oder durch frei gewählten Vertreter handeln kann, ist **prozessfähig** (§ 1 ZPO). Nicht prozessfähig sind damit juristische Personen, aber auch minderjährige oder geistig beeinträchtigte Personen. Die Prozessfähigkeit entspricht daher der zivilrechtlichen Geschäftsfähigkeit. Nicht jeder, der prozessfähig ist, soll aber in jedem Verfahren auch allein handeln können (also postulationsfähig sein). Zum Schutz der Parteien sieht die Rechtsordnung ab einem Streitwert von EUR 5.000 nämlich **Anwaltspflicht** vor (§ 27 ZPO). Parteien müssen sich daher durch einen Rechtsanwalt vertreten lassen.
Wie im materiellen Recht hat auch im Prozess die Privatautonomie große Bedeutung. Zentraler Grundsatz im Zivilprozess ist daher der **Dispositionsgrundsatz**, demzufolge ein Zivilprozess ohne Ausnahme **nur auf Antrag** eingeleitet wird („Wo kein Kläger, da kein Richter“), was im Gegensatz zur Offizialmaxime im Verwaltungsverfahrens- und im Strafprozessrecht steht. Der Zivilprozess beginnt daher mit der Einbringung einer Klage bei Gericht. Das Gericht prüft, ob es für die Klage zuständig ist und ob die Klage den Vorschriften der ZPO entspricht (zB bei Anwaltspflicht von einem Rechtsanwalt unterschrieben wurde). Fehlen Voraussetzungen, wird die Klage zurückgewiesen. Wenn alle Voraussetzungen erfüllt sind, stellt das Gericht die Klage dem Beklagten zu. Dieser hat 4 Wochen Zeit, um die Klagebeantwortung zu erstatten. Danach wird eine vorbereitende Tagsatzung anberaumt, bei der das Gericht die Sach- und Rechtslage erörtert, Vergleichsversuche unternimmt und das Prozessprogramm festlegt, das in den nächsten Tagsatzungen („mündliche Streitverhandlung“) abgearbeitet wird (§ 258 ZPO). Im bezirksgerichtlichen Verfahren gibt es keine Klagebeantwortung, der Beklagte wird in der vorbereitenden Tagsatzung gehört.
Damit zeigt sich eine wesentliche Anforderung an den Zivilprozess. Die aus Art 6 EMRK resultierende **Garantie des „fair trial“** verlangt unter anderem, dass jede Partei ausreichend **rechtliches Gehör** (Gelegenheit zur Stellungnahme) hat.

Bemerkenswert ist, dass die mündlichen Verhandlungen grundsätzlich öffentlich sind, also von jedermann besucht werden können. Das passiert zwar nicht häufig, ist aber eine wesentliche rechtsstaatliche Errungenschaft, weil so der geheimen Kabinettsjustiz ein Riegel vorgeschoben wurde. **Öffentlichkeit** der Verhandlung ist natürlich nur dann sinnvoll, wenn das Publikum verstehen kann, worum es geht. Die Verhandlung ist daher auch mündlich.

Inhalt dieses Verfahrens erster Instanz ist nicht primär die Lösung von Rechtsfragen, sondern die Ermittlung dessen, was tatsächlich geschehen ist. Dazu führt das erstinstanzliche Gericht ein **Beweisverfahren** durch. Es gibt 5 Beweismittel:

- Urkunden, also schriftliche Dokumente (zB Vertragsurkunde, Briefe)
- Zeugen, die über ihre Wahrnehmungen aussagen sollen („war die Ampel rot?")
- Sachverständige, also Experten, die nicht nur über ihre Wahrnehmungen aussagen („wie lang war die Bremsspur?"), sondern daraus auch Schlussfolgerungen ziehen sollen („wie schnell war das Auto daher?")
- Augenschein, also die Besichtigung von Orten, Gegenständen oder Personen („Lokalaugenschein am Unfallort")
- die Parteien selbst, die am Geschehen ja am nächsten dran sind.

Der Richter hat erhebliche Einflussmöglichkeiten auf die Gestaltung des Verfahrens. Es gilt der **Kooperationsgrundsatz**, nach dem der Richter mit den Parteien gemeinsam den Prozess gestaltet, nicht der Beibringungsgrundsatz, bei dem der Richter wie etwa im angloamerikanischen Prozess „Zuschauer" ist. Wann der Richter welche Beweismittel aufnimmt, obliegt daher weitgehend ihm.

Im Beweisverfahren gilt der **Grundsatz der Unmittelbarkeit** (§ 276 ZPO): Der Richter muss alle Beweise selbst aufnehmen und nach seiner Beweisaufnahme das Urteil selbst fällen (§ 412 ZPO). Dies ist selbstverständlich, wenn man bedenkt, dass der Richter die Beweise nach freier Überzeugung zu würdigen hat (§ 267 ZPO). Die **freie Beweiswürdigung** unterwirft den Richter anders als gebundene Beweisregeln („aus zweier Zeugen Mund, wird alle Wahrheit kund") keinen besonderen Regeln. Er hat nach eigener Überzeugung festzustellen, was er für wahr hält. Zwischen den Aussagen zweier Zeugen kann man sich aber meist nur entscheiden, wenn man beide Zeugen selbst gehört hat und sich dadurch eine Meinung bilden konnte. Die große Verantwortung der freien Beweiswürdigung geht mit einer **Begründungspflicht** einher, weil freie Beweiswürdigung nicht mit Willkür zu verwechseln ist. Außerdem schreibt das Gesetz vor, dass der Richter mit hoher Wahrscheinlichkeit davon überzeugt sein muss, dass etwas sich so ereignet hat, damit er davon ausgehen darf (es „feststellen" darf). Dieser Standard wird **Beweismaß** genannt. Wird der Standard nicht erreicht, trifft der Richter eine Negativfeststellung („es kann nicht festgestellt werden, ob der Beklagte schneller als 30 km/h gefahren ist"). Solche Beweislosigkeit ist aber keine Entscheidungslosigkeit. Es greifen die Beweislastregeln ein (s II.C.2.e).

Sind alle Beweise aufgenommen, fällt der Richter seine Entscheidung. Entscheidungen in der Sache selbst werden in **Urteilsform** gefällt, sonstige Entscheidungen in Form des **Beschlusses** (zB Zurückweisung der Klage wegen Unzuständigkeit).

Gegen die Entscheidung eines Gerichts in erster Instanz steht den Parteien im Regelfall ein **Rechtsmittel** zu, wobei ein dreigliedriger Instanzenzug typisch ist. Als **zweite Instanz** ist nach dem Bezirksgericht das übergeordnete Landesgericht, wenn aber das Landesgericht erste Instanz war, das übergeordnete Oberlandesgericht vorgesehen. Oberlandesgerichte befinden sich in Wien, Graz, Linz und Innsbruck. Unter bestimmten Voraussetzungen (Rechtsfragen von erheblicher Bedeutung) kann dann der **Oberste**

Gerichtshof als dritte und **letzte Instanz** angerufen werden. Im Rechtsmittelverfahren gilt das **Neuerungsverbot**. Danach müssen die Parteien alles, was für sie nützlich ist, bereits in der ersten Instanz in das Verfahren einbringen. Spätere Beweisanbote bleiben unberücksichtigt. So wird eine Verfahrenskonzentration erreicht.

E. Wirkungen einer rechtskräftigen Entscheidung

Wenn in einem Verfahren eine Entscheidung (Urteil oder Beschluss) ergeht, gibt es grundsätzlich die Möglichkeit der **Überprüfung dieser Entscheidung** durch ein übergeordnetes Gericht (zu den Instanzenzügen s.o.), indem eine der Parteien innerhalb einer bestimmten Frist ein Rechtsmittel erhebt.
Ist gegen eine Entscheidung kein Rechtsmittel mehr zulässig oder ist die Rechtsmittelfrist schon abgelaufen, wird die Entscheidung **rechtskräftig**. Grundsätzlich ist die Rechtssache dann endgültig entschieden. Weigert sich eine Partei, der Entscheidung Folge zu leisten, kann die Entscheidung mit den Mitteln des **Exekutionsrechts** zwangsvollstreckt werden.

Gerichtsurteile wirken aber nur zwischen den Parteien, nicht hingegen gegenüber anderen Personen. § 12 ABGB meint dazu, dass Urteile „nie die Kraft eines Gesetzes" haben. Dies bedeutet auch, dass ein **Gericht nicht an bereits ergangene Urteile** anderer Gerichte in ähnlichen Rechtsstreitigkeiten (*Präjudizien* in Präzedenzfällen) **gebunden** ist. Dies unterscheidet das österreichische Recht vom **case law** englischer Prägung, in dem eine Bindung an die Entscheidungsgründe von Präzedenzfällen vorgesehen ist (*stare decisis*). Dass freilich auch in Österreich nach möglichster Rechtseinheit, Rechtssicherheit und Vorhersehbarkeit sowie Gleichbehandlung gestrebt wird, zeigt schon § 8 OGHG. Demzufolge hat bei Abgehen von der bisherigen stRsp des OGH in Grundsatzfragen ein verstärkter Senat zu entscheiden.

VI. Historische Grundlagen des Zivilrechts

A. Römisches Recht

1. Einleitung

Wer sich mit Rechtswissenschaft beschäftigt, stößt – insbesondere im Privatrecht – alsbald auf lateinische Formulierungen. Die *traditio brevi manu* (Übergabe kurzer Hand), die *condictio indebiti* (Leistungskondiktion wegen Zahlung einer Nichtschuld) oder Schadenersatzansprüche *ex contractu* oder *ex delicto* (vertraglich und deliktisch) sind nur einige wenige Beispiele dafür. Bemerkenswert ist, dass diese antiken Begriffe Rechtsprobleme bezeichnen, die sich auch im geltenden Recht – oft ganz unverändert – finden (unsere Beispiele in §§ 428, 1431, 1295 Abs 1 ABGB).

Auch an lateinischen Rechtsgrundsätzen herrscht kein Mangel: *nemo plus iuris transferre potest quam ipse habet* (§ 442 ABGB: „Überhaupt kann niemand einem andern mehr Recht abtreten, als er selbst hat"); ein Zurückbehaltungsrecht steht nur an Sachen zu, die *nec vi, nec clam, nec precario* erworben wurden (§ 1440 ABGB: Eigenmächtig oder listig entzogene, entlehnte, in Verwahrung oder in Bestand genommene Stücke sind überhaupt kein Gegenstand der Zurückbehaltung). In der Methodenlehre (1. Teil VII.B.) ist von Derogationsgrundsätzen zu lesen, die als „lex posterior derogat legi priori“ und „lex specialis derogat legi generali“ beschrieben werden, das ältere Gesetz (*lex prior*) wird also vom jüngeren Gesetz (*lex posterior*) aufgehoben. Dasselbe gilt für das Verhältnis von genereller (*lex generalis*) und spezieller Norm (*lex specialis*). Ein weiteres – freilich nicht klassisch-römisches – Beispiel ist der Grundsatz, dass Verträge einzuhalten sind (*pacta sunt servanda*).

Viele Rechtsordnungen nahmen sich das **antike römische Recht** zum **Vorbild**; außer dem österreichischen ABGB etwa das deutsche BGB und das Schweizer ZGB, aber auch der französische Code Civil. Insgesamt kann man sagen, dass alle europäischen Rechtsordnungen – mit Ausnahme der englischen – vom römischen Recht mehr oder weniger deutlich beeinflusst wurden. Weitere Rechtsordnungen haben sich wiederum diese europäischen Gesetze zum Vorbild genommen, sodass das römische Recht seinen Siegeszug bis in die Türkei, nach Thailand, China oder Japan angetreten hat.

Der außerordentliche Einfluss dieser antiken Normen erklärt sich dabei schlicht durch ihre außerordentliche Qualität. Auf einer abstrakten, vom Einzelfall losgelösten Ebene ist es zum ersten Mal den römischen Juristen gelungen, viele Interessenkonflikte (also Rechtsprobleme, Prozesse) durch allgemeine Regeln sachgerecht zu lösen und eine systematische Rechtsordnung auf diesen Lösungen aufzubauen.

2. Altrömisches Recht

Das Wort *ius* bezeichnet ursprünglich die Gerichtsstätte. Das älteste Recht war noch nicht schriftlich aufgezeichnet; es galt als präexistent, von den Göttern vorgegeben und wurde von den Priestern (*pontifices*) im Einzelfall erkannt und festgestellt.

Im Zuge des Ständekampfes verlangte um ca 450 vChr (nach der Überlieferung 462 vChr) die aufständische Plebs die Aufzeichnung des geltenden Rechts. Dies mündete in die Zwölf-Tafel-Gesetze. Das Werk war nicht systematisch aufgebaut; die behandelten Materien reichen vom Zivilprozess- über Familien- und Erbrecht, Vermögensrecht und Deliktsrecht bis zum Sakralrecht. Eingehend geregelt werden die Ladung vor Gericht und die Vollstreckung des Urteils. Die 12 Tafeln wurden formell nie außer Kraft gesetzt.

3. Spätere Privatrechtsgesetzgebung

Das römische Gesetz (*lex publica*) wurde zu Zeiten der Republik auf Antrag eines Magistrats in der Volksversammlung beschlossen. Seit der *Lex Hortensia* (267 vChr) hatten auch Beschlüsse der Plebs (*plebis cita*) gesetzesgleiche Geltung für das Gesamtvolk. Je nach Zählweise wurden in den folgenden 5 Jahrhunderten nach den 12 Tafeln nur zwischen 25 und 30 Privatrechtsgesetze erlassen, die sich durchwegs auf die Regelung eng begrenzter Einzelfragen beschränken. Es handelt sich zB um Luxusgesetze, das Verbot von Glücksspiel, Beschränkungen von Schenkungen, Kredit- und Wuchergesetze, etc.

Mit der Errichtung der Monarchie durch Augustus (27 vChr) geriet die Einberufung von Volksversammlungen außer Übung. Am Ende des 1. Jahrhunderts wurde der Senat als ordentlicher Gesetzgeber angesehen. Im Prinzipat finden wir daneben auch die unmittelbare Rechtserzeugung durch Kaiserkonstitutionen (*constitutiones*).

4. Die Rolle des Prätors

Seit dem 4. Jahrhundert vChr stand den beiden Konsuln ein Prätor als *collega minor* zur Seite. Dieser war Gehilfe und Vertreter der Konsuln, erlangte jedoch vor allem eine besondere Zuständigkeit für das Gerichtswesen. Zu Beginn seines Amtsjahres verkündete der Prätor in einem Edikt, nach welchen Grundsätzen er die Gerichtsbarkeit auszuüben und welche konkreten Rechtsbehelfe (Klagen, Einreden) er zu gewähren gedenkt. Dadurch hatte der Prätor die Möglichkeit zur behutsamen Rechtsfortbildung. Erst Kaiser Hadrian beauftragte um 130 nChr den Juristen Julian mit der abschließenden Redaktion des prätorischen Edikts (*edictum perpetuum*).

Jeder römische Zivilprozess begann vor dem Prätor. Von ihm erhielten die Parteien die Prozessformel, die das Streitprogramm festlegte. Gleichzeitig bestellte der Prätor den Richter (*iudex*), der aufgrund dieses Programms den Prozess durchzuführen und zu entscheiden hatte.

Das vom Prätor geschaffene Recht wird auch als Amtsrecht (*ius honorarium*) bezeichnet.

5. Die römischen Juristen

Die Ursprünge der römischen Rechtswissenschaft liegen bei den *pontifices*. Lange blieb die Jurisprudenz ein **Monopol der Senatsaristokratie**. Rechtsberatung wurde unentgeltlich erteilt, konnte jedoch politischen Einfluss bei der Bewerbung um hohe Staatsämter sichern. In der spätklassischen Zeit (ab Ende des 2. Jahrhunderts nChr) entstammen die Juristen in der Regel dem Ritterstand. Sie sind völlig in den Staatsdienst integriert und durchlaufen eine Beamtenlaufbahn.

Die Rechtswissenschaft der späten Republik und der Prinzipatszeit werden als „klassisch" bezeichnet. Kennzeichnend sind die knappe, klare und elegante Sprache und die treffsichere Problemlösung. In der klassischen Periode widmen sich Juristen weniger der Verfassung von Urkunden (dies besorgen juristisch bewanderte Schreiber) und der Prozessvertretung (die den Rhetoren überlassen wird), sondern vor allem dem Unterricht und der Beratung von Magistraten und Richtern. Die bedeutendste Funktion besteht in der Erteilung quasi amtlicher Rechtsgutachten (*responsa*). Seit Augustus wurde herausragenden Juristen das Recht verliehen, im Namen des Kaisers *responsa* zu erteilen (*ius respondendi*). Diese *responsa* waren für den Richter zumindest faktisch verbindlich.

Im Mittelpunkt der Rechtliteratur stehen Fallsammlungen, sog *responsa*, daneben auch *quaestiones* oder *disputationes* (Erörterung echter oder hypothetischer Fälle mit den Schülern). Als dritte Literaturgattung ist die Elementarliteratur anzuführen. Dazu gehören die *commentarii* (auch *institutiones* = Anfangsgründe) des *Gaius* (Mitte 2. Jahrhundert nChr). Es handelt sich um ein systematisches Anfängerlehrbuch des Privatrechts in 4 Büchern. Es ist das einzige klassische Juristenwerk, das annähernd vollständig überliefert ist. Das Werk ist in 3 Teile (*personae, res, actiones*) geteilt, wobei die Gliederung auch in neueren Privatrechtskodifikationen noch nachwirkt. Durch Vermittlung der Institutionen *Justinians*, die sich weitgehend an sein Werk anlehnten, haben die institutiones des *Gaius* Rechtsunterricht und Kodifikation des Privatrechts entscheidend beeinflusst.

6. Nachklassische Rechtsentwicklung

Im 3. und 4. Jahrhundert nChr ist ein Niedergang der Jurisprudenz zu verzeichnen. Man spricht von einer **Vulgarisierung des Rechtsdenkens**. So wird mitunter die Unterscheidung von Eigentum und Besitz oder die Trennung zwischen Verpflichtungsgeschäft (zB Kauf) und Verfügungsgeschäft (Übergabe) aufgegeben und teilweise ist auch eine Beeinflussung durch hellenistisches Rechtsdenken feststellbar. Positiv hervorzuheben sind die größere Volksnähe, die Aufgabe obsoleter Rechtsinstitute (zB *mancipatio, in iure cessio*), oder die Erweiterung der Vertragsfreiheit.

Nach dem Untergang des weströmischen Reiches (476 nChr) nahmen Germanenkönige weströmisches Vulgarrecht in ihre Gesetzgebungsakte auf. Die älteste germanische Aufzeichnung römischen Vulgarrechts erfolgte unter dem Westgotenkönig *Theoderich II.* (453–466 nChr, sog Edictum Theoderici). Um 506 nChr erließ der Westgotenkönig *Alarich II.* die *Lex Romana Visigothorum* (auch *Breviarium Alarici*) für die römische Bevölkerung Südfrankreichs.

533 nChr wurden die über Auftrag Kaiser *Justinians* (527–565 nChr) zusammengestellten **Digesten** veröffentlicht. Dabei handelt es sich um ein Sammelwerk klassischen Juristenrechts auf Grundlage einer Auswahl durch eine Kommission. Die Kommission bestand aus 6 Professoren, denen 11 Anwälte assistierten. Insgesamt wurden etwa 2000 Bücher klassischer Juristenschriften (jeweils 10.000 Worte) aus einem mehrere Jahrhunderte umfassenden Zeitraum bearbeitet und auf etwa 1/20 ihres Umfangs reduziert. Die gewonnenen über 9000 Exzerpte wurden auf 50 Bücher und innerhalb dieser auf 430 Sachtitel verteilt. Die Sammlung erhielt den Titel *digesta* (griechisch *pandektai,* latinisiert *pandectae*).

Außerdem wurde über Auftrag Justinians ein autorisiertes Lehrbuchs für Studienanfänger (die Institutionen) verfasst.

Der *Codex Iustinianus* in Kraft ist eine chronologische Sammlung von Kaiserkonstitutionen. Spätere Einzelgesetze *Justinians* sind überwiegend in griechischer Sprache abgefasst und in Privatsammlungen als sog Novellen (*novellae leges*) überliefert.

Seit dem 16. Jahrhundert werden *Institutionen*, *Digesten* und *Codex* sowie die Novellen zusammenfassend als **Corpus Iuris Civilis** bezeichnet.

7. Grundbegriffe des Sachenrechts

Für das ältere römische Recht ist die Unterscheidung zwischen *res mancipi* und *res nec mancipi* wichtig. Zu ersteren gehören italische Grundstücke, die zu ihren Gunsten bestellten Feldservituten, Sklaven sowie Ochsen, Pferde, Maulesel und Esel. Es handelt sich dabei um die wichtigsten landwirtschaftlichen Produktionsmittel der ältesten Zeit. Diese können nur auf sehr formale Weise durch *mancipatio* oder *in iure cessio* übertragen werden. Diese Rechtsakte sind nur römischen Bürgern zugänglich.

Daneben kennt das römische Recht bereits die Unterscheidung zwischen beweglichen und unbeweglichen, verbrauchbaren und nicht verbrauchbaren, vertretbaren und nicht vertretbaren, teilbaren und unteilbaren sowie einfachen und zusammengesetzten Sachen.

Scharf wird von den römischen Juristen der **Besitz** (*possessio*) vom **Eigentum** (*dominium, proprietas*) geschieden. Ersterer sei eine rein faktische, keine rechtliche Angelegenheit. Das klassische Recht unterscheidet zwei Haupttypen des Besitzes:

Die *possessio civilis (possessio ex iusta causa)* ist der Besitz, der auf einem gültigen Erwerbsgrund beruht. Dieser Besitz bildet die Grundlage des Eigentumserwerbs durch Ersitzung (*usu-capio*).

Die *possessio ad interdicta* (*iusta possessio*) ist der vom Prätor durch vorläufigen Rechtsschutz geschützte Besitz. Es kommt nicht darauf an, ob der Besitz auf einem gültigen Titel beruht, sondern nur darauf, dass dieser nicht gewaltsam, heimlich oder aufgrund einer bloßen Bittleihe (*vi, clam* oder *precario*) erlangt wurde.

Der römische Eigentumsbegriff ist das Produkt einer längeren Entwicklung der römischen Rechtswissenschaft. Ursprünglich war nur von „*meum esse*", also „mir gehören" die Rede. Erst am Ende der Republik findet sich die technische Bezeichnung *dominium* oder *proprietas*.

8. Eigentumserwerb und Eigentumsschutz

Die ***mancipatio*** ist ein förmlicher Erwerbsakt, ein sog *negotium per aes et libram* (Geschäft durch Kupfer und Waage, Libralakt): Vor einem Waagehalter (*libripens*) und 5 Zeugen ergreift der Erwerber eine *res mancipi* und spricht dazu die Formel, dass die betreffende Sache nach dem Recht römischer Bürger ihm gehöre. Der Veräußerer schweigt zu dieser Behauptung und nimmt den vom *libripens* zugewogenen Kaufpreis entgegen. Das Geschäft ist daher zunächst auf den Barkauf zugeschnitten. Später wird der Preis nicht mehr zugewogen, sondern der Erwerber klopft mit einer symbolischen Münze (*nummo uno*) an die Waage.

Erst später entwickeln die Juristen die Unterscheidung zwischen Verpflichtungs- und Verfügungsgeschäft. Die *mancipatio* ist ein abstraktes Verfügungsgeschäft; durch sie geht das Eigentum auch dann über, wenn keine gültige Causa zugrunde liegt.

Die ***in iure cessio*** (Abtretung vor Gericht) ist ein dem Eigentumsprozess der *legis actio sacramento in rem* nachgeformtes Rechtsgeschäft. Der Veräußerer sucht mit der Sache und dem Erwerber den Prätor auf, dort spricht der Erwerber die Klageformel, wonach diese Sache nach dem Recht römischer Bürger ihm gehöre. Der Verkäufer schweigt dazu und anerkennt damit den Eigentumsanspruch des Erwerbers. Daraufhin spricht der Prätor durch *addictio* das Eigentum zu.

Beide Übertragungsakte waren in der klassischen Zeit bereits weitgehend von der formlosen Übergabe (*traditio*) verdrängt worden.

Voraussetzung für den Eigentumserwerb durch *traditio* ist das Eigentum oder die Veräußerungsbefugnis des Veräußerers sowie eine *iusta causa* (auch *iustus titulus*), also ein tauglicher Rechtsgrund.

Originären Eigentumserwerb kennt das römische Recht im Fall der Ersitzung (*usucapio*), durch Aneignung (*occupatio*), in bestimmten Fällen beim Fruchterwerb durch Verbindung, Vermischung und Vermengung sowie durch Verarbeitung, nicht aber durch gutgläubigen Erwerb von Nichtberechtigten (Vindikationsgrundsatz – *ubi rem meam invenio, ibi vindico:* Wo ich meine Sache finde, verlange ich sie heraus). Eine Ausnahme von diesem Grundsatz findet sich in nachklassischen Gesetzen nur hinsichtlich des Erwerbs vom Staat.

Dem **Schutz des Eigentums** dient die *rei vindicatio*; hier muss der Kläger sein ziviles Eigentum beweisen. Hervorzuheben ist, dass im klassischen Formularprozess nicht Naturalrestitution erzwungen werden kann; es gibt nur Verurteilungen zur Geldzahlung (*omnis condemnatio pecunaria est*). In entwicklungsgeschichtlicher Sicht ist hervorzuheben, dass das römische Recht relativ früh einen allgemeinen abstrakten Eigentumsschutz entwickelte, während das germanische Recht diesen an „handfeste" Tatbestände wie Diebstahl, etc knüpfte.

Dem **Schutz des Ersitzungsbesitzers** dient die *actio Publiciana*; eine prätorische Schöpfung des 1. Jahrhunderts vChr. Sie gibt demjenigen einen Herausgabeanspruch, der eine Sache *ex iusta causa* erworben hat, dem zum Erwerb des Eigentums aber der Ablauf der Ersitzungsfrist fehlt. Anwendungsfeld sind einerseits der gutgläubige Erwerb einer Sache von einem Nichtberechtigten, andererseits der Erwerb einer *res mancipi* vom zivilen Eigentümer durch bloße *traditio*.

Mit der **Eigentumsfreiheitsklage** (*actio negatoria*) geht der Eigentümer eines Grundstückes gegen denjenigen vor, der ein Recht zur Einwirkung auf die Sache beansprucht (zB durch Servitut) und damit die Ausübung seines vollen Eigentumsrechts beeinträchtigt.

9. Dingliche Sicherungsrechte

Die Rechtsdurchsetzung erfolgt in älterer Zeit durch Personalvollstreckung: Der Schuldner wird vom Gläubiger in Haft genommen, bis die Schuld bezahlt wird. Später tritt an die Stelle der Personalvollstreckung die Vermögensexekution, und zwar regelmäßig in Form der Gesamtvollstreckung, also eine Art Konkursverfahren.

An dinglichen Sicherungsrechten kennt das römische Recht die **Sicherungsübereignung** (*fiducia cum creditore contracta*), bei der eine Sache durch *mancipatio* oder *in iure cessio* in das zivile Eigentum des Gläubigers übertragen wird und dieser sich bei Nichtbezahlung der Schulden daraus befriedigen darf, und das **Pfandrecht** (*pignus*).

Hervorzuheben ist, dass das Pfand nicht notwendig mit dem Besitz der verpfändeten Sache verbunden war (Faustpfand). Wenngleich das Besitzpfand wohl am Anfang der Entwicklung stand, führten wirtschaftliche Überlegungen (Gebrauch und Nutzung der verpfändeten Sache sollten dem Schuldner erhalten bleiben) zur Anerkennung des besitzlosen Pfandes. Das Wort *pignus* bezeichnet beide Formen; daneben findet sich auch unter dem Einfluss der griechisch-sprachigen Ostprovinzen der Ausdruck *hypotheca* für das besitzlose Pfand.

10. Obligationenrecht

a) Allgemeines

Nach der berühmten Definition des Juristen *Paulus* besteht das Wesen der Obligationen nicht darin, dass es einen Gegenstand zum unseren oder eine Servitut zur unseren macht, sondern dass es einen anderen für uns bindet, etwas zu geben oder zu tun oder zu gewährleisten. Unter dem Wort *obligatio* verstehen römische Juristen stets ein **Forderungsrecht**. Charakteristisch ist die Formulierung in den Institutionen *Justinians*, wonach die Obligation ein rechtliches Band ist, durch das wir zwangsweise gebunden werden, eine Sache zu leisten.

Zumindest bis zur Spätklassik wurde die Forderung des Gläubigers nicht von der Klagemöglichkeit (*actio*) getrennt gesehen. Man spricht deshalb auch vom „aktionenrechtlichen" Denken im römischen Recht. Dass hinter der Klagemöglichkeit als materiellrechtliches Element der Anspruch steht, wurde – wenngleich sich Ansätze in diese Richtung schon im römischen Recht zeigen lassen – erst im 19. Jahrhundert durch *Windscheid* entdeckt.

Hervorzuheben ist, dass das römische Recht keine direkte Stellvertretung kannte. Charakteristisch ist die Regel *alteri stipulari nemo potest* (niemand kann sich eine Leistung an einen Dritten versprechen lassen). Indirekte Stellvertretung war hingegen möglich und auch durchaus üblich.

Schon im römischen Recht wurden unsittliche Geschäfte, die den überkommenen Standard ordentlichen Verhaltens verletzten (*contra bonos mores*), nicht anerkannt.

b) Einteilung

Die Obligationen werden nach ihrem **Entstehungsgrund** eingeteilt in solche aus Vertrag (*ex contractu*) und aus Delikt (*ex delicto*). Daneben treten zwei weitere Gruppen, Quasikontrakte (*quasi ex conctractu*) und Quasidelikte (*quasi ex delicto* oder *quasi ex maleficio*). Zu Obligationen *quasi ex contractu* gehören die Geschäftsführung ohne Auftrag (*negotiorum gestio*) und die Klage aus ungerechtfertigter Bereicherung (*condictio*), zu Quasidelikten Verbindlichkeiten aus deliktsähnlichem Verhalten (zB die Haftung des Hauseigentümers für herabfallende bzw -geworfene Gegenstände, die *actio de deiectis vel effusis*).

Bei den **Kontraktsobligationen** wird wiederum unterschieden, ob die Obligation durch eine Sache (*re*), durch bestimmte Worte (*verbis*), durch Buchungen (*litteris*) oder durch Konsens (*consensu*) begründet wird. Dabei bezeichnet *contractus* nur vom *ius civile* anerkannte Geschäftstatbestände, nicht Verträge schlechthin (*pacta*).

Ursprünglich war auch das Obligationenrecht durch starken Formalismus gekennzeichnet. Schon in republikanischer Zeit entwickelten sich aber neben den Formalgeschäften formfreie Geschäfte, insbesondere die Konsensualkontrakte und die *pacta*.

Verbalkontrakte kommen dadurch zustande, dass die Vertragsparteien ihre Einigung in einer förmlichen mündlichen Erklärung ausdrücken. Häufigste Form ist die *stipulatio*, bei der der Gläubiger zunächst den Inhalt des geforderten Versprechens in Frageform unter Verwendung des Wortes „*spondesne*" („versprichst du?") formuliert. Der Schuldner antwortet mit einem einfachen „*spondeo*" („ich verspreche es"). Später genügten auch andere Fragen mit korrespondierender Antwort (zB „*dabisne*"-„*dabo*" [„wirst du geben?" – „ich werde geben"]). Hierzu zählt auch die Bürgschaft, die aufgrund der Formulierung „*promittisne*?" („versprichst du?") auch *fideicommissio* heißt. Der Bürge antwortet mit „*fide promitto*" bzw „*spondeo*".

Die Überlieferung zum **Litteralkontrakt**, der auf bestimmten Buchungsvorgängen beruhte, ist dürftig und unklar.

Bei **Realkontrakten** begründet erst eine von der Einigung getragene Sachhingabe die Verpflichtung zur Rückleistung. Hierzu gehören das Darlehen (*mutuum*), die Leihe (*commodatum*), die Verwahrung (*depositum*), die Verpfändung (*pignus*) und die Treueabrede (*fiducia*).

Die Anerkennung des Konsenses als Obligationsbegründung ging wohl vom Kaufvertrag (*emptio venditio*) aus. Das *ius civile* anerkannte nur eine beschränkte Anzahl von Konsensualkontrakten, nämlich den Kauf (*emptio venditio*), die *locatio conductio* (Dienstvertrag, Werkvertrag, Miete und Pacht), die Gesellschaft (*societas*) und den Auftrag (*mandatum*). Andere formlose Vereinbarungen wurden als *nuda pacta* betrachtet und erzeugten keine klagbaren Ansprüche.

Unter der Einigung (*consensus*) verstanden die römischen Juristen die Übereinstimmung der Willen der beiden Parteien; anders als im modernen Recht war ausschließlich der Wille, nicht die Erklärung maßgeblich.

c) Kaufvertrag

Mindesterfordernis beim Kaufvertrag ist die **Einigung über Ware und Preis** (sog *essentialia negotii*). Der **Preis** musste zumindest teilweise in Geld bestehen; er musste ernst gemeint (*pretium verum*) und bestimmt (*pretium certum*) sein. Die Höhe des Kaufpreises war ursprünglich ausschließlich der Vereinbarung überlassen; in nachklassischer Zeit findet sich der Gedanke, dass jede Sache einen bestimmten gerechten Preis (*pretium iustum*) habe. In der späteren Zeit begegnen Höchstpreisedikte (zB Diocletian 301 nChr). Auf *Diocletian* geht auch die *laesio enormis* zurück.

Der Kaufvertrag war auch Ausgangspunkt für die Entwicklung des **Gewährleistungsrechts**. Der Verkäufer war im Allgemeinen nicht zur Eigentumsübertragung verpflichtet, sondern hatte lediglich Gewähr dafür zu leisten, dass der Käufer ungestörten Besitz hatte. Wurde die Sache erfolgreich von einem Dritten vindiziert, war eine pauschale Entschädigung (*duplum, triplum, quadruplum*) vorgesehen.

Das ältere Recht kannte wohl keine Gewährleistung, was durch den Satz *caveat emptor* (der Käufer soll sich vorsehen) ausgedrückt wird. Eine Wurzel der Sachmängelhaftung sowie der Rechtsmängelhaftung liegt in einem besonderen Garantieversprechen (Garantiestipulation). Eine weitere Grundlage der Sachmängelhaftung ist im Grundsatz von Treu und Glauben (*bona fides*) zu sehen. Auf diesem Weg waren auch formlose Zusagen einklagbar.

Bei Marktkäufen von Sklaven und Zugtieren ergab sich die Haftung für bestimmte Mängel aus dem Edikt der für das Marktwesen zuständigen Beamten, der sog kurulischen Aedilen. Der Käufer konnte innerhalb von sechs Monaten Rückzahlung des Preises gegen Rückgabe der Ware fordern (Wandlung – *actio redhibitoria*) oder innerhalb von zwölf Monaten die Minderung des Kaufpreises begehren (*actio quanti minoris*). Diese Grundsätze wurden später auf alle Kaufverträge übertragen.

d) Weitere Vertragstypen

Ursprünglich waren lediglich *contractus* durchsetzbar. Im Laufe der Rechtsentwicklung wurden auch formlose Vereinbarungen (*pacta*) zunächst durch Gewährung einer Einrede geschützt, manche derartigen *pacta* wurden auch zu klagbaren Verträgen aufgewertet (*pacta vestita* im Gegensatz zu *pacta nuda*).

e) Schadenersatz

Das römische Recht unterscheidet zwischen **öffentlichen Straftaten** (*crimina*) und **Privatdelikten** (*delicta*). Ursprünglich war der Kreis der *crimina* sehr klein (Hochverrat). Die Verletzung von Individualrechtsgütern wurde zum Privatrecht gezählt und im Zivilprozess geltend gemacht. Selbst Mord wurde zunächst nur von der Sippe des Getöteten (*gens*) verfolgt. Mit dem Erstarken der Zentralgewalt erweiterte sich jedoch der Kreis der durch den Staat sanktionierten Unrechtshandlungen.

Das *ius civile* kennt als Schadenersatztatbestände nur Diebstahl (*furtum*), wobei der Ausdruck wesentlich weiter als Diebstahl iSd § 127 StGB zu verstehen ist, Sachbeschädigung (*damnum iniuria datum*) und Persönlichkeitsverletzung (*iniuria*).

Nach den 12 Tafeln war der auf frischer Tat ergriffene Dieb (*fur manifestus*) zu verprügeln und dem Bestohlenen zur Tötung oder Arbeitsleistung zuzusprechen (*addictio*). Die Tötung des nächtlichen Diebs durch den Bestohlenen war straflos.

Der **Diebstahl** konnte auch durch eine ritualisierte Hausdurchsuchung (*quaestio lance et licio*) nachgewiesen werden. Der Bestohlene betrat das Haus des vermutlichen Diebes nackt, nur mit einer Opferschale (*lanx*) und einer kultischen Kopfbinde (*licium*). Später gab es eine *actio furti concepti* auf das Dreifache des Werts der gestohlenen Sache.

Eine relativ umfassende Regelung der **Sachbeschädigung** bietet die *lex Aquilia*, die nach der Überlieferung in das Jahr 286 vChr, richtigerweise jedoch in die 2. Hälfte des 3. Jahrhunderts vChr zu datieren ist.

Die *lex Aquilia* regelt das Erschlagen (*occidere*) fremder Sklaven und vierfüßiger Herdentiere und Eingriffe in alle Vermögensgüter durch Brennen, Brechen oder Verstümmeln (*urere, frangere, rumpere*). Zahlreiche Juristenkontroversen drehten sich um die Frage, ob *occidere* nur bei unmittelbarer Gewalteinwirkung durch den Täter selbst anzunehmen ist, oder aber indirekte Einwirkung (zB Verabreichen von Gift, Verhungern lassen) ausreicht. In späterer Zeit gewährte der Prätor in allen Fällen, in denen der Schädiger eine Ursache für den Tod gesetzt hatte (*mortis causam praestare*) eine der *actio legis Aquiliae* nachgebildete Klage (*actio in factum, actio utilis*). Auch das Wort „rumpere" wurde später weit im Sinne von *corrumpere* (verderben, zerstören) ausgedehnt.

Die **iniuria** war bereits in den 12 Tafeln geregelt. Für Verhexen durch Zauberlieder war die Todesstrafe vorgesehen. Wer einen anderen verstümmelte (*membrum rupsit*), sollte die *talio* erleiden, sofern er sich nicht mit dem Täter über eine Geldablöse (*pactum*) einigte. Für das Brechen eines Knochens (*os fregit*) war eine Geldbuße (bei Freien 300 As, was dem Wert von 3 Kühen oder 30 Schafen entsprach, bei Sklaven 150 As) vorgesehen. Weniger schwerwiegende Fälle von *iniuria* wurden mit 25 As bestraft.

Iniuria setzt Vorsatz (*dolus*) voraus. Bei fahrlässiger Körperverletzung an einem freien Römer (für Sklaven galt die *lex Aquilia*) stand keine Klage zur Verfügung. Die römischen Juristen formulierten, der Körper eines Freien könne nicht in Geld geschätzt werden (*liberum corpus non recipit aestimationem*).

Die zivilrechtlichen Deliktstatbestände wurden durch das prätorische Edikt ergänzt. Als subsidiären Rechtsbehelf gewährte der Prätor ab der späten Republik eine *actio de dolo* in Fällen arglistiger Schädigung. Schließlich gehören hierher auch Vorläufer der Gläubiger- bzw Insolvenzanfechtung (*actio Pauliana*).

11. Nachwirkung und Rezeption

Die Digesten gerieten in der Folge in Vergessenheit und wurden im 11. Jahrhundert wiederentdeckt. Der Legende nach erfolgte die Entdeckung im Zuge der Belagerung von Amalfi durch *Kaiser Lothar III.* im Jahr 1135, der daraufhin das Römische Recht mit Hoheitsakt zum geltenden Recht erklärt habe (**Lothar-Legende**). Richtig an dieser Legende ist nur der Zeitraum der Entdeckung der *Littera Florentina*, einer *Digesten*-Abschrift aus dem 6. Jahrhundert. Diese Entdeckung führte dazu, dass sich die damals neu entstehenden Universitäten intensiv mit dem Römischen Recht beschäftigten.

Im 11. Jahrhundert gründete der Bologneser Professor *Irnerius* die bedeutendste Rechtsschule des europäischen Mittelalters. In dieser wurde erstmals das gesamte *Corpus Iuris Civilis* wissenschaftlich aufbereitet. Um 1200 waren bereits etwa 1000 Rechtshörer in Bologna immatrikuliert und gelehrte Juristen wurden als Richter und Anwälte im staatlichen und kirchlichen Bereich sowie als Beamte und Berater auf allen Ebenen der staatlichen Verwaltung benötigt.

Die Rechtslehrer von Bologna werden als **Glossatoren** bezeichnet. Glossen sind Worterklärungen, die ein Jurist auf seinem Exemplar der *Digesten*, *Institutionen*, etc am Rand (*Marginalglossen*) oder zwischen den Zeilen (*Interlinearglossen*) anbringt. Erst die Glossatoren beginnen eine systematische wissenschaftliche Aufarbeitung, Harmonisierung und Ordnung des gesamten Rechtsstoffes.

Nachfolger der Glossatoren waren zwischen der Mitte des 13. Jahrhunderts und dem Anfang des 16. Jahrhunderts die sog **Konsiliatoren** oder **Kommentatoren**. Erstmals wurden auch andere Rechtsquellen, insbesondere des kanonischen Rechts, in die Betrachtung einbezogen; dadurch wurden auch Rechtsgedanken aus dem kanonischen Recht in das Zivilrecht übernommen. Beispiele sind etwa die Schädlichkeit nachträglicher Schlechtgläubigkeit bei der Ersitzung, das kanonische Zinsverbot oder die Verbindlichkeit von *pacta.*

Die wissenschaftliche Befassung mit dem römischen Recht an den Universitäten war Voraussetzung für die sog **Rezeption**, also die Übernahme des römischen Rechts in das geltende Recht. Die Rezeption beginnt im 12. Jahrhundert im Bereich der kirchlichen Gerichtsbarkeit (Frührezeption) und erreicht ihren Höhepunkt im 15. und 16. Jahrhundert.

Die **Reichskammergerichtsordnung** von 1495 sieht die subsidiäre Geltung des römischen Rechts vor. Das Reichtskammergericht war mit universitär geschulten Juristen besetzt, die nach „des Reiches gemeinen Rechten", also nach dem römischen Recht zu urteilen hatten. Einzelne Institute und Regelungen werden noch im 17. Jahrhundert nachträglich aus dem römischen Recht übernommen (Spätrezeption).

Das römische Recht bildet die Grundlage des *ius commune* (gemeinen Rechts). Im 17. und 18. Jahrhundert spricht man von einem *usus modernus* (auch: *hodiernus*) *pandectarum*, also einer modernen Anwendung des Pandektenrechts.

Neben den geistigen Leistungen des römischen Rechts war für die Rezeption vor allem die Geistesströmung des **Humanismus** mit seiner Hinwendung zur Antike wesentlich. Dazu kam die Vorstellung, dass die mittelalterlichen Kaiser Nachfolger der römischen Kaiser waren (sog *renovatio imperii*).

Am stärksten war der Einfluss des römischen Rechts im **Obligationenrecht**; dies wurde fast zur Gänze rezipiert. Gleiches gilt für das **Sachenrecht**, soweit es bewegliche Sachen betrifft. Im Liegenschaftsrecht blieben weiter traditionelle Vorstellungen maßgeblich. Im Fahrnisrecht hielt sich der auf das deutsche Recht zurückzuführende gutgläubige Fahrniserwerb vom Nichtberechtigten.

Im **Personen-, Familien- und Erbrecht** konnte sich das einheimische Recht weitgehend behaupten; hier wurden allerdings Begriffe, mitunter auch technische Einzelheiten (zB Altersgrenzen, Testamentsformen) übernommen. Für die Ehe galt allerdings kanonisches Recht.

12. Die heutige Bedeutung des römischen Rechts

Das römische Recht hat zur modernen Rechtskultur den wissenschaftlichen Zugang zum Recht mit klaren Begriffen, präzisen Regelungen und exakter Argumentation beigetragen. Außerdem wurden bereits damals Rechtsprinzipien und Wertungsgesichtspunkte entwickelt, die seither zum gemeinsamen Erbe europäischer Rechtstradition zählen. Bloß exemplarisch hervorgehoben sei die Entwicklung der Konsensualverträge oder der umfassende Eigentumsschutz durch die *rei vindicatio* (während etwa das germanische Recht hier Schutz wohl nur durch Deliktsklagen bei Eingriffen wie Diebstahl etc gewährte – Fahrnisverfolgung bei Gewerebruch). Weitere Leistungen sind etwa Ansätze zur Entwicklung der Verschuldenshaftung im Schadenersatzrecht.

Über die Vermittlung der großen nationalen Kodifikationen bildet das römische Recht ein gemeinsames europäisches Kulturerbgut, dessen Verständnis auch für das Verständnis des modernen Rechts hilfreich ist. Aus diesem Grund haben in den letzten Jahren renommierte ausländische Universitäten (zB Oxford) das römische Recht (wieder) in den Studienplan aufgenommen bzw ausgebaut. In den letzten Jahren hat im Zuge des europäischen Einigungsprozesses die Rückbesinnung auf das römische Recht wieder an Bedeutung gewonnen. Im Zug der derzeit laufenden Vorarbeiten für ein europäisches Privatrecht wird immer wieder auf das römische Recht als „gemeinsamer Nenner" aller (kontinental-)europäischen Rechtsordnungen zurückgegriffen.

B. Naturrecht und erste Privatrechtskodifikationen

Im Naturrecht manifestiert sich das Suchen nach allgemein gültigen und unveränderlichen Gesetzlichkeiten; das Naturrecht ist überstaatliches Recht, das nicht auf menschlicher Rechtssetzung beruht. Für die Rechtsentwicklung in Europa hat vor allem das **naturrechtliche Vernunftrecht** Bedeutung. Dieses beruht auf der Überzeugung, dass der Mensch in der Lage ist, kraft seiner Vernunft die natürliche Rechtsordnung zu erkennen und als geschlossenes Rechtssystem darzustellen. Bedeutendste Vertreter des Vernunftrechts sind unter anderem *Hugo Grotius* und *Samuel von Pufendorf*, in Österreich *Karl Anton von Martini* und *Franz von Zeiller*.

Unter dem Einfluss des Naturrechts der Aufklärung entstand im 18. Jahrhundert eine Kodifikationsbewegung. Dabei ging es um Rechtssicherheit, aber auch die Überwindung mittelalterlicher Autoritäten wie der Moraltheologie. Das Recht sollte leicht zugänglich und verständlich sein. Dies führte auch zur Forderung nach Gesetzen in den Landessprachen (statt Latein). Die Naturrechtsbewegung war vor allem für die Systematisierung des Rechts wesentlich; viele Gedanken des römischen Rechts wurden übernommen, aber auch weitergebildet. Hier ist etwa die Lehre vom subjektiven Recht, vom Rechtsgeschäft, von der Stellvertretung als Ausfluss der Privatautonomie oder von der Zession und die Herausbildung eines allgemeinen Schadenersatzrechts zu nennen, vor allem aber auch der Aufbau eines umfassenden Privatrechtssystems. Auch die Betonung zentraler Rechtswerte wie Freiheit und Menschenwürde gehen auf das Naturrecht zurück.

Die wichtigsten **Naturrechtskodifikationen** sind das Preußische Allgemeine Landrecht (ALR, 1794), das Österreichische Allgemeine Bürgerliche Gesetzbuch (ABGB, 1811) und der französische Code Civil (1804).

Das **preußische ALR** von 1794 war eine umfassende Gesamtkodifikation, die in über 19.000 Paragrafen auch Staats-, Kirchen-, Straf- und Verwaltungsrecht enthielt.

Zum ABGB siehe ausführlich unten unter VII.F.

Die Kodifikationsarbeiten zum **Code Civil** wurden teilweise von *Napoleon* persönlich geleitet; der Code Civil wurde zeitweilig auch als Code Napoléon bezeichnet. Er beruht – über die Vermittlung der französischen Rechtswissenschaft – auf römisch-rechtlicher Tradition; daneben hat aber mittelalterliches Gewohnheitsrecht stark gewirkt. Die Gliederung der 2281 Artikel lehnt sich an das Institutionenschema an. Das erste Buch enthält personenrechtliche Vorschriften (einschließlich Ehe- und Vormundschaftsrecht), das zweite Buch Sachenrecht, das dritte Buch Eigentumserwerbsarten (Erbrecht und Obligationenrecht).

Der Code Civil beeinflusste die Privatrechtskodifikationen anderer romanischer Länder, ehemaliger französischer Kolonien (Quebec und Louisiana) sowie die Kodifikationsarbeiten in europäischen Nachbarstaaten (Belgien, Holland, Luxemburg).

C. Pandektistik und Begriffsjurisprudenz

In Österreich und Deutschland begannen sich am Ende des 18. und Beginn des 19. Jahrhunderts zwei Strömungen zu entwickeln. Auf der einen Seite standen die Befürworter einer umfassenden eigenständigen und modernen Kodifikation des Privatrechts; auf der anderen deren Kritiker, deren bekanntester Vertreter *Friedrich Carl von Savigny* war. Dieser hielt die Zeit noch nicht reif für eine Kodifikation und setzte sich mit seiner Position vorläufig durch.

In Deutschland beschäftigte man sich daher weitere 100 Jahre intensiv mit der Rechtsgeschichte, uzw sowohl mit dem älteren deutschen als auch dem römischen und gemeinen Recht. Die sog historische Rechtsschule wurde von *Jacob Grimm* und *Friedrich Carl von Savigny* begründet. Nach dem Motto „Zurück zu den Quellen" wurde versucht, die reinste Form des römischen Rechts zu ermitteln und Fehlvorstellungen, die sich durch die Rezeption eingeschlichen hatten, zu korrigieren. So wurden zB seit den Glossatoren Verjährung und Ersitzung gemeinsamen Regeln unterstellt (vgl auch die §§ 1451–1502 ABGB). *Savigny* hielt dies für einen Fehler, den es zu korrigieren galt. Dass dieser „Fehler" bereits 600 Jahre gelebt wurde, störte ihn nicht. Wie sich in diesem Beispiel zeigt, wurde das Rad der Zeit so freilich vielfach weit zurückgedreht.

Die spätere Ausprägung der historischen Rechtsschule wird wegen nach dem griechischen Wort für *Digesten* (*Pandektai*) auch als **Pandektistik** bezeichnet. Die mit der Pandektistik einhergehende, sehr akribische Konzentration auf die antiken Quellen führte auch zu einem formalistischen, dem Privatrecht unangemessen positivistischen und letztlich mühsamen Zugang zum Recht: der **Begriffsjurisprudenz**, die von der Hoffnung getragen war, Rechtsprobleme streng nach logischen Regeln fast wie in der

Mathematik zu lösen. Die Pandektisten strebten die Entwicklung eines geschlossenen Systems an; dabei wurde unter Zuhilfenahme der Regeln formaler Logik ein System von Begriffen entwickelt, aus dem wiederum neue Rechtssätze abgeleitet wurden (sog Begriffsjurisprudenz); den Rückgriff auf außerjuristische Wertungen lehnte man ab.

D. Spätere Privatrechtskodifikationen

Unter dem Einfluss der Pandektistik entstand in Deutschland das **ADHGB** (1861), das – mit Ausnahme des Seerechts – 1862 in das österreichische AHGB übernommen wurde; weiters das sächsische BGB von 1863 und das deutsche BGB von 1900.

Das **BGB** ist das reinste Produkt der Pandektenwissenschaft. Es ist stark römisch-rechtlich geprägt. Es will nicht volkstümlich sein, sondern ist ein Gesetz für den Fachmann. Charakteristisch ist der hohe Grad an Abstraktion sowie ein umfangreicher – gewissermaßen „vor die Klammer gezogener" – allgemeiner Teil und zahlreiche Verweisungen.

Der Aufbau folgt dem sog Pandektensystem (allgemeiner Teil, Obligationenrecht, Sachenrecht, Familienrecht, Erbrecht). Dieses Gliederungssystem wird erstmals von *Gustav Hugo* (Institutionen des römischen Rechts, 1789) vertreten und setzte sich vor allem unter dem Einfluss *Savignys* durch. Zu beachten ist, dass die Einteilungskriterien wechseln. So beruht die Unterscheidung von Sachen und Obligationenrecht auf völlig verschiedenen Rechtswirkungen; die naturrechtliche Unterscheidung von Familien- und Erbrecht ist an Lebenstatbeständen orientiert.

Das BGB wurde 1898 in Japan, 1929/30 und 1940 in Griechenland weitgehend rezipiert. In Österreich erfolgte eine teilweise Anpassung an das BGB durch die drei Teilnovellen der Jahre 1914, 1915 und 1916.

Auch das **Schweizerische ZGB** (1907) ist eine Frucht der Pandektenwissenschaft. Bereits zuvor war 1883 ein bundeseinheitliches Obligationenrecht in Kraft getreten. Der Germanist und Politiker *Eugen Huber* erarbeitete Teilentwürfe für ein ZGB ohne Obligationenrecht. Das ZGB wurde 1907 angenommen und 1912 gemeinsam mit einem überarbeiteten Obligationenrecht (OR) in Kraft gesetzt. Das ZGB ist in Einleitung, Personenrecht, Familienrecht, Erbrecht und Sachenrecht gegliedert. Das ZGB wurde 1927 in der Türkei rezipiert.

E. Privatrechtsentwicklung in Österreich bis zum ABGB

1. Entwicklung bis zur Rezeption

Die Rechtswissenschaft hat für das mittelalterliche Recht, soweit es im germanisch-fränkischen Rechtsdenken verwurzelt ist, den Begriff **„deutsches Recht"** geprägt. Als Gegenstück zum römischen Recht und kanonischen Recht sollte es die heimische Rechtstradition erfassen.

Die Privatrechtsentwicklung hat sich keineswegs isoliert in den Grenzen des heutigen Österreich vollzogen. Bis 1806 waren die österreichischen Länder Teil des Heiligen Römischen Reichs deutscher Nation. Anschließend waren diese bis 1866 Mitglieder beim Deutschen Bund. Das ältere heimische Recht basierte auf überliefertem Gewohnheitsrecht. Kennzeichnend ist der alte Ausdruck „*ewa*" für objektives Recht, der mit dem Wort „ewig" in etymologischem Zusammenhang steht. Das Recht beruhte maßgeblich auf mündlicher Überlieferung; erst später traten – keineswegs vollständige – schriftliche Aufzeichnungen hinzu. Gesatztes Recht war relativ selten. Ergebnis waren Rechtsunsicherheit und Rechtszersplitterung.

Die Völker, die nach dem Zerfall des Römischen Reiches das Gebiet des heutigen Österreich besiedelten (ab dem 7. und 8. Jahrhundert vor allem Bayern und Alemannen) brachten ihr **Gewohnheitsrecht** in gerichtlichen Fallentscheidungen zum Ausdruck (sog Weistümer). Darauf beruhten umfangreichere Auszeichnungen (Stammes- oder Volksrechte). In diesen spiegeln sich vor allem alte Rechtsüberzeugungen, aber auch vulgärrechtlich-römische Elemente. Für das Gebiet des heutigen Österreich ist hier die *lex Alamannorum* (720, heutiges Tirol und Vorarlberg) und die *lex Baiuvariorum* (741–744) zu nennen. Im heutigen Südtirol galten die leges Langobardorum (7. bis 8. Jahrhundert). Daneben stand für die romanische Bevölkerung weiter römisches Vulgarrecht in Geltung.

Die **Stammesrechte** wurden punktuell durch königliche Erlässe und Anordnungen (*Kapitularien*) ergänzt; solche sind seit dem 8. Jahrhundert im fränkischen Großreich, das auch Bayern und Österreich umfasste, dokumentiert.

Nach einer Periode des Niedergangs vom 10. bis zum 12. Jahrhundert ist ab der Wende vom 12. zum 13. Jahrhundert eine stärkere Tendenz zu schriftlichen Rechtsaufzeichnungen festzustellen. Hiezu gehören vor allem private Rechtssammlungen. Hier ist etwa der von *Eike von Repgow* verfasste Sachsenspiegel (um 1225) und der um 1275 in Augsburg entstandene **Schwabenspiegel** zu nennen. Letzterer hat die österreichische Rechtsentwicklung stark beeinflusst; so wurde die Gliederung in Land- und Lehensrecht übernommen. Einzelne Passagen finden sich sogar wörtlich im steiermärkischen Pfandrecht und im Wiener Stadtrechtsbuch.

Das **österreichische Landrecht** (um 1290) galt vor allem im Gebiet des heutigen Niederösterreich; das steiermärkische Landrecht (älteste Abschrift aus ca 1425) galt nicht nur in der heutigen Steiermark, sondern auch in Kärnten. Dabei handelte es sich um eine Darstellung des steirischen Gewohnheitsrechts. Die Landesordnung für Kärnten und Krain (1338) hatte demgegenüber hauptsächlich straf- und prozessrechtlichen Inhalt; die Landesordnung von Tirol (1282) enthielt vor allem verfassungsrechtliche Bestimmungen.

Die ältesten überlieferten **Stadtrechte** sind diejenigen von Enns (1212), Wien (1221) und Innsbruck (1239). Wichtigste privatrechtliche Quelle ist das Wiener Stadtrechtsbuch (Mitte 14. Jahrhundert), das auch für andere Städte (zB Krems, Wiener Neustadt) zum Vorbild wurde.

Der ländliche Raum war weiter stark vom Gewohnheitsrecht geprägt. Erste Rechtsaufzeichnungen von Entscheidungen grundherrschaftlicher Gerichte (Weistümer) stammen aus dem 13. Jahrhundert; vor allem aus dem 16. Jahrhundert sind zahlreiche Weistümer bekannt.

2. Kanonisches Recht und Rezeption

Die Erarbeitung eines eigenständigen, wissenschaftlich fundierten Kirchenrechts (Kanonistik) begann um 1140 mit der Herausgabe einer umfangreichen Sammlung kirchlicher Rechtsquellen durch *Gratian*, Lehrer des Kirchenrechts in Bologna. Später traten amtliche Rechtsquellensammlungen sowie private Sammlungen hinzu, die ab 1580 insgesamt als **Corpus Iuris Canonici** bezeichnet wurden.

Das kanonische Recht bestand neben dem heimischen Recht als eigener Rechtskreis. Wichtigster Anwendungsbereich war das Ehe- und Familienrecht. Nach kirchlichem Verständnis war die Zuständigkeit geistlicher Gerichte aber wesentlich weiter und umfasste nicht nur kraft sachlicher Zuständigkeit die sog *causae merae spirituales* (zB Ehesachen) und verschiedene Annexmaterien, sondern aufgrund persönlicher Zuständigkeit Angelegenheiten von Armen, Witwen, Waisen und Kreuzfahrern, sowie alle Fälle, in denen der Beklagte ein Geistlicher war.

Im Bereich des Kirchenrechts wurde als erstes damit begonnen, auch römisch-rechtliche Rechtsquellen für die Interpretation heranzuziehen (Frührezeption). Es entwickelte sich ein römisch-kanonisches Prozessrecht, das seit Mitte des 12. Jahrhunderts in der kirchlichen Rechtsprechung Fuß fasste und von dort aus ab dem 13. Jahrhundert in die weltliche Gerichtsbarkeit ausstrahlte.

Begünstigt wurde die Rezeption im heutigen Österreich durch die **Einrichtung juristischer Fakultäten**. An der Universität Wien (gegründet 1365) wurde zunächst nur kanonisches Recht gelehrt; 1493 wurde eine Lehrkanzel für römisches Recht errichtet. In Graz wurde 1778 eine juridische Fakultät gegründet, in Salzburg 1653 und in Innsbruck 1670. Mit der Errichtung neuer Universitäten ging auch die Zunahme juristischer Literatur einher. Die Universitäten vermittelten römisches Recht (*ius civile*; Abschluss: *doctor legum*) und kanonisches Recht (*doctor canonum*) oder beides (*ius utrumque*, Abschluss: *doctor iuris utriusque*). Auf diese Weise entstand ein einheitliches gelehrtes Recht (gemeines Recht, *ius commune*); das heimische Partikularrecht wurde zunächst nicht behandelt. Rezipiert wurden neben dem römischen Recht (über die Vermittlung durch die Glossatoren und Kommentatoren) das kanonische Recht und das langobardische Lehensrecht.

Über die gelehrten Juristen fanden nach ersten Anfängen im 12. und 13. Jahrhundert (Frührezeption) vor allem jedoch im 15. und 16. Jahrhundert gemeinrechtliche Gedanken auch im heutigen Österreich Verbreitung.

Hier sind etwa die Arbeiten von *Bernhard Walther von Walthersweil* (16. Jahrhundert, zB *Aureus Iuris Austriaci Tractatus*), der auch als „Vater der österreichischen Rechtswissenschaft“ bezeichnet wird, und im 16./17. Jahrhundert diejenigen von *Johann Baptist Suttinger* (*consuetudines Austriacae*, 1716; *Observationes Praticae*, 1656) und *Benedikt Finsterwalder* zu nennen.

Zu frühen Versuchen, das geltende Recht festzuschreiben, gehören die **Landesordnungen** für Tirol (1506, 1526, 1532 und 1573) sowie mehrere Landesordnungsentwürfe der Länder ob und unter der Enns. Letztere erhielten zwar nicht die kaiserliche Sanktion, Teile davon wurden jedoch publiziert und erlangten durch faktische Anwendung gewohnheitsrechtliche Geltung.

F. Das ABGB

1. Kodifikationsgeschichte

In Österreich hatte bereits *Maximilian I.* den Plan einer umfassenden Privatrechtskodifikation. Der *Codex Austriacus* (1704–1777) enthält eine Zusammenfassung der bis dahin ergangenen kaiserlichen Dekrete etc. Im Jahr 1709 setzte *Joseph I.* eine Kompilationskommission ein. 1753 berief *Maria Theresia* zwei Kompilationshofkommissionen, die später zusammengelegt wurden. Diese hatten die Aufgabe, eine einheitliche Regelung des Strafverfahrens und Zivilrechts für die österreichischen Länder und für Böhmen vorzubereiten. Als Ergebnis wurde 1766 der *Codex Theresianus* vorgelegt. Über Befehl von Maria Theresia wurde dieser überarbeitet (sog Entwurf Horten). Das Personenrecht dieses Entwurfs wurde selbständig am 1.11.1786 als Josephinisches Gesetzbuch in Kraft gesetzt.

1790 wurde von *Leopold II.* eine Hofkommission in Gesetzessachen bestellt; Vorsitzender war *Karl Anton von Martini, Freiherr von Wasserburg*. Die Arbeiten waren im Jahr 1797 abgeschlossen; Entwurf Martini, später auch „Urentwurf" genannt. Dieser wurde zunächst in Westgalizien, später auch in Ostgalizien eingeführt (westgalizisches Gesetzbuch). In der Folge erfolgte eine neuerliche Überarbeitung durch eine Kommission; federführend war hier *Franz von Zeiller*. Der Entwurf wurde 1806 fertiggestellt und durch kaiserliches Patent vom 1.6.1811 als allgemeines bürgerliches Gesetzbuch in allen deutschen Erbländern der österreichischen Monarchie kundgemacht; am 1.1.1812 trat das ABGB in Kraft.

Das ABGB von 1811 beschränkt sich auf das Privatrecht. Selbst – in den Vorentwürfen teilweise noch enthaltene – prozessrechtliche Regelungen wurden weitestgehend ausgeschieden.

2. Römischrechtlicher Einfluss

Wenngleich das ABGB auch einige Anleihen aus dem deutschen Recht übernommen hat, so etwa das Institut der Reallast, aber auch den auf den Satz „Hand wahre Hand" des Sachsenspiegels zurückgehenden Gutglaubenserwerb, zeigt sich natürlich allenthalben der Einfluss des römischen Rechts. Die führenden Mitglieder der Compilationscommission waren alle Professoren des römischen Rechts.

Der starke Einfluss des römischen Rechts zeigt sich schon bei der Gliederung. Die Einteilung des ABGB lehnt sich an das Institutionenschema (*personae-res-actiones*) an. Weil das Prozessrecht gesondert geregelt war, ergab sich daraus eine Zweiteilung in Personen- und Sachenrecht. Letzteres wurde weiter in Sachenrecht im engeren Sinn und „persönliche Sachenrechte" (in moderner Terminologie: Obligationenrecht) unterteilt. Ein dritter Teil enthält allgemeine Bestimmungen.

Die Anlehnung an römischrechtliche Positionen zeigt sich auch in der **Übernahme von Rechtsinstituten**. Im Schuldrecht wurden die gängigen **Vertragstypen** aus dem römischen Recht beibehalten und nur um den – als Glücksgeschäft eingestuften – Versicherungsvertrag ergänzt. Dabei wurden auch antiquierte Formen wie die Realverträge (so etwa beim Darlehen, Verwahrungsvertrag) übernommen. Bedeutsam war die Übernahme des Grundsatzes der **kausalen Tradition** in Anlehnung an die römische *traditio* (formfreier Eigentumserwerb durch dingliche Berechtigung des Vormannes und

Besitzübertragung aufgrund eines rechtlich anerkannten Erwerbstitels, § 380 ABGB). Dies war eine bewusste Entscheidung und stand im Gegensatz zum Konsensprinzip des Naturrechts. Auch jene Mitglieder der Gesetzgebungscommission, die sich – wie *Martini* – literarisch für das Konsensprinzip ausgesprochen hatten, traten in den Beratungen für das Prinzip der kausalen Tradition ein.

Teilweise nahm man bewusst eine Abkehr von gemeinrechtlichen „Verwischungen" des Rechts vor. Dies gilt etwa für die im ABGB konsequent durchgeführte klare Trennung von possessorischen und petitorischen Ansprüchen; petitorische Einwendungen gegen Besitzschutzansprüche sind ausdrücklich ausgeschlossen (§ 346 ABGB).

Andererseits zeigt sich an vielen Stellen das Festhalten am gemeinen Recht einerseits, insbesondere den Veränderungen, die dieses durch das **kanonische Recht** erfahren hatte, und der Einfluss des **preußischen allgemeinen Landrechts** andererseits. Dies gilt etwa für den – dem römischen Recht unbekannten – umfassenden Schutz des Rechtsbesitzes, der dazu führte, dass der Mieter als Rechtsbesitzer umfassend geschützt war. Ein anderes Beispiel – um beim Besitzschutz zu bleiben – ist der unechte Besitz: Der klassischen römischen Trias *vi, clam, precario* fügte das ABGB in § 345 unter dem Einfluss des kanonischen Rechts und des preußischen ALR ausdrücklich als vierten Tatbestand die „List" hinzu. Nicht römischrechtlich ist auch die Unterscheidung von Hypotheken als Pfandrechten an unbeweglichen Sachen und Pfandrechten an beweglichen Sachen (*pignora*), die sich aber in Österreich seit 1752 nachweisen lässt.

3. Naturrechtlicher Einfluss

Das ABGB ist eine Naturrechtskodifikation. Naturrechtlich war schon die **Kodifikationsidee** als solche. In diesem Zusammenhang steht auch der nicht zu unterschätzende Beitrag des ABGB zur Entwicklung der österreichischen Rechtssprache. Ziel war es, den gebildeten Bürger in die Lage zu versetzen, Gesetze zu verstehen.

Naturrechtlicher Einfluss findet sich aber auch in zahlreichen Detailbestimmungen. Hiezu gehört der Verweis auf allgemeine Rechtsgrundsätze, auf die angeborenen Rechte (§ 16), aber auch auf den weiten Sachbegriff (§ 285) und den Eigentumsbegriff. Gerade in der prägnanten Umschreibung des Eigentums in § 354, insbesondere in der Betonung der Ausschlussfunktion des Eigentumsrechts, zeigt sich eindrucksvoll die Zeitlosigkeit des ABGB, nahmen dessen Verfasser doch hier einzelne wichtige Aspekte der modernen Volkswirtschaftslehre (*property rights theory*) vorweg.

Naturrechtlichen Ursprungs sind letztlich auch zentrale Gestaltungsfragen im **Vertragsrecht**. Hiezu gehört die Übernahme der Vertrauens- statt der Willenstheorie, die – wohl auf *Zeiller* zurückgehende – Entdeckung der Bindung des Offerenten an seinen Antrag, die erst ein sachgerechtes Verständnis des Vertragsschlusses ermöglicht, die Aufgabe der römisch-rechtlichen Unterscheidung von *contractus* und *pacta* sowie die Aufgabe der Unterscheidung von Verbal- und Konsensualverträgen, aber auch die Möglichkeit der stillschweigenden Willenserklärung. Diese Leistung kann aus heutiger Sicht nicht hoch genug eingeschätzt werden.

Ähnliches leisteten die Redaktoren auch im **Deliktsrecht**. Die Vielzahl der unterschiedlichen Deliktsklagen des römischen Rechts wurde zugunsten eines einheitlichen Deliktsrechts aufgegeben. Das ABGB normiert in § 1295 ABGB eine allgemeine Generalklausel über den Schadenersatz: „Jedermann ist berechtigt, von dem Beschädiger den

Ersatz des Schadens, welchen dieser ihm aus Verschulden zugefügt hat, zu fordern". Diese Generalklausel wird durch besondere Haftungstatbestände ergänzt, zB haftet der Wohnungsinhaber für Schäden, die durch herunterfallende Gegenstände aus seiner Wohnung verursacht werden (vgl §§ 1318 ff ABGB). Das ABGB erklärt sogar die Unterscheidung von vertraglichem und deliktischem Schadenersatz für unerheblich (§ 1295 Abs 1), ohne diesen Grundsatz freilich konsequent durchhalten zu können. Hervorzuheben ist auch die Emanzipation des Schadenersatzrechts vom Strafrecht, die im ALR noch nicht zur Gänze verwirklicht war.

Auch der **soziale Gedanke**, der Schutz Schwächerer, geht auf *Martini* zurück, der noch weitergehende Vorstellungen als *Zeiller* verfolgte. Vor allem aber ist als Errungenschaft des Naturrechts die Betonung zentraler Rechtswerte wie Freiheit und Menschenwürde hervorzuheben. Wenngleich immer wieder die Nähe dieser Gedanken zur französischen Revolution, zu *Kant* und zum ALR betont wurde, hat doch die jüngere Forschung überzeugend gezeigt, dass diese Grundsatzentscheidungen im ABGB älter sind; sie sind vorrevolutionär, vorkantianisch und vorpreußisch. Es handelt sich um eigenständiges naturrechtliches Gedankengut.

Das eindrucksvollste Zeugnis des naturrechtlichen Einflusses ist freilich **§ 16 ABGB**: „Jeder Mensch hat angeborne, schon durch die Vernunft einleuchtende Rechte, und ist daher als eine Person zu betrachten. Sclaverey oder Leibeigenschaft, und die Ausübung einer darauf sich beziehenden Macht, wird in diesen Ländern nicht gestattet."

4. „Moderne" Positionen im ABGB

Viele der rechtspolitischen Entscheidungen des ABGB, insbesondere im Sachen- und Schuldrecht, betreffen **zeitlose rechtspolitische Ordnungsfragen**. Aus diesem Grund sind gerade diese beiden Rechtsgebiete weniger von Reformen betroffen gewesen als etwa das Familienrecht, wenngleich auch das Schuldrecht durch Sondergesetze wie das KSchG und das MRG umfassend umgestaltet wurde. In einigen wesentlichen Punkten zeigen sich im ABGB aber gewissermaßen „moderne" Positionen. So betont die neuere **„Law & Economics"-Forschung** den Gedanken der ökonomischen Effizienz von Regelungen. Diesem Gesichtspunkt trägt das ABGB durch eine Reihe von Bestimmungen in hervorragender Weise Rechnung. Hier ist etwa auf die Formfreiheit des Liegenschaftskaufs hinzuweisen.

Im Folgenden soll die „Zeitlosigkeit" unseres Gesetzes an einigen Beispielen illustriert werden: So erweist sich im Sachenrecht etwa der immer wieder Gegenstand diverser Reformvorschläge bildende Besitzschutz als durchaus noch zeitgemäß. Erst unlängst gelangte eine umfangreiche rechtsvergleichende Arbeit auch in rechtspolitischer Sicht zu dem Ergebnis, dass der Besitzschutz „fester Bestandteil des Zivilrechts" bleiben müsse. Seit 2006 finden sich auch im ***Draft Common Frame of Reference*** Regelungen über den Besitzschutz.

Im **Vertragsrecht** zeigen die Regelungen über die Auslegung von Verträgen auch heute noch die Lebensnähe des Gesetzes. So ist etwa die Unklarheitenregel des § 915 in vielen neueren Kodifikationen nicht in gleicher Deutlichkeit enthalten.

Das **Irrtumsrecht** des ABGB hält die Mitte zwischen einem subjektivistischen Konzept, das nur auf den Willen abstellt und konsequent zur Beachtlichkeit irrtümlicher

Willenserklärungen kommt, und einem nur auf den Erklärungstatbestand abstellenden objektiven Konzept.

Auch das **Leistungsstörungsrecht** zeigt – obwohl dieses durch die Gewährleistungsreform in den letzten Jahren umfassend umgestaltet wurde – schon in der Stammfassung einige überraschend „moderne" Aspekte. Hiezu gehört zunächst, dass das Leistungsstörungsrecht nicht – gewissermaßen als *pars pro toto* – beim Kaufrecht geregelt war, sondern das ABGB von Anfang an allgemeine Gewährleistungsvorschriften – wenn auch ergänzt durch Sondervorschriften für den Werkvertrag – enthalten hatte. Modern ist auch die Gleichbehandlung von Sach- und Rechtsmängeln, die Möglichkeit eines verschuldensunabhängigen Rücktritts, die Möglichkeit von Schadenersatzansprüchen trotz Rücktritts und die Konkurrenz von Schadenersatz und Gewährleistung. Hier nahm das ABGB in einigen Punkten zentrale Gedanken der deutschen Schuldrechtsreform vorweg.

Erstaunlich modern ist in Wahrheit auch die Regelung des § 377. Demnach haftet, wer eine Sache, die er nicht besitzt, zu besitzen vorgibt und den Kläger dadurch irreführt, für allen daraus entstehenden Schaden. Die Bestimmung ist – in moderner Terminologie – Ausdruck der *culpa in procedendo*. Dogmatisch interessant dabei ist, dass prozessbezogene Sorgfaltspflichten nicht erst im Prozess bestehen, sondern Vorwirkungen entfalten können. Ein modernes Anwendungsbeispiel ist eine Entscheidung zur Haftung des Verwalters einer in Wohnungseigentum stehenden Liegenschaft für Falschauskünfte bezüglich des Streupflichtigen.

Von zentraler Bedeutung erweist sich aus heutiger Sicht auch die Betonung der angeborenen Rechte in **§ 16**. Diese Bestimmung wird heute als **Zentralnorm** unserer Rechtsordnung und Verankerung eines modernen Persönlichkeitsrechts gesehen. Sie bot der Rechtsprechung eine Grundlage für die Entwicklung eines Schutzes der Privatsphäre und sogar in neuerer Zeit des Schutzes eines postmortalen Persönlichkeitsrechts über den Tod des Betroffenen hinaus.

G. Weitere Entwicklung

Das ABGB war ursprünglich ein „vollständiges Gesetzbuch", das das Privatrecht – mit Ausnahme des Wechsel- und Handelsrechts – weitgehend vollständig regelte. Die ersten Änderungen betrafen die Ausdehnung des räumlichen Geltungsbereiches des ABGB auf andere Gebiete, zunächst 1814 bis 1820 in Anpassung an die Österreich aufgrund des Wiener Kongresses zugefallenen Gebiete. 1852 und 1853 erfolgte eine Ausdehnung des Geltungsbereiches auf Krakau, Ungarn (wo das ABGB nur bis 1861 in Geltung stand), Slawonien, die serbische Woiwodschaft, das Temeser Banat und Siebenbürgen. Damit erreichte das ABGB wohl seine größte räumliche Ausdehnung. 1922 wurde das ABGB schließlich (wieder) im Burgenland eingeführt.

Inhaltlicher Natur waren zunächst die drei Teilnovellen der Jahre 1914–1916, in denen das ABGB geschickt an einzelne Punkte des BGB angepasst wurde. Die drei Teilnovellen fügen sich aber sprachlich und inhaltlich gut in das ABGB ein.

Im 20. Jahrhundert führten politische, soziale und wirtschaftliche Veränderungen zur **Herausbildung neuer Rechtsgebiete** (zB Arbeitsrecht). Das Privatrecht erhielt eine stärkere soziale Funktion (Mietenrecht, Konsumentenschutz, etc). Die Rechtsfortbildung vollzog sich vor allem durch Sondergesetze, weniger hingegen im ABGB selbst. Daher wird auch von „dekodifikatorischen Tendenzen“ oder „zentrifugaler Nebengesetzgebung“ gesprochen. So sind heute wichtige Fragen des Privatrechts in Sondergesetzen „ausgelagert“. Hiezu gehört das Ehegesetz (EheG), das Konsumentenschutzgesetz (KSchG), das Mietrechtsgesetz (MRG) und das Eisenbahn- und Kraftfahrzeughaftpflichtgesetz (EKHG).

H. Die Auslegung des ABGB im Wandel der Zeit

Auf *Gschnitzer* geht die Einteilung der Lehre in **fünf Perioden** zurück, die heute um zwei weitere Perioden zu ergänzen ist. Die erste Periode ist geprägt durch die Schaffung des ABGB und die Frühphase der Diskussion. Herausragendster Vertreter ist hier *Franz von Zeiller* mit seinem mehrbändigen Kommentar zum ABGB. Daran schließt sich eine „traurige“ zweite Periode an, die eigenständige Leistungen weitgehend vermissen lässt.

Im Gefolge der Revolution von 1848 und der um diese Zeit verstärkt einsetzenden Rückbesinnung auf historische Werte konnte sich auch in Österreich die **historische** Schule und die daraus hervorgegangene **Pandektistik** durchsetzen. Diese Entwicklungen prägen die dritte Periode der Jahre 1858–1888. Bekanntester Vertreter ist hier *Unger*. Sein Anliegen war die Betonung der Verbindung mit der Theorie des gemeinen Rechts und der deutschen historischen Schule. Insbesondere im Bereich des Sachenrechts ist hier aber auch *Anton Randa* zu nennen, seines Zeichens Professor in Prag und Reichstagsabgeordneter.

Die vierte Periode ist durch die drei Teilnovellen 1914–1916 und das Wirken von *Schey* gekennzeichnet. Die fünfte Periode hatte die Krisen von 1918 und 1945 zu überwinden. Hier sind vor allem *Armin Ehrenzweig* und *Heinrich Klang* hervorzuheben. Ersterer verfasste ein geradezu klassisches Lehrbuch, *Klang* gab „den“ Kommentar heraus. Während Ersterer – der Tendenz der Zeit entsprechend – bestrebt war, das österreichische Recht im Auslegungsweg dem deutschen anzugleichen, trug *Klang* der Eigenständigkeit des österreichischen Rechts mehr Rechnung.

Die sechste und siebente Periode sind äußerlich einerseits durch zahlreiche Novellen und die „Aushöhlung“ des ABGB durch diverse Nebengesetze gekennzeichnet. Andererseits beginnt hier die Auseinandersetzung mit dem Phänomen der Europäisierung des Privatrechts. Als herausragender Vertreter der sechsten Periode ist *Walter Wilburg* zu nennen, der das „bewegliche System“ entwickelte, das nicht nur in Lehre und Rechtsprechung, sondern auch vom Gesetzgeber selbst übernommen wurde. Aus der letzten Periode des österreichischen Privatrechts ist *Walter Wilburgs* prominentester Schüler, der 2011 verstorbene *Franz Bydlinski* hervorzuheben, der unter anderem im Bereich der juristischen Methodenlehre wegweisend tätig war und der durch seine Arbeit das Verständnis für die Prinzipien des Privatrechts vertieft hat.

I. Auf dem Weg zu einem Europäischen Privatrecht?

Die Europäische Union verfügt über keine Kompetenz zur Vereinheitlichung des Privatrechts oder Zivilverfahrensrechts als solchen.

Von einigen namhaften Vertretern der Lehre wurde schon relativ frühzeitig die Vereinheitlichung des Privatrechts gefordert. 1982 wurde die ***Commission on European Contract Law*** (Lando-Kommission) gegründet. Diese gibt seit 1995 die ***Principles of European Contract Law*** (PECL) heraus, welche ein gemeineuropäisches Vertragsrecht zu ermitteln versuchten. Die darauf aufbauende ***Study Group on a European Civil Code*** (SGECC) stellte 2009 in Verbindung mit weiteren Institutionen einen ***Draft Common Frame of Reference*** (DCFR) vor.

Politisch umstritten ist, ob und in welcher Form diese Vorschläge umgesetzt werden sollen. Ein Europäisches Zivilgesetzbuch ist derzeit politisch nicht durchsetzbar. Wahrscheinlicher erscheint die Schaffung eines sog optionalen Instruments, also eines Europäischen Regelungswerks, das die Parteien im Rahmen der Rechtswahl bei grenzüberschreitenden Verträgen wählen können. Die Alternative wäre, die wissenschaftlichen Vorarbeiten nur als Anregungen für den nationalen Gesetzgeber (sog „*toolbox*") zu verwenden.

Das **Gemeinsame Europäische Kaufrecht** (*Common European Sales Law*, CESL) ist ein Verordnungsvorschlag der Europäischen Kommission aus dem Jahr 2011. Es enthielt kaufrechtliche Vorschriften, die nach einer Anwahl durch die Parteien (*opt-in*) Anwendung finden und grenzüberschreitende Kaufverträge effizienter gestalten sollen. Der Vorschlag wurde nicht realisiert; Teile davon finden sich jedoch in zwei derzeit diskutierten Richtlinien-Entwürfen (Online Warenhandels-RL und Digitale Inhalte-RL) wieder.

1993 wurde von der sog **Storme-Kommission** ein Entwurf für eine Europäische ZPO vorgelegt; die Übernahme der Vorschläge wurde von der Kommission abgelehnt. Seit 2000 entwickeln **UNIDROIT** (*Institut international pour l'unification du droit privé*) und ALI (*American Law Institute*) ein Modellgesetz für grenzüberschreitende Verfahren.

3. Teil
Öffentliches Recht

Die Abgrenzung des Öffentlichen Rechts gestaltet sich vielfach schwierig. Zum Öffentlichen Recht gehören jedenfalls das **Verfassungsrecht** (zum Begriff vgl unten III.A. und B.) und das **Verwaltungsrecht** (über beides erfahren Sie mehr in der Vorlesung „Verfassungsrecht und Allgemeines Verwaltungsrecht" im Hauptstudium).

Was ist Verfassungsrecht und welchen Inhalt hat es? Das **Verfassungsrecht** beschäftigt sich mit der Frage, wie der Staat aufgebaut ist (Staatsorganisationsrecht), wie seine Funktionen auszuüben sind, also etwa damit wie Gesetze geschaffen und wie sie vollzogen werden, aber auch damit, wie diese Vollziehung rechtsstaatlich kontrolliert wird. Ein zentraler Bestandteil des Verfassungsrechts sind die Grundrechte, über deren Einhaltung der VfGH wacht.

Das **Verwaltungsrecht** beschäftigt sich mit der zweiten Staatsgewalt, der Verwaltung. Im Mittelpunkt stehen dabei der organisatorische Aufbau (Verwaltungsorganisationsrecht), die Handlungsformen der Verwaltung und das von den Verwaltungsbehörden einzuhaltende Verfahren sowie die Kontrolle dieser Verwaltungsentscheidungen im Rahmen der Verwaltungsgerichtsbarkeit. Das alles sind allgemeine Vorgaben und Wesensmerkmale der wissenschaftlichen Beschäftigung mit der Verwaltung. Man spricht auch vom „Allgemeinen Verwaltungsrecht" und vom „Verwaltungsverfahrensrecht". Ein wesentlicher, hier freilich nicht vertiefter Teil des Verwaltungsrechts sind die besonderen Vorgaben für die Verwaltung in den einzelnen Materiengesetzen („Besonderes Verwaltungsrecht"), die sich etwa mit der Frage beschäftigen, welche Voraussetzungen für die Erteilung einer Baubewilligung eingehalten werden müssen oder wie eine gewerbliche Betriebsanlage genehmigt werden kann. Näheres zum Allgemeinen Verwaltungsrecht und zum Verwaltungsverfahrensrecht erfahren Sie unter IV. und in den Vorlesungen „Verfassungsrecht und Allgemeines Verwaltungsrecht" sowie „Verwaltungsverfahren und Rechtsschutz" im Hauptstudium.

Verfassungsrecht und Verwaltungsrecht bilden das **Öffentliche Recht im eigentlichen (engeren) Sinne**; gebräuchlich ist auch der Überbegriff „Staatsrecht", weil der zentrale Bezugspunkt sowohl des Verfassungs- als auch des Verwaltungsrechts der Staat ist. Dem **Öffentlichen Recht im weiteren Sinne** werden – neben dem Verfassungs- und Verwaltungsrecht – ua auch das Strafrecht und das Steuerrecht sowie weite Bereiche des Sozialrechts zugeordnet, weil diese Bereiche entweder durch Verwaltungsbehörden vollzogen werden oder sich wie etwa im Strafrecht ein typisches staatliches Monopol zeigt (Strafmonopol des Staates).

I. Geschichte des österreichischen Verfassungsrechts

A. Einleitung

Die Wurzeln des in Geltung stehenden österreichischen Verfassungsrechts reichen in das 19. Jhdt zurück. Insb ab Mitte des 19. Jhdt galten auf dem Gebiet des heutigen Deutschland und Österreich Verfassungen, nach denen zwar dem Monarchen die Trägerschaft der höchsten Staatsgewalt zukam, die aber durch die Verfassung beschränkt wurde. In der Gesetzgebung benötigte der Monarch die Zustimmung des Parlaments, die vom Monarchen ernannte Regierung war dem Parlament verantwortlich, Akte der Staatsgewalt wurden durch unabhängige Gerichte kontrolliert. Man bezeichnet diese frühe Periode der Verfassungsentwicklung als **Konstitutionalismus**. Angestoßen wurde diese Entwicklung von der Französischen Revolution von 1789, aber auch der Gründung der USA, die zur Entstehung neuer Verfassungen geführt haben.

Die folgenden Ausführungen konzentrieren sich auf die Entwicklung ab dem Jahr 1848, weil damals verschiedene Grundgedanken Gestalt annahmen, die sich in der heutigen österreichischen Verfassungsordnung widerspiegeln.

B. Der Frühkonstitutionalismus (1848 bis 1851)

1. Die Verfassungen 1848

Bis zum Jahr 1848 war Österreich eine absolute Monarchie ohne parlamentarische und gewaltenteilende Elemente. Verfassungspolitische Ideen der Französischen Revolution oder der amerikanischen Verfassungsentwicklung konnten sich nach dem Sieg über *Napoleon* nicht halten. In Österreich war das absolute System dieser Zeit neben dem (als von Gott eingesetzt betrachteten) Monarchen entscheidend von *Fürst von Metternich* geprägt. Dieser war über Jahrzehnte hinweg Staatskanzler (Regierungschef). Sein Name stand für einen Polizeistaat, der sich berechtigt und verpflichtet fühlte, in viele Lebensbereiche seiner Untertanen einzugreifen. Demokratische Tendenzen wurden lange Zeit unterdrückt. In bürgerlich-liberalen Zirkeln und Hochschulkreisen wurden nach und nach Stimmen gegen diese Unterdrückung laut. Im Gefolge der Februarrevolution 1848 in Frankreich kam es im März desselben Jahres in Österreich zu gewalttätigen Ausschreitungen. Die Folgen waren der Rücktritt *Metternichs* und **erste Öffnungen des Systems** mit der **Abschaffung der Zensur** und der Erlassung eines „Preßgesetzes".

Im April 1848 wurde unter der Leitung des Innenministers *Pillersdorf* eine erste Verfassung (**Pillersdorfsche Verfassung**) ausgearbeitet. Sie trat jedoch nur teilweise in Kraft. Darüber hinaus wurden eine **Wahlordnung** erlassen, die jedoch das Wahlrecht weitgehend einschränkte (insb waren nur Männer über 24 Jahren unter Ausschluss bestimmter Arbeiter und Dienstleute wahlberechtigt). In der Folge wurde ein konstituierender Reichstag gewählt, der die Verfassung überarbeiten sollte. Er trat im Juli 1848 zusammen.

Parallel zu diesen Ereignissen trat in Frankfurt am Main die konstituierende Nationalversammlung des Deutschen Bundes (**Paulskirchenversammlung**) zusammen, in welcher zunächst auch österreichische Vertreter anwesend waren. Daraus ging aber schlussendlich die sogenannte „**Kleindeutsche Lösung**" hervor – Österreich lehnte es ab, dass die nichtdeutschen Länder des österreichischen Gesamtstaates nicht mit dem Deutschen Reich vereinigt werden durften. Die österreichischen Vertreter wurden abberufen.

2. Kremsierer Verfassungsentwurf 1848/49

Dem Reichstag wurde im Jahre 1848 die Zuständigkeit verliehen, die Pillersdorfsche Verfassung zu überarbeiten. Nach schweren politischen Unruhen im Oktober 1848 wurde der Reichstag zunächst nach Kremsier in Mähren (Kroměříž, heute auf dem Gebiet der Tschechischen Republik) verlegt. In diesem Umfeld konnten aus heutiger Sicht sehr große Fortschritte in den Beratungen erzielt werden.

Der **Kremsierer Entwurf** war im Vergleich zu den vorangegangenen und nachfolgenden Verfassungstexten deutlich fortschrittlicher und ausgereifter. Er sah im Grundrechteentwurf erstmals das Prinzip der **Volkssouveränität** vor, das heißt die Rückführung staatlichen Handelns auf das Volk. Auch in Bezug auf die **Gewaltenteilung** waren erstmals moderne Ansätze festzustellen, indem die Trennung von Gerichtsbarkeit und Verwaltung sowie die Unabhängigkeit der Gerichtsbarkeit von der Verwaltung angeordnet waren. Das Parlament sollte mit weitreichenden Befugnissen ausgestattet werden. Der Reichstag war als **Zweikammerparlament** ausgestaltet, einer Volkskammer mit 360 direkt gewählten Abgeordneten und einer Länderkammer mit je sechs Abgeordneten pro Land. Die Verfassung zeigte erste **föderalistische Züge** – die Staatsgewalt sollte teilweise zwischen Reich und Ländern aufgeteilt werden. Die Länder wurden im Prinzip gleich behandelt, erhielten eine eigene Gesetzgebungsbefugnis und sollten an der Reichsgesetzgebung mitwirken. Der Föderalismus sollte einen Beitrag zur Lösung des Nationalitätenproblems der Habsburgermonarchie leisten. Der Kremsierer Entwurf enthielt auch einen **Grundrechtskatalog**, ohne freilich deutlich zu machen, ob es sich um durchsetzbare subjektiv-öffentliche Rechte handelt. Ein Beschluss des Kremsierer Entwurfs wurde jedoch dadurch vereitelt, dass Kaiser *Franz Josef* den Reichstag am 4. März 1849 auflöste. Der Kremsierer Entwurf trat daher nie in Kraft.

3. Die Oktroyierte Märzverfassung 1849

Gleichzeitig mit der Auflösung des Reichstages wurde vom Kaiser die neue Reichsverfassung für das Kaisertum Österreich (**Oktroyierte Märzverfassung**) und ein **Grundrechtspatent** erlassen. Die Märzverfassung leitete sich aus der Legitimität des Monarchen ab. Sie enthielt weder das Prinzip der Volkssouveränität noch das Prinzip einer (echten) Gewaltenteilung. Ein **Reichsrat** beriet die Krone (den Kaiser) und die kaiserliche Regierung. Dessen Mitglieder wurden nicht gewählt, sondern vom Kaiser ernannt. Vom Kremsierer Entwurf wurde jedoch der Föderalismusgedanke insoweit übernommen, als eine Unterteilung in Länder und die Existenz der Gemeinden vorgesehen waren. Die Selbstverwaltung der Gemeinde wurde als Grundrecht konzipiert.

Zu den **Grundrechten** des Grundrechtspatents gehörten die Meinungsäußerungsfreiheit, die Pressefreiheit, die Glaubens- und Gewissensfreiheit, die Wissenschafts- und Unterrichtsfreiheit, die Vereins- und die Versammlungsfreiheit, die persönliche Freiheit, der Schutz des Hausrechts und der Schutz des Briefgeheimnisses. Diese Grundrechtsbestimmungen wurden zwar bloß partiell, aber immerhin doch aus dem Kremsierer Entwurf entnommen. Die Märzverfassung enthielt darüber hinaus einige wenige Grundrechte (Eigentumsgarantie und Erwerbsfreiheit).

4. Die Silvesterpatente 1851

Bereits zwei Jahre später, am 31. Dezember 1851, wurde die Verfassung 1849 mitsamt dem Grundrechtspatent durch zwei kaiserliche Erlässe aufgehoben. Stattdessen wurden per Erlass Grundsätze für organisatorische Einrichtungen in den Kronländern des österreichischen Kaiserstaates eingeführt. Diese drei Erlässe werden als Silvesterpatente bezeichnet. Fast alle verfassungsrechtlichen Bestimmungen, die als Folge der Revolution 1848 eingeführt worden waren, wurden mit diesen Rechtsakten beseitigt.

C. Der Neoabsolutismus und der monarchische Einheitsstaat (1851 bis 1867)

Mit der Aufhebung der Märzverfassung 1849 durch die Silvesterpatente 1851 begann in Österreich die Zeit des **Neoabsolutismus**. Sie knüpfte in der Herrschaftsform an den aufgeklärten Absolutismus des 18. Jhdts an und war durch das Fehlen einer Verfassung im formellen Sinn und das Fehlen eines echten Parlaments gekennzeichnet. Die **Rolle der römisch-katholischen Kirche** wurde im Vergleich zur Zeit nach Ende des 18. Jhdts wieder wesentlich gestärkt. Durch den Abschluss eines Konkordats zwischen Kaiser *Franz Josef* und Papst *Pius IX.* im Jahr 1855 wurde der Einfluss der Kirche neuerlich vergrößert, zB auf das Eherecht und das Unterrichtswesen. Dieses Konkordat wurde im Jahr 1870 von Österreich wieder gekündigt, nachdem dessen Inhalt durch die **Maigesetze** im Jahr 1868 weitgehend ausgehöhlt wurde.

Die Zeit des Neoabsolutismus war durch den Ausschluss des Volkes von der Staatsgewalt, die Reduktion der wenigen Grundrechte auf Staatszielbestimmungen und die Aufhebung der Gewaltenteilung gekennzeichnet. Auch der Föderalismus wurde weiter geschwächt. Die Länder wurden auf bloße Verwaltungseinheiten reduziert.

Außenpolitische Misserfolge und militärische Niederlagen im Jahr 1859 sowie die finanzielle Notlage des Staates ließen den Widerstand in der Bevölkerung anwachsen. Diesen Problemen sollte mit der Erlassung des kaiserlichen Diploms zur Regelung der inneren staatsrechtlichen Verhältnisse der Monarchie am 20. Oktober 1860 (**Oktoberdiplom**) entgegengewirkt werden. Dieses Diplom bildete keine Verfassung im üblichen Sinn, sondern enthielt lediglich Prinzipien über die Organisation des Staates. Das Oktoberdiplom erwies sich aufgrund verschiedener Widerstände jedoch als praktisch undurchführbar.

Durch das kaiserliche Diplom vom 26. Februar 1861 wurde mit dem **Februarpatent** eine neue Verfassung erlassen. Diese sah einen **monarchischen Einheitsstaat** mit einem Zweikammerparlament vor, dem Reichsrat, bestehend aus einem Herrenhaus und einem Abgeordnetenhaus. Das Wahlrecht in das Abgeordnetenhaus war als Kurienwahl ausgestaltet. Die Entsendung der Abgeordneten sollte grundsätzlich durch die Landtage erfolgen.

Bereits im Jahr 1865 wurde die Verfassung wieder vorübergehend außer Kraft gesetzt („sistiert“, das entsprechende kaiserliche Manifest wird daher auch **Sistierungspatent genannt**). Im Jahr 1867 wurde der Ausgleich zwischen Österreich und Ungarn herbeigeführt. Mit diesem wurde die Eigenstaatlichkeit Ungarns wieder errichtet. Der Deutsche Bund wurde aufgelöst und Deutschland wurde neu gestaltet. Die österreichischen Länder blieben dabei unberücksichtigt.

D. Der Konstitutionalismus in der österreichisch-ungarischen Monarchie (1867 bis 1918)

Im Jahr 1867 wurden die entscheidenden Weichen für die restliche Zeit des Konstitutionalismus in der vorrepublikanischen Zeit gestellt. Zunächst wurde mit dem **Ausgleich mit Ungarn** die österreichisch-ungarische Doppelmonarchie eingeführt, die sich aus den österreichischen (**Cisleithanien**) und den ungarischen Ländern (**Transleithanien**, abgeleitet vom Grenzfluss Leitha) zusammensetzte. Die Verbindung zwischen beiden Reichshälften war der Kaiser. Dieser hatte gewisse Vorrechte, die insb die gemeinsamen (sog pragmatischen) Angelegenheiten beider Reichshälften betrafen (sogenannte **Prärogativen der Krone**). Das waren insb der Oberbefehl über das Heer und die Entscheidung über die Ernennung bzw Entlassung von Kaiserlichen und Königlichen Ministern („Reichsminister") für gemeinsame Angelegenheiten, nämlich Außenpolitik, Kriegswesen und das damit zusammenhängende Finanzwesen.

Darüber hinaus wurde im Jahre 1867 die „**Dezemberverfassung**" erlassen, die aus einer Reihe von **Staatsgrundgesetzen** bestand. Die fünf wesentlichen Staatsgrundgesetze (StGG) waren:
- Gesetz, wodurch das Grundgesetz über die **Reichsvertretung** 1861 abgeändert wurde;
- StGG über die allgemeinen **Rechte der Staatsbürger** (dieses Gesetz wurde 1918 in die Rechtsordnung der Republik übernommen und steht bis heute – wenn auch mehrfach novelliert – in Geltung);
- StGG über die Einsetzung eines **Reichsgerichts**;
- StGG über die **richterliche Gewalt**;
- StGG über die **Regierungs- und Vollzugsgewalt**.

Kaiser und Reichsrat waren nach den Bestimmungen der Dezemberverfassung gemeinsam zur Gesetzgebung auf Reichsebene zuständig. Der Reichsrat bestand weiterhin aus einem Herrenhaus und dem Abgeordnetenhaus, wie sie im Februarpatent festgelegt waren. Die Landesgesetzgebung erfolgte durch den Kaiser gemeinsam mit den Landtagen. Die zentrale Verwaltung wurde weiterhin vom – dem Parlament nicht verantwortlichen – Monarchen und den kaiserlich-königlichen Ministern geführt. Das Wahlrecht war nur beschränkt auf ein Kurien- bzw Zensuswahlrecht, das an die Steuerleistung anknüpfte. Erst im Jahr 1907 kam es zur Einführung eines **allgemeinen und direkten Männerwahlrechts**. Frauen waren immer noch nicht wahlberechtigt. Das Kurienwahlrecht wurde auf Reichsebene, nicht aber in den Landtagen, beseitigt. Die Gerichtsbarkeit war (wie schon im Kremsierer Entwurf vorgesehen) erstmals tatsächlich von der Verwaltung getrennt. Es bestanden Unabhängigkeits- und Unversetzbarkeitsgarantien für die Richter.

In Ausführung des Staatsgrundgesetzes über die richterliche Gewalt wurde im Jahr 1875 der **Verwaltungsgerichtshof** eingerichtet, der 1876 seine Arbeit aufnahm, und damit erstmals eine – wenn auch noch nicht flächendeckende – gerichtliche Kontrolle der Verwaltung vorgesehen.

E. Die Entstehung der Ersten Republik

Mit dem Ende des Ersten Weltkrieges ging die Monarchie als Staatsform in Österreich unter. Am 21. Oktober 1918 trafen sich die Reichsratsabgeordneten der deutschsprachigen Gebiete der Monarchie in Wien im Rahmen einer **Provisorischen Nationalversammlung** des selbstständigen deutschösterreichischen Staates. Sie fasste wenige Tage später den Beschluss über die grundlegenden Einrichtungen der Staatsgewalt für den Staat „**Deutschösterreich**". Auf revolutionärem Weg wurde so eine neue Verfassung erlassen und effektiv (wirksam). Revolutionär deshalb, weil die neue Verfassung unter Bruch mit der monarchischen Verfassung (**Diskontinuität**) entstanden ist, also nicht auf diese rückführbar war. Das Recht der Monarchie wurde in die Rechtsordnung des neuen Staates übergeleitet, soweit es mit der neuen Verfassungsordnung kompatibel war. Die Kundmachung des Kaisers vom 11. November 1918, in der dieser erklärte, auf jeden Anteil an der Staatsgewalt zu verzichten und jede neue Staatsform zu akzeptieren, war so gesehen Konsequenz der Entwicklung, aber nicht Auslöser. Am 12. November 1918 wurde für Deutschösterreich die Staats- und Regierungsform der **demokratischen Republik** festgelegt. Erstmals wurde damit das allgemeine Wahlrecht von Männern und Frauen eingeführt. Mit dem Gesetz vom 14. November 1918 betreffend die Übernahme der Staatsgewalt in den Ländern schuf die Provisorische Nationalversammlung eine Art frühe Form des **Bundesstaates**.

Im Februar 1919 wurde die **Konstituierende Nationalversammlung** gewählt, deren Aufgabe die Erlassung einer neuen Verfassung sein sollte. Die Ausgestaltung des Verhältnisses zwischen Bund und Ländern war konfliktträchtig. Auf zwei **Länderkonferenzen** im Frühjahr 1920 wurde dieses Verhältnis intensiv diskutiert. Nach Verhandlungen im Unterausschuss des Verfassungsausschusses gelangte schließlich ein fertiges Dokument in die Konstituierende Nationalversammlung und wurde am 1. Oktober 1920 beschlossen: das **Bundes-Verfassungsgesetz 1920 (B-VG 1920)**. Dieses Verfassungsgesetz enthielt selbst keine Grundrechte, weil man sich darauf politisch nicht einigen konnte. Man verständigte sich nur auf einen Verweis auf die Grundrechte des Staatsgrundgesetzes über die allgemeinen Rechte der Staatsbürger aus 1867, das auf diesem Wege selbst Teil der neuen Verfassung wurde und bis heute in Kraft steht. Darüber hinaus klammerte das B-VG 1920 die Schulfrage und die Finanzverfassung aus. Die Kompetenzverteilung zwischen Bund und Ländern war zwar im Text des B-VG 1920 enthalten. Das Inkrafttreten der Kompetenzbestimmungen wurde aber vorerst aufgeschoben.

Mit Beschluss des Nationalrats vom 1. Oktober **1925** wurden die **Kompetenzbestimmungen** des B-VG in Kraft gesetzt. Auf Grund der prekären finanziellen Lage der jungen Republik wurde zu Zwecken der Verwaltungsökonomie mit der bundesverfassungsrechtlichen Einrichtung der **Ämter der Landesregierung** und der Umwandlung der Bezirkshauptmannschaften in Landesbehörden die **Parallelität zwischen Bundes- und Landesverwaltung beseitigt**. Bund und Länder übten bis zu diesem Zeitpunkt die Verwaltung durch jeweils eigene Organe in den Ländern parallel aus. Mit der Schaffung der Ämter der Landesregierung durch das genannte Bundesverfassungsgesetz und der Einrichtung der Bezirksverwaltungsbehörden als Landesbehörden sollten alle Landesbehörden auch Bundesverwaltungsangelegenheiten besorgen und die Doppel- bzw Parallelstrukturen der Bundes- und Landesverwaltung in den Ländern aufgelöst werden, was bis heute weitgehend gelungen ist. Ein Großteil der Bundesverwaltung wurde Landesorganen übertragen, was vor allem wesentlich zur Stärkung der Landeshauptleute beigetragen hat.

Der politische Kompromiss, aus dem die **Verfassungsnovelle 1929** hervorgegangen ist, ist vor dem Hintergrund der politischen Unruhen zu sehen. Die beiden dominierenden politischen Lager (Sozialdemokratische Arbeiterpartei Deutschösterreichs und Christlichsoziale Partei) traten immer stärker als politische Entscheidungsträger hervor, womit eine Politisierung in vielen Bereichen verbunden war. Verschiedentlich wurden eine Organisation der Vertretungskörper nach Berufsständen und die Stärkung der Verwaltung als Gegengewicht zum Parlament gefordert. Man einigte sich mit der Verfassungsnovelle 1929 auf eine relative Schwächung des Parlaments und eine **Stärkung der Exekutive**, insbesondere durch Festigung der Position des Bundespräsidenten, der nunmehr unmittelbar vom Volk gewählt wurde und eine Reihe zusätzlicher Kompetenzen erhielt, die noch heute in Kraft stehen, wie zB die Ernennung der Bundesregierung, die Befugnis zur Auflösung des Nationalrates und das (gesetzändernde) Notverordnungsrecht.

F. Ständestaat und Nationalsozialismus

In den folgenden Jahren kam es zum Niedergang der demokratischen Republik und zum neuerlichen Verfassungsbruch nach 1918. Im März 1933 traten alle drei Präsidenten des Nationalrats zurück. Die Bundesregierung unter Bundeskanzler *Dollfuß* deutete dies als „Selbstausschaltung des Nationalrats“. Sie nahm diese Ereignisse zum Anlass, um auf Grundlage des Kriegswirtschaftlichen Ermächtigungsgesetzes aus 1917 – in verfassungswidriger Weise – (verfassungs)gesetzliche Bestimmungen durch Verordnung zu ändern. Auf dieser Grundlage wurde auch der Verfassungsgerichtshof ausgeschaltet. Im Zuge der Verlautbarung der **Verfassung 1934** wurden die Parlamente aufgelöst (**Diskontinuität**).

Nach dem „Anschluss“ Österreichs an das Deutsche Reich im März 1938 ging die Republik Österreich unter. Der „Anschluss“ basierte auf zwei übereinstimmenden Rechtsvorschriften, dem BVG vom 13. März 1938 und dem (deutschen) Reichsgesetz über die Wiedervereinigung Österreichs mit dem Deutschen Reich vom 13. März 1938. Völkerrechtlich wurden diese Vorgänge als **Okkupation** Österreichs qualifiziert, welche im Unterschied zu einer Annexion die Rechtspersönlichkeit Österreichs nicht beseitigt hat. Es folgte eine siebenjährige Zeit der **nationalsozialistischen Diktatur** mit den grausamsten Menschenrechtsverletzungen und Verbrechen gegen die Menschlichkeit in der Geschichte Europas, die erst mit der militärischen Niederlage Hitlerdeutschlands im Zweiten Weltkrieg zu Ende gegangen ist.

G. Die Zweite Republik

In den letzten Tagen vor Ende des Zweiten Weltkriegs in Europa fanden sich die Spitzen der politischen Parteien ÖVP, SPÖ und KPÖ zusammen. Sie proklamierten am 27. April 1945 eine **Unabhängigkeitserklärung**. Gleichzeitig wurde eine provisorische Staatsregierung eingesetzt. Diese setzte mit dem Verfassungs-Überleitungsgesetz vom 1. Mai 1945 das B-VG und alle übrigen Bundesverfassungsgesetze und Verfassungsbestimmungen mit Stand vom 5. März 1933 wieder in Kraft. Dieser Anknüpfungspunkt wurde deswegen gewählt, weil ab der zu diesem Zeitpunkt stattgefundenen sogenannten „Selbstausschaltung“ des Parlaments eine autoritäre Phase der Staatsführung begonnen hatte. Diese Phase wird auch als „Austrofaschismus“ bezeichnet.

Am 15. Mai 1955 wurde der **Staatsvertrag von Wien** abgeschlossen, durch den Österreich am 27. Juli 1955 wieder die volle Souveränität erlangte. Einige Bestimmungen des Staatsvertrags stehen im Verfassungsrang: Das **Anschlussverbot** an Deutschland, die **Rechte der** slowenischen und kroatischen **Minderheiten**, das **Verbot nationalsozialistischer Organisationen** und die **Verhinderung** des Wiederauftretens **nationalsozialistischer Bestrebungen** sowie die Aufrechterhaltung des **Habsburgergesetzes**.

Im Jahr 1958 trat Österreich der Europäischen Menschenrechtskonvention (**EMRK**) des Europarates, einer Internationalen Organisation, bei. Die Konvention wurde 1964 rückwirkend ausdrücklich durch den Verfassungsgesetzgeber in den Verfassungsrang erhoben.

Im Jahr 1994 wurde der Vertrag über den **Beitritt** Österreichs zur **Europäischen Union** ratifiziert. Der Beitritt wurde innerstaatlich als Gesamtänderung der österreichischen Bundesverfassung qualifiziert. Das machte die Erlassung eines Bundesverfassungsgesetzes mit obligatorischer Volksabstimmung notwendig. Die verfassungsrechtliche Ermächtigung zum Beitritt (das war der Inhalt des Bundesverfassungsgesetzes) wurde vom Bundesvolk am 12. Juni 1994 mit großer Mehrheit angenommen. Damit wurde die bisher einzige **Gesamtänderung der Bundesverfassung** vorgenommen (siehe gleich unten III.C.1.). Seit 1. Jänner 1995 ist Österreich Mitglied der Europäischen Union.

II. Der Stufenbau der Rechtsordnung

Das theoretische Konzept des Stufenbaus der Rechtsordnung geht insb auf *Adolf J. Merkl* zurück. In der österreichischen Verfassungsordnung ermächtigen Bundes- und Landesverfassungsgesetze die Gesetzgebungsorgane zur Erlassung einfacher Gesetze; die Landesverfassungen dürfen allerdings die Bundesverfassung nicht „berühren“ (Art 99 Abs 1 B-VG). Über dem einfachen Bundesverfassungsrecht stehen die Grundprinzipien der Bundesverfassung. Diese grundlegenden Entscheidungen in der Bundesverfassung binden den einfachen Verfassungsgesetzgeber. So ist zB die Verfassungsgerichtsbarkeit ein wesentlicher Bestandteil des rechtsstaatlichen Prinzips. Ihre Abschaffung wäre daher nicht mit einem Verfassungsgesetz allein möglich. Ein solches würde gegen die Grundprinzipien der Bundesverfassung verstoßen. Der Verfassungsgerichtshof könnte es aufheben. Lediglich eine Gesamtänderung der Bundesverfassung (Bundesverfassungsgesetz mit obligatorischer Volksabstimmung) könnte die Verfassungsgerichtsbarkeit beseitigen. Einfache Gesetze sind an die Verfassung gebunden. Widersprechen sie der Verfassung, können sie in den dafür vorgesehenen Verfahren vom Verfassungsgerichtshof aufgehoben werden.

Zudem zeichnet auf einfachgesetzlicher Ebene den Stufenbau der Rechtsordnung in Österreich die Tatsache aus, dass Bundesrecht nicht über Landesrecht steht. Gesetzgebungsakte des Bundes „brechen“ – anders als in anderen Bundesstaaten, etwa Deutschland – grundsätzlich nicht jene der Länder.

Verfassungsgesetze und einfache Gesetze ermächtigen Verwaltungsbehörden zur Erlassung von Verordnungen. Gesetze ermächtigen Behörden zur Erlassung von Bescheiden, Urteilen, Erkenntnissen und Beschlüssen. Auch Verordnungen determinieren Behörden bei der Erlassung dieser Einzelfallentscheidungen. Bei Widerspruch zu den jeweils höherrangigen Rechtsakten werden die genannten Rechtsakte in den dafür vorgesehenen Verfahren von Gerichten aufgehoben.

Der Stufenbau der Rechtsordnung stellt sich vereinfacht wie folgt dar:

Grundprinzipien
↓
Bundesverfassungsrecht
↓ ↓
Landesverfassungsrecht ↓
↓ ↓
Landesgesetze Bundesgesetze
↓ ↓
Verordnungen
↓
Bescheide, Urteile, Entscheidungen

III. Grundzüge des Verfassungsrechts

A. Der Begriff der „Verfassung“

Unter „Verfassung“ wird im Wesentlichen ein Komplex von Rechtsvorschriften verstanden, der inhaltlich eine Grundordnung einer in aller Regel staatlich organisierten Einheit darstellt und sich so von der übrigen Rechtsordnung, etwa der überwiegend einfachgesetzlichen Rechtsordnung des Privatrechts (etwa des ABGB), über die Sie bereits in den Teilen davor erfahren haben, unterscheidet. In der Regel kommt eine Verfassung durch erschwerte Erzeugungsbedingungen im Rechtsetzungsverfahren im Vergleich zur übrigen Rechtserzeugung zustande.

Typische Funktion einer Verfassung ist es, die Spielregeln des politischen Prozesses festzulegen („**Spielregelverfassung**“), nach denen die für die Demokratie entscheidende Konkurrenz um die Mehrheit offengehalten wird. Außerdem soll sie durch die Begrenzung staatlicher Macht zugleich auch eine Sicherung individueller Freiheit gewährleisten. Ein zentraler Inhalt von Verfassungen ist auch die Abgrenzung der Staatsfunktionen voneinander: Das damit angesprochene Konzept der **Gewaltenteilung** geht auf *Montesquieu* zurück (siehe 4. Teil I.B.3.c.) und sieht eine Aufteilung der Staatsfunktionen (*Legislative, Judikative, Exekutive*) auf unterschiedliche Staatsorgane vor. Um Machtmissbrauch hintanzuhalten, sehen die Verfassungen meist ein ausgefeiltes System von **checks and balances** mit wechselseitigen Mitwirkungs- und Kontrollrechten vor, welches entsprechende Abhängigkeiten schafft. ZB ist nach der österreichischen Bundesverfassung der Verfassungsgerichtshof (Organ der Gerichtsbarkeit) auf Antrag der

Landesregierung (Organ der Verwaltung) dazu berufen, die Vereinbarkeit von Bundesgesetzen (Gesetzgebung) mit der Bundesverfassung zu prüfen.

B. Rechtsquellen des österreichischen Verfassungsrechts

Die „Verfassungsurkunde" (das Stammgesetz) der österreichischen Verfassung ist das **Bundes-Verfassungsgesetz (B-VG)** aus 1920, das seither mehr als 100mal geändert wurde. Eine Besonderheit der österreichischen Bundesverfassung ist es, dass es verfassungsrechtliche Bestimmungen auch außerhalb dieser „Verfassungsurkunde" gibt. Neben diesem Stammgesetz existieren eine größere Anzahl von **Bundesverfassungsgesetzen** (BVG, zB Finanz-Verfassungsgesetz [F-VG], Bundesverfassungsgesetz [BVG] über die Rechte der Kinder oder die Europäische Menschenrechtskonvention [EMRK], die im Verfassungsrang steht, uvam) und in einfachen Bundesgesetzen enthaltene einzelne **Verfassungsbestimmungen** (zB das Grundrecht auf Datenschutz in § 1 DSG 2000). Diese Bestimmungen stehen alle im gleichen Rang wie die Kernurkunde der Bundesverfassung, das Bundes-Verfassungsgesetz (B-VG).

Die österreichische Bundesverfassung kennt **kein „Inkorporationsgebot"** (= Gebot, Verfassungsänderungen nur in der Verfassungsurkunde [im Stammgesetz] vorzunehmen). Im Vergleich zu anderen Staaten ist daher das österreichische Verfassungsrecht zersplittert und unübersichtlich. Die Verfassungserzeugungsregeln stellen in Österreich ausschließlich auf **formelles Verfassungsrecht** ab. Bei der Erzeugung von Verfassungsrecht kommt es nur darauf an, ob es in dem dafür vorgesehenen besonderen Verfahren erzeugt und als solches bezeichnet wurde. Die Erzeugung von einfachem Bundesverfassungsrecht bedarf einer Mehrheit von zwei Dritteln der Stimmen im Nationalrat (*Konsensquorum*), wobei mindestens die Hälfte der Abgeordneten anwesend sein muss (*Präsenzquorum*). Darüber hinaus sind die Vorschriften ausdrücklich als Verfassungsgesetz bzw Verfassungsbestimmung zu bezeichnen (Art 44 Abs 1 B-VG). Fehlt eines dieser Merkmale, liegt kein Verfassungsrecht vor.

Überwiegend finden sich in den Bestimmungen des B-VG und der anderen BVG jene grundlegenden Bestimmungen der Staatsorganisation und der Grundrechte, die diese Rechtsschicht überdies als **materielles Verfassungsrecht** ausweisen. Dieser Begriff stellt auf den Inhalt der Regelungen und nicht bloß auf die Modalitäten des Zustandekommens ab. Als materielles Verfassungsrecht werden Vorschriften bezeichnet, die den grundlegenden Aufbau und das Funktionieren des Staates, insb Ziele, Aufgaben und Organisation des Staates regeln (zB die „Organisation" des Staates als Demokratie, was insb in der Regelung des Gesetzgebungsverfahrens seinen Ausdruck findet). Im Speziellen zählen dazu auch die Grundrechte, weil diese Staat und Gesellschaft insoweit voneinander abgrenzen, als sie Grenzen für staatliches Handeln festlegen.

Verfassungsbestimmungen über das Parlament, das Gesetzgebungsverfahren, die Verwaltungsorgane und die Gerichtsbarkeit sowie über den Aufbau des Bundesstaates machen diese Regelungsinhalte deutlich. Bund und Länder haben Gesetzgebungs-, Verwaltungs- und Gerichtsbarkeitskompetenzen, die Gemeinden sind demgegenüber ausschließlich Verwaltungseinrichtungen, besitzen aber als Selbstverwaltungskörper ein hohes Maß an Unabhängigkeit, weil sie in wichtigen Aufgaben weisungsfrei sind (sog „eigener Wirkungsbereich") und nur der staatlichen Aufsicht unterliegen (vgl unten

IV.A.4.c.). Die Gemeinden als „dritte Ebene des Bundesstaates" spielen auf diese Weise eine große Rolle im politischen System.

Formelles und materielles Verfassungsrecht decken sich in Österreich nicht. Vielfach bestehen Vorschriften auf einfachgesetzlicher Ebene, die dem materiellen Verfassungsrecht zugeordnet werden können (zB das Geschäftsordnungsgesetz des Nationalrats, das auch Regelungen betreffend das Gesetzgebungsverfahren enthält). Umgekehrt wurden Bestimmungen als formelles Verfassungsrecht erlassen, die nicht die grundlegenden Anordnungen über das Funktionieren des Staates zum Gegenstand haben (zB ordnet § 103 Abs 2 letzter Satz Kraftfahrgesetz [KFG] im Verfassungsrang die Verpflichtung zur Lenkerauskunft an und enthält Art III der Schulverfassungsnovelle 1962 Vorgaben für eine Uhrmacherschule in Karlstein).

C. Grundprinzipien der Bundesverfassung

1. Bedeutung der Grundprinzipien

Den Kern des österreichischen Verfassungsrechts stellen die „**Grundprinzipien der Bundesverfassung**", auch „**Baugesetze der Bundesverfassung**" genannt, dar. Als Leitentscheidungen über den Aufbau der Bundesverfassungsordnung nehmen sie eine besondere Stellung ein, sie stehen im Stufenbau über dem übrigen Bundesverfassungsrecht. Die einzelnen Grundprinzipien sind nicht ausdrücklich festgelegt, sondern ergeben sich aus dem Gesamtzusammenhang der Bundesverfassung. Der Bundesverfassung wohnen ein demokratisches, ein republikanisches, ein bundesstaatliches und ein rechtsstaatliches Grundprinzip inne (siehe gleich unten 2. bis 5.). Teilweise werden in der Lehre darüber hinaus das gewaltenteilende und das liberale Grundprinzip gesondert genannt. Diese können auch als Teil des rechtsstaatlichen Grundprinzips aufgefasst werden.

Wesentlich für die spezifische Funktion und Stellung der Grundprinzipien sind ihre **erschwerten Erzeugungs- bzw Abänderungsbedingungen**. Die Änderung der Grundprinzipien wird als **Gesamtänderung** der Bundesverfassung bezeichnet. Art 44 Abs 3 B-VG bestimmt, dass jede Gesamtänderung – zusätzlich zu der in Art 44 Abs 1 B-VG vorgesehenen Zweidrittelmehrheit im Nationalrat bei einer Anwesenheit von mindestens der Hälfte der Mitglieder – zwingend einer **Volksabstimmung** bedarf.

Eine Gesamtänderung liegt vor, wenn eines der Grundprinzipien aufgegeben oder tiefgreifend umgestaltet wird oder wenn sich das Verhältnis der Prinzipien zueinander wesentlich ändert. Eine Abschaffung des Bundesstaates oder eine wesentliche Veränderung der repräsentativen Demokratie in Richtung einer direkten Demokratie oder, wie oben schon angeführt, die Abschaffung der Verfassungsgerichtsbarkeit bedürften einer Gesamtänderung der Bundesverfassung. Bei sonstigen Verfassungsänderungen ist eine Volksabstimmung zwar möglich, wenn der Nationalrat eine solche beschließt oder wenn sie ein Drittel der Abgeordneten verlangt. Sie ist im Gegensatz zur Gesamtänderung der Bundesverfassung aber nicht zwingend erforderlich.

Eine Gesamtänderung der Bundesverfassung fand beim Beitritt Österreichs zur Europäischen Union statt. Der mit dem Beitritt verbundene Übergang weitreichender Kompetenzen auf Organe der EU widersprach dem demokratischen, dem gewaltenteilenden, dem rechtsstaatlichen und auch dem bundesstaatlichen Prinzip. Aus diesem Grund wurde am 12. Juni 1994 eine obligatorische Volksabstimmung über ein Bundesverfassungsgesetz durchgeführt, das zum Abschluss des Beitrittsvertrages ermächtigte.

Nach hA nehmen die Grundprinzipien der Bundesverfassung **im Stufenbau den höchsten Rang** ein. Sie stehen sohin über dem sonstigen („einfachen") Bundesverfassungsrecht. Verstößt einfaches Bundesverfassungsrecht gegen die Grundprinzipien der Bundesverfassung, ist es verfassungswidrig („**verfassungswidriges Verfassungsrecht**") und kann vom Verfassungsgerichtshof aufgehoben werden. Bislang ist dies ein einziges Mal der Fall gewesen.

Die Grundprinzipien der Bundesverfassung sind von den sogenannten **Staatszielbestimmungen zu unterscheiden** (zB umfassende Landesverteidigung, umfassender Umweltschutz, Achtung der Autonomie der Sozialpartner). Staatszielbestimmungen enthalten grundlegende politische System- und Wertentscheidungen und damit eine Art „Programmauftrag" für die einfachen Gesetzgeber und auch die übrigen Staatsorgane, die jeweiligen Staatsziele zu verwirklichen. Staatszielbestimmungen sind in einfachen Bundesverfassungsgesetzen enthalten und haben nicht den Rang von Grundprinzipien der Bundesverfassung mit determinierender Wirkung für das übrige Verfassungsrecht. Daher wäre eine Abschaffung des Staatsziels über den umfassenden Umweltschutz keine Gesamtänderung, sondern eine einfache Verfassungsänderung. Sie legen – weil sich aus ihnen keine subjektiven Rechte des Einzelnen ableiten lassen – auch keine Grundrechte fest. In der Judikatur des VfGH haben die Staatszielbestimmungen vor allem bei der Auslegung des sonstigen (Verfassungs)Rechts Bedeutung erlangt.

Beispiel: Eine Reduktion der Bewilligung von Motorsportbootkonzessionen auf Seen kann sich erfolgreich auf das Staatsziel des umfassenden Umweltschutzes berufen und ist damit verfassungskonform.

2. Das demokratische Grundprinzip

Österreich ist als Demokratie eingerichtet. Dies ergibt sich aus einer Vielzahl von einzelnen Verfassungsbestimmungen. Art 1 B-VG bestimmt zudem: „**Österreich ist eine demokratische Republik. Ihr Recht geht vom Volk aus.**" Die Rechtsunterworfenen erzeugen das Recht grundsätzlich selbst. Zumindest muss die Rechtserzeugung auf sie rückführbar sein. Das Volk ist damit der Souverän („**Volkssouveränität**").

Aus dem Gesamtzusammenhang der Bundesverfassung ergibt sich, dass Österreich als **mittelbare bzw repräsentative parlamentarische Demokratie** eingerichtet ist. Direktdemokratische Elemente kennt die Bundesverfassung auch (Volksbefragung, Volksabstimmung, Volksbegehren), sie dürfen aber nicht unmittelbar, dh ohne parlamentarische Entscheidung, zur Rechtsetzung führen. Im Gegensatz zur unmittelbaren Demokratie erzeugen in der mittelbaren, repräsentativen Demokratie nicht die Rechtsunterworfenen selbst das Recht, sondern von den Rechtsunterworfenen gewählte, ihren Willen repräsentierende Personen, also die Abgeordneten zu den Parlamenten. Wahlberechtigte österreichische Staatsbürger wählen auf Bundesebene den **Nationalrat** (für eine Gesetzgebungsperiode von fünf Jahren) und auf Landesebene die **Landtage** als gesetzgebende Körperschaften (siehe zum Wahlrecht III.D.1.).

Nur mit einer Gesamtänderung der Bundesverfassung könnte die Stellung der Parlamente im Rahmen der Gesetzgebung wesentlich eingeschränkt werden. ZB darf der

Ausbau direktdemokratischer Elemente nicht dazu führen, dass statt dem Nationalrat oder der Landtage das jeweilige Bundes- oder Landesvolk unmittelbar den Inhalt von Gesetzen festlegt. Dies wäre mit dem repräsentativen Charakter des demokratischen Systems der Bundesverfassung nicht vereinbar.

Innerhalb des vom demokratischen Grundprinzip vorausgesetzten Systems der mittelbaren Demokratie kennt die Bundesverfassung verschiedene **Elemente unmittelbarer Demokratie**:

- **Volksabstimmung**: Im Falle einer Gesamtänderung der Bundesverfassung (Art 44 Abs 3 B-VG – obligatorische Volksabstimmung) oder sonst aufgrund eines Beschlusses des Nationalrats (fakultative Volksabstimmung) ist ein Gesetzesbeschluss dem Bundesvolk zur Abstimmung vorzulegen (Art 43 B-VG). Dieses entscheidet darüber, ob dieser Gesetzesbeschluss des Nationalrates ein (Verfassungs)Gesetz werden soll. Das Ergebnis ist bindend. Bislang haben zwei Volksabstimmungen stattgefunden: eine über die Gesamtänderung anlässlich des EU-Beitritts im Jahr 1994, eine über ein einfaches Bundesgesetz betreffend die Inbetriebnahme des Kernkraftwerks Zwentendorf im Jahr 1978.
- **Volksbefragung**: Auf Beschluss des Nationalrats ist eine Volksbefragung über eine Angelegenheit von grundsätzlicher und gesamtösterreichischer Bedeutung, zu deren Regelung der Bundesgesetzgeber zuständig ist, durchzuführen. Das Ergebnis ist rechtlich nicht bindend, hat allerdings meist enorme politische Bedeutung. Die erste Volksbefragung über die Beibehaltung der Wehrpflicht fand im Jahr 2013 statt.
- **Volksbegehren**: Mindestens 100.000 Stimmberechtigte oder ein Sechstel der Wahlberechtigten aus drei Bundesländern können gemeinsam die Behandlung eines Gesetzesvorschlags im Nationalrat erreichen und damit ein Gesetzgebungsverfahren einleiten. Der Nationalrat ist aber nicht verpflichtet, dem Volksbegehren zu entsprechen und einen entsprechenden Gesetzesbeschluss zu fassen. Die bislang knapp 40 Volksbegehren haben vielfach zu keinen Gesetzesänderungen geführt. In einigen wenigen Fällen wurden die Volksbegehren jedoch mit entsprechenden gesetzlichen Regelungen (Rundfunkvolksbegehren 1964, Tierschutzvolksbegehren 1996) umgesetzt. Vielfach sorgen Volksbegehren für ein hohes Maß an Öffentlichkeit der Debatte über politisch bedeutsame Themen (zB das Bildungsvolksbegehren im Jahr 2011).

Die Landesverfassungen legen entsprechende direktdemokratische Elemente auch für Landesangelegenheiten fest. Über diese Elemente hinaus darf die Gesetzgebungshoheit der Landtage jedoch nicht wesentlich eingeschränkt werden.

Wesentliches Element des demokratischen Grundprinzips ist neben der Rolle der Parlamente die **Abhängigkeit aller übrigen staatlichen Organe von diesen Parlamenten**. Die Vollziehung (Gerichtsbarkeit und Verwaltung) darf nur aufgrund der Gesetze und unter Bindung an diese ausgeübt werden (**Legalitätsprinzip**, vgl Art 18 B-VG). Die Vollziehung ist damit an den Willen der direkt demokratisch legitimierten Parlamente gebunden. Gleichzeitig legt das Legalitätsprinzip den Parlamenten (Gesetzgebern) eine Verpflichtung auf. Sie haben die Verwaltung und die Gerichtsbarkeit durch hinreichend genau determinierte Gesetze an ihren Willen zu binden. Damit wird eine enge Verbindung zwischen dem demokratischen und dem rechtsstaatlichen Grundprinzip deutlich (siehe unten 3.).

Die **Verwaltung** ist auch insoweit von den Parlamenten abhängig, als sie diesen gegenüber **verantwortlich** ist. Die obersten Organe der Verwaltung (zB Mitglieder der Bundesregierung) können von den Parlamenten rechtlich (durch Ministeranklage vor dem VfGH) und politisch (zB durch Misstrauensvotum) zur Verantwortung gezogen werden. Dem entspricht es, dass grundsätzlich sämtliche Verwaltungsorgane an **Weisungen** der obersten Organe gebunden sind (siehe zur Weisung IV.A.3.c.). Dieses durchgehende Weisungsrecht ermöglicht es den Parlamenten, also den direktdemokratisch legitimierten Volksvertretern, die obersten Organe (etwa die Bundesminister im Rahmen der Bundesverwaltung) für das Handeln der gesamten ihnen unterstellten Verwaltung zur Verantwortung zu ziehen.

Die Gesetzesbindung der Vollziehung sowie die Weisungsbindung der Verwaltung und die Verantwortlichkeit der obersten Organe stellen indirekt die **demokratische Legitimation der gesamten Vollziehung** her. Gerade weil das oberste Organ das Verwaltungshandeln bis zum untersten Organ zu steuern in der Lage ist, kann es dafür politisch und rechtlich verantwortlich gemacht werden.

3. Das rechtsstaatliche Grundprinzip

Ein Rechtsstaat zeichnet sich dadurch aus, dass seine Rechtsordnung eine gewisse inhaltliche Bestimmtheit und Vorhersehbarkeit staatlichen Handelns durch Gesetzgebung aufweist (Gesetzesstaat) und entsprechend vorgesehene Einrichtungen die Sicherung und Durchsetzung der Gesetze garantieren (Rechtsschutzstaat). Diese Vorhersehbarkeit und die daraus resultierende Berechenbarkeit der bestehenden Rechte und Pflichten unterscheiden den **Rechtsstaat** vom **Polizeistaat**, in dem weitgehende Willkür herrscht. Dieser Begriff des Rechtsstaats sagt nichts über den Inhalt der so getroffenen Festlegungen aus (**formeller Rechtsstaat**). Allfällige Vorstellungen von Gerechtigkeitsanforderungen fließen in diesen Begriff nicht ein. Ein Rechtsstaat, der bestimmten inhaltlichen Vorstellungen entspricht, wird als **materieller Rechtsstaat** bezeichnet. Während die ältere Lehre dem rechtsstaatlichen Prinzip ausschließlich Bedeutung im Sinne eines formellen Rechtsstaats beimaß, sind durch grundrechtliche und gewaltenteilende Festlegungen in der Bundesverfassung heute auch Aspekte materieller Rechtsstaatlichkeit verwirklicht.

Die Bundesverfassung gestaltet Österreich als **Verfassungsstaat** aus. Jeder Akt eines staatlichen Organs muss in der Verfassung begründet und auf diese rückführbar sein. Zentrales Element des rechtsstaatlichen Prinzips ist die Bindung der Vollziehung (Verwaltung und Gerichtsbarkeit) an das Gesetz (**Legalitätsprinzip** gem Art 18 B-VG – „**Gesetzesstaat**"). Diese Bindung der Vollziehung bedeutet, dass Organe der Vollziehung nur handeln dürfen, wenn dies gesetzlich vorgesehen ist (**Vorbehalt des Gesetzes**). Das Gesetz ist damit Bedingung staatlicher Vollziehung. Darüber hinaus impliziert das Legalitätsprinzip einen **Vorrang des Gesetzes**: Kein Akt der Vollziehung darf gegen eine gesetzliche Regelung verstoßen. Das Legalitätsprinzip bezieht sich nur auf die Hoheitsverwaltung (Handeln durch Bescheide etc). Im Bereich der Privatwirtschaftsverwaltung, dh beim Abschluss privatrechtlicher Verträge, ist ein Handeln staatlicher Organe auch ohne gesetzliche Grundlage rechtlich zulässig. Bund, Länder und Gemeinden handeln dabei wie Private im Rahmen ihrer Privatautonomie und sind dabei wie diese an Gesetze (zB des Privatrechts) gebunden (siehe IV.A.5.b.).

Das Legalitätsprinzip richtet sich aber auch an den Gesetzgeber und verpflichtet diesen, das Handeln der Vollziehung inhaltlich bereits auf Ebene der Gesetzgebung hinreichend genau zu determinieren („**Determinierungsgebot**"). Die Gesetzesbindung würde leerlaufen, wenn das Gesetz nichts regelt. Das Maß an inhaltlicher Vorherbestimmung ist aber nicht einheitlich, sondern richtet sich nach dem Regelungsgegenstand und Rechtsschutzbedürfnis („**differenziertes Legalitätsprinzip**"). Abhängig vom Regelungsgegenstand kann uU auch die bloße Vorgabe von Zielen bereits dem Determinierungsgebot entsprechen. Im Gegenzug muss dann aber das Vorgehen der Vollziehung, das Verfahren, umso genauer geregelt sein („**finale Programmierung**" und „**Legitimation durch Verfahren**"). Entspricht der Gesetzgeber diesem Gebot nicht, ist das Gesetz verfassungswidrig und wird im Falle der Anfechtung vom VfGH aufgehoben.

Beispiel: Das Maß an gesetzlicher Vorherbestimmung ist im Strafrecht oder im Steuerrecht höher als etwa im Wirtschaftsrecht. Im Raumordnungsrecht werden auf gesetzlicher Ebene lediglich bestimmte Ziele vorgegeben, dafür aber das Verfahren zur Erlassung von Flächenwidmungsplänen detaillierter geregelt.

Das Legalitätsprinzip verlangt keine Vorherbestimmung der Vollziehung bis ins letzte Detail. Solches wäre praktisch kaum durchführbar. Der Gesetzgeber kann den Vollziehungsorganen einen gewissen Entscheidungsspielraum durch **Ermessensbestimmungen** einräumen. Der Gesetzgeber kann es der Vollziehung anheimstellen, ob sie in bestimmten Fällen handelt oder nicht bzw welche aus mehreren Handlungsalternativen sie wählt. Er hat aber die dabei zu berücksichtigenden Entscheidungsparameter festzulegen. Rechtswidrigkeit liegt in diesen Fällen nicht vor, wenn das Ermessen „im Sinne des Gesetzes" ausgeübt wurde.

Beispiel: Die Verleihung der Staatsbürgerschaft ist eine Ermessensentscheidung, die allerdings den entsprechenden gesetzlichen Vorgaben entsprechen muss. Bei Entscheidungen im Regulierungsrecht stellt sich angesichts knapper Güter (zB Kontingente, Frequenzen) die Frage, welchem Bewerber eine Berechtigung erteilt werden soll.

Darüber hinaus ist dem Gesetzgeber die Verwendung **unbestimmter Gesetzesbegriffe** erlaubt. Diese sind relativ allgemein und unscharf formuliert. Solches ist mit Art 18 B-VG vereinbar, wenn diese Begriffe einen so weit bestimmbaren Inhalt haben, dass der einzelne Rechtsunterworfene sein Verhalten danach einrichten kann.

Beispiel: Die Begriffe „Nachtzeit" und „Stand der Technik" erlangen durch den Regelungskontext (zB Jugendschutz, Parkordnungen, Art der Betriebsanlage) einen hinreichend klaren Gehalt. Der Begriff „Nachtzeit" wird bei einer Parkordnung auf das Einbrechen der Dunkelheit abstellen, bei einer Jugendschutzregelung auf eine bestimmte Uhrzeit, etwa Mitternacht.

Ein weiterer wesentlicher Bestandteil des rechtsstaatlichen Prinzips ist die Garantie der Einhaltung von Verfassung und Gesetz durch entsprechende Institutionen und die den Rechtsunterworfenen zukommenden Rechtsschutzmöglichkeiten gegenüber staatlichem Handeln („**Rechtsschutzstaat**"). Dementsprechend darf der Staat, wenn er hoheitlich gegenüber dem Einzelnen handelt und in seine Rechte eingreift, nur in Formen tätig werden, die zum relativ geschlossenen System der verfassungsrechtlichen Rechtsquellen gehören („**Rechtstypenzwang**"). Dies deshalb, weil nur gegen diese von der Bundesverfassung vorausgesetzten Rechtsakte Rechtsschutzeinrichtungen vorgesehen sind bzw das Rechtsschutzsystem der Bundesverfassung an diese Rechtsakte anknüpft. Die verfassungsrechtlichen Grundlagen für das öffentlich-rechtliche Rechtsschutzsystem finden sich insb im 7. Hauptstück des B-VG, welches Regelungen über die Verwaltungsgerichte, den VwGH und den VfGH enthält. Je Bundesland besteht ein Landesverwaltungsgericht, auf Bundesebene ein Bundesverwaltungsgericht (BVwG) und das Bundesfinanzgericht (BFG). Alle verwaltungsbehördlichen Entscheidungen in Bescheidform können grundsätzlich direkt bei diesen Verwaltungsgerichten mittels **Bescheidbeschwerde** bekämpft werden (siehe IV.B.2.a.). Ausnahmen bestehen in der Gemeindeselbstverwaltung. Darüber hinaus sind die Verwaltungsgerichte zur Kontrolle von unmittelbaren verwaltungsbehördlichen Maßnahmen (zB Festnahmen, Abschleppen eines Autos) und für den Schutz gegen Säumnis von Verwaltungsbehörden (**Säumnisbeschwerde**) zuständig.

Die Entscheidungen der Verwaltungsgerichte können sowohl beim VwGH als auch beim VfGH bekämpft werden (siehe III.F.2.b. und IV.B.2.b.).

Das rechtsstaatliche Prinzip fordert **ein Mindestmaß an Effizienz des Rechtsschutzsystems**. Der Einzelne muss tatsächlich die Möglichkeit haben, seine Rechte durchzusetzen und sich gegen rechtswidrige staatliche Akte zur Wehr zu setzen. Zu kurze Rechtsmittelfristen oder auch der Ausschluss der (für die Parteien eines Verfahrens grundsätzlich gegebenen) Rechtsmittelbefugnis sind daher verfassungswidrig.

Elementarer Bestandteil einer rechtsstaatlichen Verfassung ist die **Gewaltenteilung**. Die Bundesverfassung ordnet die Trennung zwischen den drei Staatsgewalten **Gesetzgebung, Gerichtsbarkeit und Verwaltung** an. Für diese Staatsgewalten sind jeweils eigene Organe eingerichtet (organisatorische Gewaltenteilung). Es dürfen keine Mischorgane errichtet werden (dh zB Verwaltungsbehörden dürfen nicht zugleich Gerichte sein). Dem widerspricht es nicht, wenn zB organisatorisch als Verwaltungsorgane eingerichtete Organe im Einzelfall funktionell für die Staatsfunktion Gerichtsbarkeit tätig werden.

Beispiel: Die Organe der Kriminalpolizei sind organisatorisch als Verwaltungsorgane eingerichtet. Führen diese Organe auf richterlichen Befehl hin eine Hausdurchsuchung durch, werden sie funktionell als Organe der Gerichtsbarkeit tätig. Ihr Handeln wird der Gerichtsbarkeit zugerechnet. Dabei kommt es zu keiner organisatorischen Vermischung der Staatsfunktionen Verwaltung und Gerichtsbarkeit, die vor dem Hintergrund der Gewaltenteilung zu beanstanden wäre.

Die drei Staatsgewalten stehen in der Bundesverfassungsordnung aber nicht beziehungslos nebeneinander. Sie wirken in einem System wechselseitiger Abhängigkeit und Kontrolle („**checks and balances**") zusammen.

Beispiel: Der Bundespräsident als Verwaltungsorgan ernennt auf Vorschlag des Nationalrats – einem Organ der Gesetzgebung – Mitglieder des Verfassungsgerichtshofs, eines Organs der Gerichtsbarkeit. Der Nationalrat als Organ der Gesetzgebung kann durch das Instrument des Untersuchungsausschusses die Tätigkeit der Verwaltung kontrollieren oder einen Minister beim VfGH „anklagen" („rechtliche Verantwortlichkeit").

Abgesichert wird die Gewaltenteilung durch verschiedene **Unvereinbarkeits-** oder **Inkompatibilitätsbestimmungen**, wonach eine Person nicht gleichzeitig die Funktionen mehrerer bestimmter Organe bekleiden darf (zB darf der Bundespräsident nicht gleichzeitig dem Nationalrat etc angehören, ein Mitglied des VfGH nicht Bundeskanzler oder Bundesminister sein). Nach der Bundesverfassung ist die Staatsgewalt nicht nur zwischen den drei Staatsfunktionen aufgeteilt. Die Gewaltenteilung zeigt sich auch im bundesstaatlichen Aufbau durch die **Aufteilung der Staatsgewalt auf Bund und Länder** und in der Einrichtung von Selbstverwaltungskörpern wie insb den Gemeinden (siehe IV.A.4.c. und d.). Verschiedentlich wird in der Lehre die Gewaltenteilung als eigenes Grundprinzip der Bundesverfassung qualifiziert.

Wesentlicher Gehalt einer rechtsstaatlichen Verfassung ist auch der Bestand von **Grundrechten**. Dieses **liberale Element** soll im Sinne einer „Trennung von Staat und Gesellschaft“ dem Einzelnen eine Sphäre der Freiheit von staatlichem Handeln gewährleisten. Die verschiedenen grundrechtlichen Garantien der Bundesverfassung grenzen das staatliche Handeln ein. Die (weitgehende) Beseitigung dieses Bestandes, aber nicht schon jede Einschränkung desselben, ist als Gesamtänderung der Bundesverfassung zu qualifizieren. Über sie wäre zwingend eine Volksabstimmung durchzuführen. Nach einigen Lehrmeinungen bildet dieses Element als liberales Prinzip ein eigenes Grundprinzip der Bundesverfassung

4. Das republikanische Grundprinzip

Kern des **republikanischen Prinzips** ist die **Stellung des Staatsoberhauptes**, also des Bundespräsidenten. Im Gegensatz zu einem Monarchen, also einem Kaiser oder König (Monarchie), der durch Erbfolge auf Lebenszeit oft letztlich auch sakral legitimiert ist (Herrscher von Gottes Gnaden), ist das Staatsoberhaupt in der Republik auf Zeit gewählt und politisch sowie rechtlich verantwortlich. Das österreichische Staatsoberhaupt, der Bundespräsident, wird unmittelbar vom Volk für sechs Jahre gewählt, wobei eine einmalige Wiederwahl zulässig ist. Es besteht keine Erbfolge. Ferner ist er politisch gegenüber dem Volk verantwortlich; er kann auf Grund eines Beschlusses der Bundesversammlung (das ist die Gesamtheit der Mitglieder des Nationalrates und Bundesrates, also beider Kammern des Bundesparlaments) durch eine Volksabstimmung abgesetzt werden. Die rechtliche Verantwortung wird durch den Beschluss der Bundesversammlung, mit dem beim VfGH Anklage wegen Verletzung der Bundesverfassung erhoben werden kann, geltend gemacht (siehe oben III.C.2.).

5. Das bundesstaatliche Grundprinzip

Das **bundesstaatliche Prinzip** legt (im Gegensatz zu Einheitsstaaten, bei denen die gesamte Staatsgewalt nur in einem Verband liegt) eine gewisse **Dezentralisierung** fest. Zentrale Elemente des Prinzips sind die **Aufteilung der Staatsfunktionen** auf **Bund und Länder** und die **Mitwirkung der Länder** an der **Bundesgesetzgebung** (insb durch den Bundesrat, die „Länderkammer“ des Parlaments) und an der Bundesverwaltung (im Rahmen der **mittelbaren Bundesverwaltung**). Vorausgesetzt wird dabei die Existenz der Länder als autonome Träger der Staatsgewalt. Den Ländern kommt eine **relative Verfassungsautonomie** zu – sie können eigene Landesverfassungen erlassen, die aber der Bundesverfassung nicht widersprechen dürfen. Eine Gesamtänderung der Bundesverfassung wäre mit der Beseitigung wesentlicher Teile des eigenen Wirkungsbereichs der Länder verbunden. Faktisch ist der Anteil der Länder an der Staatsgewalt ohnehin wesentlich geringer als jener des Bundes. Eine Stärkung erfuhr ihre Stellung durch die Einführung der Verwaltungsgerichtsbarkeit erster Instanz im Jahr 2014, wodurch sie erstmals auch Anteil an der Staatsfunktion Gerichtsbarkeit erhielten.

D. Wahlrecht und Gesetzgebung

1. Wahl und Stellung der Abgeordneten

Der Nationalrat als unmittelbar demokratisch legitimierter Bundesgesetzgeber wird unmittelbar vom Bundesvolk gewählt. Dabei gelten die folgenden **Wahlgrundsätze**: Aktiv wahlberechtigt zum Nationalrat sind alle österreichischen Staatsbürger, die am Wahltag das 16. Lebensjahr vollendet haben (**allgemeines Wahlrecht**). Art 26 Abs 1 B-VG begründet ein verfassungsgesetzlich gewährleistetes subjektives Recht. Jeder Stimme kommt der gleiche Zählwert zu (**gleiches Wahlrecht**), es ist aber nicht erforderlich, dass jedes Mandat gleich viel „wert" ist (kein gleicher Erfolgswert). Die Wähler müssen die zu wählenden Personen selbst bezeichnen (es darf daher kein Wahlmännersystem wie etwa in den USA geben – **unmittelbares Wahlrecht**). Die Wahl muss durch persönliche Stimmabgabe (keine Wahl durch Stellvertreter – **persönliches Wahlrecht**) und geheim erfolgen (**geheimes Wahlrecht** zum Schutz der Wahlfreiheit). Es besteht jedoch die Möglichkeit der Briefwahl. Die Wahlwerbung soll nicht beschränkt oder staatlich differenziert begünstigt werden, ebenso darf die Stimmabgabe nicht zu Nachteilen irgendwelcher Art führen (**freies Wahlrecht**).

Diese Wahlgrundsätze gelten auch für die **Landtage** (die Landesparlamente) und die **Gemeinderäte** (die allgemeinen Vertretungskörper auf Gemeindeebene) – man spricht vom „**wahlrechtlichen Homogenitätsprinzip**". Das Wahlrecht zu den Landtagen und den Gemeinderäten wird nach den Vorgaben der Bundesverfassung durch den Landesgesetzgeber geregelt.

Allen politischen Kräften von zahlenmäßig erheblicher Bedeutung wird nach Maßgabe ihrer Stärke eine parlamentarische Vertretung gesichert (**Verhältniswahlrecht** im Gegensatz zum Mehrheitswahlrecht, bei dem der Grundsatz „The winner takes it all" gilt). Dies schließt es nicht aus, eine gewisse Mindestanzahl an Stimmen für eine Vertretung im Parlament festzulegen („4-Prozent-Hürde" oder „Grundmandat" in einem Wahlkreis), um einer großen Zersplitterung der Fraktionen im Parlament bzw der Parteienlandschaft vorzubeugen. Die Rechtmäßigkeit der Wahlen zu den allgemeinen Vertretungskörpern wird vom VfGH im Rahmen der **Wahlgerichtsbarkeit** (Art 141 B-VG) geprüft.

Die gewählten **Abgeordneten** haben ein **freies Mandat**. Sie sind somit nicht an Wählerinstruktionen und auch nicht an ihre politischen Parteien gebunden. Das bedeutet, dass ein parteipolitischer Zwang zu einem bestimmten Abstimmungsverhalten („Fraktionszwang" oder „Klubzwang") verfassungswidrig ist. Als verfassungskonform wird aber eine freiwillige „Klubdisziplin" angesehen. Die Abgeordneten genießen zudem **berufliche** (Rede- und Abstimmungsfreiheit im jeweiligen Vertretungskörper) **und außerberufliche Immunität** (Freiheit von Verfolgung aufgrund strafbarer Handlungen). Die davon zu unterscheidende sachliche Immunität bedeutet, dass die Verbreitung von wahrheitsgetreuen Berichten über Verhandlungen in öffentlichen Sitzungen des Nationalrates, Bundesrates und der Landtage von jeder (straf-, zivil- oder verwaltungsrechtlichen) Verantwortung frei bleibt.

2. Gesetzgebungsorgane und -verfahren

Die Regelungen über die parlamentarische Gesetzgebung sind Kern der Demokratie, weil die Erlassung von Gesetzen die Hauptaufgabe der Parlamente ist. Der Einrichtung Österreichs als Bundesstaat entsprechend gibt es sowohl eine Bundes- als auch eine Landesgesetzgebung. Die **Bundesgesetzgebung wird** von **Nationalrat und Bundesrat** gemeinsam, die **Landesgesetzgebung** von den **Landtagen** ausgeübt.

Die 183 Nationalratsabgeordneten werden vom Bundesvolk nach den oben genannten Grundsätzen des Wahlrechts (allgemeines, gleiches, unmittelbares, persönliches, freies und geheimes) gewählt. Nach jeder Wahl konstituiert sich der Nationalrat nach den entsprechenden Mehrheitsverhältnissen für jede Gesetzgebungsperiode neu. Zwischen diesen Perioden besteht jeweils **Diskontinuität** – Anträge und Vorlagen verfallen in der Regel und müssen in der neuen Gesetzgebungsperiode erneut eingebracht werden. Der Bundesrat besteht aus Vertretern der Länder, die von den jeweiligen Landtagen entsandt werden. Diese Vertreter werden jeweils nach den Wahlen zum Landtag eines Bundeslandes neu in den Bundesrat entsandt. Da diese Wahlen nicht zum gleichen Zeitpunkt stattfinden, wird der Bundesrat daher nach jeder Landtagswahl teilweise erneuert (man spricht vom Prinzip der **Partialerneuerung**) und bleibt im Gegensatz zum Nationalrat kontinuierlich bestehen.

Die **Einleitung** des Gesetzgebungsverfahrens erfolgt mittels eines **Gesetzesvorschlags**, eines auf Erlassung eines Gesetzes an den Nationalrat gerichteten Antrags. Das Recht, einen solchen Vorschlag einzubringen, wird als **Initiativrecht** bezeichnet. Dieses kommt für die Bundesgesetzgebung insb der Bundesregierung (Regierungsvorlage), den Mitgliedern des Nationalrats (Initiativantrag von fünf Abgeordneten, Ausschussantrag), dem Bundesrat (einem Drittel der Mitglieder oder dem Bundesrat selbst) sowie dem Bundesvolk (durch Volksbegehren, siehe III.C.2.) zu. Zum Beschluss über **einfache Bundesgesetze** ist idR die **Anwesenheit eines Drittels** der Nationalratsabgeordneten (Präsenzquorum) und die Zustimmung der **unbedingten einfachen Mehrheit** der abgegebenen Stimmen (Konsensquorum) notwendig („50 % und eine Stimme"). Für **Bundesverfassungsgesetze** ist die **Anwesenheit der Hälfte** der Nationalratsabgeordneten (Präsenzquorum) und die Zustimmung von **zwei Dritteln** der abgegebenen Stimmen (Konsensquorum) Voraussetzung. Sie sind zudem ausdrücklich als Verfassungsrecht (BVG oder Verfassungsbestimmung) zu bezeichnen.

Nach dem **Gesetzesbeschluss** des Nationalrates ist dieser durch den Nationalratspräsidenten unverzüglich dem **Bundesrat** zu übermitteln. Diesem kommt idR ein **suspensives Veto** zu. Erhebt der Bundesrat keinen begründeten Einspruch innerhalb von acht Wochen, erfolgen die **Beurkundung** durch den Bundespräsidenten (Prüfung des verfassungsmäßigen Zustandekommens) und die **Gegenzeichnung** des Bundeskanzlers. Erhebt der Bundesrat hingegen innerhalb von acht Wochen begründeten Einspruch, ist der Gesetzesbeschluss dem Nationalrat rückzuübermitteln. Dieser kann einen **Beharrungsbeschluss** (unter einem erhöhtem Präsenzquorum der Hälfte der Nationalratsabgeordneten) fassen und sich so über das bloß suspensive Veto des Bundesrates hinwegsetzen. Eine neuerliche Einspruchsmöglichkeit des Bundesrats besteht in diesem Fall nicht, sodass der Beschluss unmittelbar dem Bundespräsidenten zur Beurkundung vorzulegen ist. In bestimmten Fällen kommt dem Bundesrat ein **absolutes Veto** zu, über das sich der Nationalrat nicht durch Beharrungsbeschluss hinwegsetzen kann (zB

Verfassungsgesetze, welche die Gesetzgebungskompetenzen der Länder einschränken). Der beurkundete und der Gegenzeichnung unterzogene Gesetzesbeschluss ist schlussendlich durch den Bundeskanzler im Bundesgesetzblatt (BGBl) **kundzumachen**. Das Bundesgesetz tritt (mangels anderweitiger Anordnung) mit Ablauf des Tages seiner Kundmachung in Kraft.

E. Grundrechte

1. Allgemeines

Wesentlicher Inhalt der Bundesverfassung und ein wesentliches Element des rechtsstaatlichen Prinzips (siehe III.C.3.) sind die Grundrechte. Das sind subjektive Rechte des Einzelnen, die in Verfassungsrang stehen (das B-VG spricht von „**verfassungsgesetzlich gewährleisteten Rechten**"). Die Bundesverfassung kennt keinen einheitlichen kodifizierten Grundrechtekatalog. Die einzelnen grundrechtlichen Bestimmungen finden sich va im **StGG** (Staatsgrundgesetz über die allgemeinen Rechte der Staatsbürger aus 1867), im **B-VG** sowie in der **EMRK** (Europäische Menschenrechtskonvention) und deren Zusatzprotokollen und vereinzelt auch als Verfassungsbestimmungen in einfachen Gesetzen (zB § 1 DSG). Die **GRC** (Charta der Grundrechte der Europäischen Union) steht nicht in Verfassungsrang. Sie gehört zum Bestand des Unionsrechts und ist deshalb in Österreich unmittelbar anwendbar (siehe V.E.). Der VfGH behandelt die Rechte der GRC nach seiner jüngeren Rechtsprechung (VfSlg 19.632/2012) im Anwendungsbereich des Unionsrechts wie verfassungsgesetzlich gewährleistete Rechte, wenn sie Letzteren in Formulierung, Bestimmtheit und Struktur gleichen bzw entsprechen.

Beispiel: Die Verfahrensgrundrechte von Art 47 GRC entsprechen den Garantien des Art 6 EMRK, sodass sie im Anwendungsbereich des Unionsrechts vor dem VfGH geltend gemacht werden können.

Grundrechtsträger können sowohl natürliche (Menschen) als auch juristische Personen (zB Aktiengesellschaften, Gesellschaften mit beschränkter Haftung) sein. Für juristische Personen gilt jedoch, dass sie sich nur auf Grundrechte berufen können, die „ihrem Wesen nach" auch auf juristische Personen sinnvoll angewendet werden können (so kann sich etwa eine AG nicht auf das Recht auf Leben berufen, wohl aber auf das Hausrecht, das im Falle von Hausdurchsuchungen greift).

Hinsichtlich des persönlichen Schutzbereichs der Grundrechte wird unterschieden, ob sie jeden („Jedermannsrechte" – zB das Recht auf Unverletzlichkeit des Eigentums) oder nur Staatsbürger schützen („Staatsbürgerrechte" – zB die Erwerbsausübungsfreiheit). Besonderes gilt für Unionsbürger: Weil sich im Recht der Europäischen Union ein Verbot findet, Unionsbürger aufgrund ihrer Staatsangehörigkeit eines Mitgliedstaates gegenüber Staatsbürgern eines anderen Mitgliedstaates zu diskriminieren, können sie sich in Österreich grundsätzlich auch auf Staatsbürgerrechte berufen.

Beispiel: Unionsbürger können sich (auch) auf das Grundrecht auf Erwerbsausübungsfreiheit berufen.

Inhaltlich lassen sich die Grund- und Menschenrechte in folgende Gruppen einteilen:

- **Freiheitsrechte** gewähren dem Einzelnen eine bestimmte Freiheitssphäre, die ihn vor Eingriffen durch den Staat schützen soll (zB Recht auf Leben, Privat- und Familienleben, Hausrecht, Religionsfreiheit, Meinungsfreiheit, Kunstfreiheit, Erwerbsausübungsfreiheit).

- **Gleichheitsrechte** sollen sachlich nicht gerechtfertigte Diskriminierungen verhindern (zB allgemeiner Gleichheitssatz, BVG-Rassendiskriminierung).
- **Verfahrensgarantien** betreffen organisatorische und verfahrensrechtliche Aspekte, welche die Durchsetzung von Rechten sichern sollen (zB Recht auf Zugang zu einem Gericht, Recht auf ein faires Verfahren, Recht auf ein Verfahren vor dem gesetzlichen Richter).
- **Politische Rechte** gewährleisten Mitbestimmung und Teilhabe an politischen Prozessen (zB Wahlrecht, Petitionsrecht).
- **Soziale Grundrechte**: Die österreichische Bundesverfassung sieht soziale Grundrechte (zB ein Recht auf Arbeit oder ein Recht auf Wohnung) nicht vor. Unter Umständen können derartige Ansprüche aus den Freiheits- oder Gleichheitsrechten abgeleitet werden, wenn es zB darum geht, von bestimmten staatlichen Leistungen nicht unsachlich ausgeschlossen zu werden.

a) Wirkung

Die österreichischen Grundrechte sind – als Ausdruck des liberalen Aspekts des rechtsstaatlichen Grundprinzips der Bundesverfassung – zunächst als **Abwehrrechte gegen den Staat** konzipiert. Sie schützen den Einzelnen vor zu weit reichenden Eingriffen in seine individuelle Freiheitssphäre (**status negativus**). Obwohl ursprünglich als subjektive Abwehrrechte des Einzelnen gegen die Verwaltung gedacht, beschränken die Grundrechte auch den (einfachen) Gesetzgeber.

Die Grundrechte entfalten nicht nur gegenüber dem hoheitlich handelnden Staat **Schutzwirkung**, sondern binden ihn **auch** im Rahmen der nichthoheitlichen Tätigkeit der Verwaltung (man spricht von der „**Fiskalgeltung der Grundrechte**" im Rahmen der Privatwirtschaftsverwaltung, siehe IV.A.5.b.), also zB dann, wenn er privatrechtlich Förderungen vergibt.

Daneben stellt sich die Frage, ob die Grundrechte auch auf die Rechtsbeziehungen zwischen Privatpersonen untereinander anzuwenden sind (**Dritt- oder Horizontalwirkung**). Eine **unmittelbare Drittwirkung**, dh die Ableitung eines Anspruches (zB auf Unterlassung) einer Privatperson gegenüber einer anderen Privatperson aus einem Grundrecht, wird grundsätzlich verneint.

Ausnahme: Ausdrücklich angeordnet ist eine unmittelbare Drittwirkung im Datenschutzrecht, wonach das Grundrecht auf Datenschutz unter Privaten auf dem Zivilrechtsweg geltend zu machen ist (Beispiel: ein Konsument verlangt von einem Unternehmer die Löschung von gespeicherten personenbezogenen Daten). In diesen Fällen entscheiden ordentliche Gerichte über allfällige Grundrechtsverletzungen.

Die Grundrechte haben jedoch eine durch einfache Gesetze vermittelte Wirkung auf die Rechtsverhältnisse zwischen Privatpersonen (**mittelbare Drittwirkung**). Zum einen haben die Gesetze, welche die Rechtsverhältnisse zwischen Privaten regeln, die Grundrechte zu wahren bzw auszuführen. Zum anderen müssen Verwaltungsbehörden und Gerichte in ihren Entscheidungen, die die Rechtsverhältnisse zwischen Privaten zum Gegenstand haben, die Grundrechte bei der Gesetzesauslegung und -anwendung (siehe zur verfassungskonformen Interpretation 1.Teil VIII.D.) beachten.

Beispiel: Offen für eine grundrechtskonforme Auslegung sind insbesondere die Generalklauseln des Privatrechts, etwa die „guten Sitten" (§ 879 ABGB). Die Grundrechte sind daher bei der Klärung der Frage zu beachten, ob ein Vertrag wegen Verstoßes gegen die guten Sitten nichtig ist.

Die Grundrechte vermitteln verschiedentlich einen Anspruch auf Mitwirkung oder verpflichten den Staat zu bestimmten Handlungen (**status activus**). So hat der Einzelne etwa einen Anspruch auf Mitwirkung an der Staatswillensbildung (zB aktives und passives Wahlrecht). Anerkannt ist heute ebenso, dass Grundrechte ein aktives Handeln des Staates erfordern, wenn der Schutz eines Grundrechtsträgers durch andere gefährdet ist. So verpflichtet das Recht auf Leben zB den Staat, wirkungsvolle Maßnahmen zum Schutz des Lebens der Personen auf seinem Staatsgebiet zu ergreifen und Angriffe auf das Leben einer effektiven strafrechtlichen Verfolgung zu unterwerfen. Man spricht in diesem Zusammenhang auch von „**grundrechtlichen Gewährleistungspflichten**".

b) Einschränkung von Grundrechten

Die meisten verfassungsgesetzlich gewährleisteten Rechte sind nicht „absolut" gewährleistet, sondern stehen unter einem **Gesetzesvorbehalt**. Darunter ist die (im Grundrecht selbst enthaltene) Ermächtigung an den einfachen Gesetzgeber zu verstehen, das Grundrecht zu beschränken. Man unterscheidet Gesetzesvorbehalte danach, ob inhaltliche Gründe, aus denen ein Grundrecht eingeschränkt werden darf, aufgezählt werden (**materieller Gesetzesvorbehalt**) oder nicht.

Beispiel Recht auf Achtung des Privat- und Familienlebens (Art 8 EMRK):
(1) Jedermann hat Anspruch auf Achtung seines Privat- und Familienlebens, seiner Wohnung und seines Briefverkehrs.
(2) Der Eingriff einer öffentlichen Behörde in die Ausübung dieses Rechts ist nur statthaft, insoweit dieser Eingriff gesetzlich vorgesehen ist und eine Maßnahme darstellt, die in einer demokratischen Gesellschaft für die *nationale Sicherheit, die öffentliche Ruhe und Ordnung, das wirtschaftliche Wohl des Landes, die Verteidigung der Ordnung und zur Verhinderung von strafbaren Handlungen, zum Schutz der Gesundheit und der Moral oder zum Schutz der Rechte und Freiheiten anderer* notwendig ist.
Art 8 Abs 2 EMRK enthält einen materiellen Gesetzesvorbehalt.

Sind keine expliziten inhaltlichen Anforderungen an das einschränkende Gesetz festgelegt, so spricht man von einem **formellen Gesetzesvorbehalt**. Das Gesetz muss jedoch auch in diesem Fall dem **Verhältnismäßigkeitsprinzip** entsprechen. Nach älterer Judikatur des VfGH musste der eingreifende Gesetzgeber jedenfalls den Wesensgehalt des Grundrechtes achten.

Beispiel Erwerbsfreiheit (Art 6 Abs 1 StGG):
Jeder Staatsbürger kann ... *unter den gesetzlichen Bedingungen* jeden Erwerbszweig ausüben.
Art 6 Abs 1 StGG enthält einen formellen Gesetzesvorbehalt.

Im Allgemeinen ist eine gesetzliche Beschränkung von Grundrechten nur dann zulässig (also sowohl bei formellen als auch bei materiellen Gesetzesvorbehalten), wenn sie dem **Verhältnismäßigkeitsprinzip** entspricht. Ein Eingriff ist demnach verhältnismäßig, wenn

- er durch ein **öffentliches Interesse** geboten ist,
- die vorgesehene Maßnahme ein geeignetes Mittel darstellt, dieses Ziel zu erreichen (**Geeignetheit**),

- sie weiters erforderlich in dem Sinne ist, dass sie das Grundrecht nicht über das unbedingt nötige Ausmaß beschränkt, also das gelindeste Mittel zur Erreichung des Ziels bildet (**Erforderlichkeit**),
- und schließlich adäquat ist, also die Schwere des Eingriffs in das Grundrecht und das angestrebte Ziel in einem angemessenen Verhältnis zueinander stehen (**Adäquanz**, Verhältnismäßigkeit im engeren Sinne – Übermaßverbot).

Beispiel: Wenn jemandes Grundstück für einen Autobahnbau enteignet wird, muss er zumindest entschädigt werden, um den Eingriff verhältnismäßig zu machen. Ohne Entschädigung wäre die Enteignung jedenfalls verfassungswidrig.

c) Überprüfung von Grundrechtsverletzungen

Die Überwachung der Einhaltung der Grundrechte obliegt in erster Linie dem **VfGH**, der dazu berufen ist, sowohl generell-abstrakte (insbesondere **Gesetze**) als auch individuell-konkrete Rechtsakte (**Entscheidungen der Verwaltungsgerichte**) auf ihre Grundrechtskonformität hin zu überprüfen.

Eine Verletzung der Grundrechte durch ein **Urteil eines ordentlichen Gerichts** kann der VfGH indes nicht überprüfen, weil in der österreichischen Bundesverfassung – anders als in Deutschland – kein Rechtszug von den ordentlichen Gerichten an den VfGH („Urteilsbeschwerde") vorgesehen ist. Ist in einem Urteil eines ordentlichen Gerichts ein Grundrecht missachtet worden, so kann dieses Urteil nur im gerichtlichen Instanzenzug, letztlich also nur durch den Obersten Gerichtshof (OGH), überprüft werden. Die Verfassungswidrigkeit einer generellen Norm (Gesetz bzw Verordnung), welche bei der Entscheidung eines ordentlichen Gerichtes herangezogen wurde, kann aber unmittelbar durch Antrag einer Partei nach einem erstinstanzlichen Urteil in der ordentlichen Gerichtsbarkeit beim VfGH bekämpft werden, wenn ein Rechtsmittel gegen die Entscheidung des Gerichts erhoben wurde („Parteiantrag auf Normenkontrolle", siehe III.F.2.a.).

Verletzungen der **EMRK** können zunächst vor dem VfGH geltend gemacht werden, weil die EMRK samt Zusatzprotokollen in Österreich im Verfassungsrang steht. Wenn der nationale Rechtsweg erschöpft ist, kann Individualbeschwerde beim Europäischen Gerichtshof für Menschenrechte (EGMR) in Straßburg erhoben werden.

Verletzungen der **GRC** – bei dieser handelt es sich um Unionsrecht (siehe dazu weiter unten V.C.1.) – können nach der jüngeren Judikatur des VfGH (VfSlg 19.632/2012) in jenen Fällen vor dem VfGH geltend gemacht werden, in denen diese Garantien den innerstaatlichen verfassungsgesetzlich gewährleisteten Rechten, also insbesondere den Rechten der EMRK „in ihrer Formulierung und Bestimmtheit und Struktur" entsprechen und der Anwendungsbereich des Unionsrechts eröffnet ist.

- Gesetze

Ob Gesetze ein Freiheitsrechtsgrundrecht (siehe zum Gleichheitssatz unten 2.e.) verletzen und damit verfassungswidrig sind, prüft der VfGH anhand des **Verhältnismäßigkeitsprinzips**.

Bei der Prüfung, ob in ein solches Grundrecht eingegriffen worden ist, ist zunächst der **Schutzbereich** des jeweiligen Grundrechts zu bestimmen, also vor welchen Beschränkungen der Freiheitssphäre des Einzelnen das Grundrecht schützt (zB schützt die Erwerbsausübungsfreiheit jede selbständige oder unselbständige Betätigung, die auf wirtschaftlichen Erfolg gerichtet ist). Der Schutzbereich wird in einen persönlichen, sachlichen und zeitlichen Schutzbereich unterteilt. Der persönliche Schutzbereich bezieht sich auf den Grundrechtsträger. Der sachliche Schutzbereich auf das geschützte Grundrechtsgut. Sodann ist zu überprüfen, ob das jeweilige Gesetz einen **Eingriff** in diesen Schutzbereich vorsieht (zB kann ein Eingriff in die Erwerbsfreiheit darin bestehen, dass eine bestimmte Tätigkeit nur ausüben darf, wer über eine besondere Qualifikation verfügt).

Liegt ein solcher Eingriff vor, ist zu prüfen, ob er gerechtfertigt ist, also ob es dem Staat erlaubt ist, das Grundrecht in dieser Weise zu beschränken, oder ob eine **Verletzung** des Grundrechts vorliegt. Dabei wird – wie bereits oben erwähnt – untersucht, ob ein Gesetzesvorbehalt existiert, ob die dort festgelegten Voraussetzungen erfüllt sind und ob der Eingriff im öffentlichen Interesse erfolgt ist, erforderlich, geeignet und verhältnismäßig war.

Ist der Eingriff nicht gerechtfertigt, liegt eine Verletzung des Grundrechts vor. Das Gesetz ist vom VfGH, wenn er zur Prüfung angerufen wird, durch Erkenntnis aufzuheben. An dieses aufhebende Erkenntnis sind alle Gerichte und Verwaltungsbehörden gebunden.

Wichtig ist dabei stets die **Differenzierung von Eingriff in ein Grundrecht und Verletzung eines Grundrechts**: Jede Verletzung ist zugleich ein (und zwar ein verfassungswidriger) Eingriff, aber nicht jeder Eingriff ist zugleich verfassungswidrig bzw eine Verletzung!

Beispiel: Jede Geldstrafe greift in das Grundrecht auf Eigentum ein, stellt aber nur dann eine Verletzung dar, wenn sie auf einem verfassungswidrigen Gesetz beruht oder in einem verfassungswidrigen Verfahren verhängt wurde.

- Entscheidungen der Verwaltungsgerichte

Für die Prüfung, **ob Entscheidungen der Verwaltungsgerichte ein Grundrecht verletzen**, hat der VfGH eine besondere „Formel" entwickelt. Wird durch eine Entscheidung (Erkenntnis oder Beschluss) eines Verwaltungsgerichts in den Schutzbereich eines Freiheitsgrundrechts eingegriffen, verletzt diese Entscheidung das Grundrecht im Allgemeinen dann,

- wenn sich die Entscheidung auf ein **verfassungswidriges Gesetz** (bzw eine gesetzwidrige Verordnung) stützt,
- wenn sie **gesetzlos** ergangen ist (dh keine gesetzliche Grundlage existiert, die das Verwaltungsgericht zum Erlass der betreffenden Entscheidung ermächtigt hat – nur der Gesetzgeber darf Gesetzesvorbehalte ausfüllen) oder
- wenn das Gesetz **denkunmöglich** angewendet wurde (in diesen Fällen existiert für die Entscheidung zwar eine gesetzliche Grundlage, diese wurde aber vom Verwaltungsgericht qualifiziert unrichtig angewendet).

Verletzt die Entscheidung bei Vorliegen einer dieser Voraussetzungen ein Grundrecht, wird sie vom VfGH in einem Verfahren nach Art 144 B-VG aufgehoben, dh aus dem Rechtsbestand entfernt. Die Verwaltungsgerichte und die Verwaltungsbehörden sind sodann verpflichtet, jenen Rechtszustand herzustellen, der der Rechtsanschauung des VfGH entspricht (vgl § 87 VfGG). Sie müssen also in der Regel eine neue verfassungskonforme Entscheidung erlassen. Hegt der VfGH Bedenken hinsichtlich der Verfassungswidrigkeit des Gesetzes bzw der Gesetzwidrigkeit der Verordnung, leitet er selbst ein **Normenkontrollverfahren** ein und entscheidet nach dessen Abschluss den „Anlassfall" im Verfahren zur Überprüfung der Entscheidung des Verwaltungsgerichtes.

Beachte: Der **VfGH** prüft lediglich die **Verfassungsmäßigkeit der Entscheidung**. Insbesondere werden in der Frage, ob ein Gesetz denkunmöglich angewendet wurde, vom VfGH nur qualifizierte (und damit in die Verfassungssphäre reichende) Rechtswidrigkeiten geprüft und ggf wahrgenommen („Grobprüfung"). Die Prüfung, ob die Entscheidung in allen Einzelheiten dem (einfachen) Gesetz entspricht, obliegt gemäß Art 133 B-VG dem VwGH. **VwGH und VfGH prüfen somit den gleichen Gegenstand, allerdings anhand unterschiedlicher Maßstäbe**. Nur in bestimmten Fällen prüft der VfGH jede Verletzung eines einfachen Gesetzes als Grundrechtsverletzung (so teilweise bei der Vereins- und Versammlungsfreiheit). Dies wird als „Feinprüfung" bezeichnet.

2. Ausgewählte Grundrechte

Beispielhaft soll im Folgenden auf einzelne Grundrechte eingegangen werden. Über die Grundrechte der Wirtschaft erfahren Sie in EÖR I Lektion 3 Näheres.

a) Schutz der Privatsphäre

Der Schutzbereich des als „Recht auf Schutz des Privat- und Familienlebens" betitelten Art 8 EMRK umfasst eine Vielzahl von einzelnen grundrechtlichen Gewährleistungen. Diese miteinander zusammenhängenden Freiheitsrechte sind die Achtung des Privatlebens, des Familienlebens, der Wohnung und des Briefverkehrs, aber auch des Datenschutzes. Es handelt sich um ein Jedermannsrecht. In engem Zusammenhang mit dieser Bestimmung stehen weitere Grundrechtsvorschriften, insb des StGG: Schutz des Hausrechts (Art 9 StGG iVm dem HausrechtsG), der Schutz des Briefgeheimnisses (Art 10 StGG), der Schutz des Fernmeldegeheimnisses (Art 10a StGG) sowie das Grundrecht auf Datenschutz (§ 1 DSG 2000).

Der **Schutz des Privatlebens** erfasst nicht nur die private Lebensführung, sondern auch die Achtung der körperlichen und geistigen Integrität, der Selbstbestimmung über den eigenen Körper und des Sexualverhaltens. Es ist für die Eröffnung des Schutzbereichs nicht erforderlich, dass eine bestimmte Handlung der Entfaltung der Persönlichkeit dient. Auch der Name (Identität) einer Person ist geschützt. Eingriffe können zwangsweise medizinische Untersuchungen, Überwachungsmaßnahmen („Vorratsdatenspeicherung"), Personen- und Gepäckdurchsuchungen, Erhebung und Veröffentlichung privater Informationen darstellen. Art 8 EMRK gewährleistet somit das Recht auf freie Gestaltung der Lebensführung.

Der **Schutz des Familienlebens** umfasst nicht nur die Beziehungen zur sog Kernfamilie (verheiratetes Paar und Kinder), sondern auch zu weiter entfernten Verwandten und verbundenen Menschen („de facto-Familie"). Es muss jedoch ein ausreichendes Naheverhältnis bestehen. Der EGMR weitet den Schutzbereich des Art 8 EMRK auch über verheiratete Paare hinaus auf unverheiratete Paare aus. Eingriffe können etwa im Entzug des Erziehungsrechts und in der Behinderung und Beeinträchtigung des familiären Zusammenlebens liegen. Auch das Zusammenleben in gleichgeschlechtlichen Beziehungen wird vom Begriff des Familienlebens erfasst, ohne dass damit aber ein Recht auf Eheschließung verbunden wäre.

Das Recht auf **Achtung der Wohnung** soll für den Einzelnen einen Rückzugsraum schaffen, in dem er sich frei entfalten kann. Neben dem Schutz vor willkürlichen Wohnungsdurchsuchungen enthält es auch ein Recht auf Schutz vor Immissionen, die die Benützbarkeit der Wohnung einschränken.

Das Recht auf **Achtung des Briefverkehrs** schützt vornehmlich die Vertraulichkeit der Kommunikation, insbesondere das Briefgeheimnis. Eingriffe können im Abhören von Gesprächen oder im Speichern von Anrufdaten oder SMS bestehen.

Des Weiteren gewährt das Grundrecht auf **Datenschutz** einen Anspruch auf Geheimhaltung personenbezogener Daten, soweit ein schutzwürdiges Interesse daran besteht. Darüber hinaus besteht ein Anspruch auf Auskunft, Richtigstellung und Löschung von personenbezogenen Daten.

Art 8 Abs 2 EMRK enthält einen **materiellen Gesetzesvorbehalt**. Ein Grundrechtseingriff ist demnach nur statthaft, insoweit dieser Eingriff gesetzlich vorgesehen ist und eine Maßnahme darstellt, die in einer demokratischen Gesellschaft für die nationale Sicherheit, die öffentliche Ruhe und Ordnung, das wirtschaftliche Wohl des Landes, die Verteidigung der Ordnung und zur Verhinderung von strafbaren Handlungen, zum Schutz der Gesundheit und der Moral oder zum Schutz der Rechte und Freiheiten anderer notwendig ist.

b) Kommunikationsfreiheit

Gem Art 10 EMRK (ebenso wie nach Art 13 StGG und Art 11 GRC) wird insb die Kundgabe eigener Meinungen geschützt, gleichgültig ob es sich dabei um Werturteile oder Tatsachenäußerungen handelt. Der **Schutzbereich** der Meinungsfreiheit ist dabei ein denkbar **weiter**. Die **Meinungsäußerungsfreiheit** umfasst alle erdenklichen Ausdrucksmittel; eine Meinungsäußerung kann also schriftlich, mündlich oder elektronisch erfolgen, aber auch Fotografien, Filme usw sind vom Schutzbereich umfasst. Nicht nur Äußerungen durch Worte, auch Gesten oder jede andere Form, in der Kommunikation geschehen kann, sind geschützt (zB stilles Betteln). Kommerzielle und politische Werbung fällt ebenso in den Schutzbereich. Darüber hinaus besteht die Freiheit, sich selbst eine Meinung zu bilden (**Meinungsbildungsfreiheit**). In seiner Ausformung als **Informationsfreiheit** umfasst das Grundrecht auch die Freiheit, Nachrichten und Informationen zu empfangen. Spezielle Ausformungen dieses Grundrechts sind die Pressefreiheit und die Rundfunkfreiheit (Medienfreiheit). Demnach ist auch die Vorzensur, also die Inhaltskontrolle von Äußerungen im Vorhinein, verboten. Die Kommunikationsfreiheit ist ein Jedermannsrecht.

Auch Art 10 Abs 2 EMRK enthält einen **materiellen Gesetzesvorbehalt**. Ein Grundrechtseingriff ist demnach nur statthaft, insoweit dieser Eingriff gesetzlich vorgesehen ist und eine Maßnahme darstellt, die in einer demokratischen Gesellschaft im Interesse der nationalen Sicherheit, der territorialen Unversehrtheit oder der öffentlichen Sicherheit, der Aufrechterhaltung der Ordnung und der Verbrechensverhütung, des Schutzes der Gesundheit und der Moral, des Schutzes des guten Rufes oder der Rechte anderer unentbehrlich ist, um die Verbreitung von vertraulichen Nachrichten zu verhindern oder das Ansehen und die Unparteilichkeit der Rechtsprechung zu gewährleisten.

c) Eigentumsfreiheit

Das Grundrecht auf Unverletzlichkeit bzw Schutz des Eigentums gem Art 1 1. ZPEMRK bzw Art 5 StGG richtet sich insb gegen staatliche Beschränkungen des Vermögens des Einzelnen. Als **Eigentum** wird dabei jedes vermögenswerte Privatrecht qualifiziert. Das umfasst zunächst das Eigentum an körperlichen Sachen sowie Bar- bzw Buchgeld.

Ebenso sind zB das Miet- und das Pachtrecht sowie Immaterialgüterrechte (zB Urheber- oder Markenrechte) erfasst. Unter bestimmten Umständen fallen auch öffentlich-rechtliche Ansprüche unter den Eigentumsbegriff, zB Pensionsansprüche oder Ansprüche auf Leistungen aus der Sozialversicherung, sofern Beiträge geleistet wurden. Dies deshalb, weil ihnen eine Gegenleistung, etwa das Einzahlen von Beiträgen, gegenübersteht. Die Eigentumsfreiheit umfasst darüber hinaus die **Privatautonomie** schlechthin, insb das Recht, privatrechtliche Verträge abzuschließen. Ein Gesetz, das den Abschluss eines Vertrags bestimmten Inhalts untersagt oder seinen gesamten Inhalt vorgibt, greift somit in die Eigentumsfreiheit ein. Die Eigentumsfreiheit stellt ein Jedermannsrecht dar.

Ein **Eingriff** in das Eigentum liegt vor, wenn ein unter den beschriebenen Eigentumsbegriff fallendes Recht entzogen oder beschränkt wird. Es werden dabei in der Rsp des VfGH zwei Eingriffsarten unterschieden: Eine **Enteignung** liegt vor, wenn dem Eigentümer eine Sache entzogen und auf eine andere Person oder den Staat übertragen wird. Dies kommt zB vor, wenn eine Straße gebaut werden soll und die Eigentümer der betroffenen Grundstücke nicht bereit sind, diese zu verkaufen. In allen anderen Fällen liegt eine **bloße Eigentumsbeschränkung** vor. In diesen weiten Bereich fallen zB Geldstrafen, die Vorschreibung einer Abgabe oder die Versagung der grundverkehrsbehördlichen Genehmigung eines Kaufvertrags.

Für den Gesetzgeber gelten bei Enteignungen besondere Schranken: Es muss ein konkreter Bedarf vorliegen, dessen Deckung im öffentlichen Interesse ist, das Enteignungsobjekt muss zur Deckung dieses Bedarfs geeignet sein und es muss unmöglich sein, den Bedarf auf anderem Wege als durch Enteignung zu decken. Die Enteignung muss darüber hinaus auch sonst verhältnismäßig sein. Sonstige Eingriffe in die Eigentumsfreiheit, also bloße Eigentumsbeschränkungen, müssen – wie andere Eingriffe in Freiheitsrechte – ebenfalls dem Verhältnismäßigkeitsgrundsatz entsprechen.

Weder Art 1 1. ZPEMRK noch Art 5 StGG räumen dem Einzelnen explizit einen Anspruch auf **Entschädigung** für Enteignungen oder Eigentumsbeschränkungen ein. Nach der Rsp des EGMR und des VfGH ist die Problematik einer angemessenen Entschädigung im Rahmen der Verhältnismäßigkeitsprüfung zu lösen. Eine Enteignung ohne angemessene Entschädigung stellt regelmäßig einen unverhältnismäßigen Eingriff dar und verletzt damit das Grundrecht. Besondere Umstände können eine entschädigungslose Enteignung jedoch im Einzelfall rechtfertigen.

d) Glaubens- und Gewissensfreiheit

Art 14 StGG gewährleistet die „volle Glaubens- und Gewissenfreiheit" (siehe auch Art 9 EMRK, Art 63 StV v St. Germain). Der **Schutzbereich** umfasst das Recht des Einzelnen, sein Religionsbekenntnis frei und ohne jegliche staatliche Einwirkung zu bilden und sich diesem Bekenntnis entsprechend religiös zu betätigen. Staatlicher Zwang auf religiösem Gebiet soll ausgeschlossen sein. Jeder soll bezüglich seiner Religion eine durch niemanden beschränkte Freiheit genießen. Davon ist auch erfasst, nicht zu glauben. Darüber hinaus darf der Einzelne nicht zur Offenlegung seines Glaubens gezwungen werden. Als „Kultusfreiheit" gewährleistet das Grundrecht auch, dass der Einzelne seine Religion öffentlich oder privat frei ausüben darf, sofern dies nicht mit der öffentlichen Ordnung (also mit Regelungen, die für das Zusammenleben der Menschen im Staat wichtig sind) oder den guten Sitten unvereinbar ist. Ob ein Verhalten als

Religionsausübung zu qualifizieren ist, hängt nicht davon ab, ob es auf zwingenden religiösen Vorschriften beruht. Auch bloße Gebräuche fallen in den Schutzbereich. Keine Verletzung des Grundrechts liegt nach der Rsp des VfGH vor, wenn unter bestimmten Rahmenbedingungen Kreuze in staatlichen Kindergärten aufgehängt sind. Unter Art 9 EMRK fallen nicht nur religiöse Fragen. Diese Bestimmung garantiert – im Gegensatz zu Art 14 StGG – auch eine Weltanschauungsfreiheit. Die Gewissensfreiheit sichert dem Einzelnen die Möglichkeit, sein Gewissen frei und unbeeinflusst zu bilden und sein Leben nach seinen eigenen Gewissensentscheidungen auszurichten. Bei der Glaubens- und Gewissensfreiheit handelt es sich um ein Jedermannsrecht. Es können sich aber nur natürliche Personen darauf berufen. Auf juristische Personen kann das Grundrecht nicht sinnvoll angewendet werden.

Den Rahmen für die Einschränkung des Grundrechts legt Art 9 Abs 2 EMRK fest. Nach dem dort verankerten **materiellen Gesetzesvorbehalt** dürfen nur Einschränkungen vorgesehen werden, die in einer demokratischen Gesellschaft für die öffentliche Sicherheit, zum Schutz der öffentlichen Ordnung, Gesundheit oder Moral oder zum Schutz der Rechte und Freiheiten anderer notwendig sind.

e) Gleichheitssatz

Art 7 B-VG und Art 2 StGG legen einen allgemeinen Gleichheitssatz fest, der in erster Linie Rechtsgleichheit zwischen den Staatsbürgern untereinander herstellen soll. Art 7 B-VG zählt einige verbotene Differenzierungsmerkmale exemplarisch auf: Geburt, Geschlecht, Klasse, Bekenntnis und Stand. Der Gleichheitssatz gebietet, im Wesentlichen Gleiches gleich bzw Ungleiches ungleich zu behandeln. Rechtlichen Differenzierungen müssen stets Unterschiede im Tatsächlichen gegenüberstehen. Der Gleichheitssatz verbietet nicht jede Ungleichbehandlung, sondern nur jene, die sich nicht aus sachlichen Gründen rechtfertigen lässt. Dementsprechend ist jede gesetzliche Differenzierung gleichheitswidrig, wenn sie nicht durch Unterschiede im Tatsächlichen begründet ist (**Verbot unsachlicher Differenzierung**). Zunächst ist somit stets festzustellen, ob eine rechtliche Differenzierung vorliegt, und anschließend, ob diese Unterscheidung aufgrund tatsächlicher Umstände sachlich gerechtfertigt ist. Auch jede Gleichbehandlung von Ungleichem muss sachlich, also aufgrund von tatsächlichen Umständen, gerechtfertigt sein.

Beispiel: Vergleichbare Personengruppen müssen im Wesentlichen gleiche staatliche Leistungen erhalten bzw darf eine bestimmte Gruppe nicht unsachlich davon ausgeschlossen werden. Die rechtlichen Regelungen der Öffnungszeiten von Bars und Gastwirtschaften müssen unterschiedlich sein, weil sie im Tatsächlichen nicht gleicher Natur sind.

Der VfGH hat dem Gleichheitssatz ferner ein **allgemeines Sachlichkeitsgebot** entnommen. Das heißt, dass jeder Akt der Gesetzgebung einer sachlichen Rechtfertigung zugänglich sein muss. In diesem Rahmen werden nicht zwei Regelungen und deren Rechtsfolgen miteinander verglichen, um eine unerlaubte Gleich- bzw Ungleichbehandlung festzustellen. Es wird vielmehr geprüft, ob eine einzelne Regelung in sich sachlich gerechtfertigt ist.

Beispiel: Die Haftung eines Wohnungseigentümers für alle Abgabenschulden eines Mieters eines anderen Wohnungseigentümers im gleichen Haus wäre unsachlich.

Schließlich ergibt sich aus dem Gleichheitssatz ein **Vertrauensschutzprinzip**. Dieses schützt das von den Rechtsunterworfenen in eine bestehende Rechtslage gesetzte berechtigte Vertrauen. Das betrifft zB rückwirkende Gesetze, den Entfall von Anwartschaften oder die unerwartete Enttäuschung sonstiger begründeter Erwartungshaltungen und darauf basierender Dispositionen.

Beispiel: Eine Pensionsreform führt zu einer bedeutenden Kürzung der Ansprüche von Personen, die kurz vor dem Pensionsantritt stehen.

Neben dem allgemeinen Gleichheitssatz bestehen verschiedene **spezielle Gleichheitsgebote für einzelne Bereiche**. Insbesondere ist die Diskriminierung aufgrund der Rasse, Hautfarbe und Abstammung (Art 63 Abs 1, Art 66 und Art 67 StV St. Germain, BVG betreffend das Verbot rassischer Diskriminierung) oder aufgrund einer Behinderung (Art 7 Abs 1 Satz 2 und 3 B-VG) verboten. Die Gleichbehandlung von Mann und Frau ist explizit in Art 7 Abs 2 B-VG geregelt.

Die Vorgaben des Gleichheitssatzes haben auch für die **Vollziehung** (also die Verwaltung und die Gerichtsbarkeit) Bedeutung. Für die Überprüfung von Entscheidungen der Verwaltungsgerichte auf ihre Vereinbarkeit mit dem Gleichheitssatz hat der VfGH besondere Prüfungsformeln entwickelt, die vom klassischen Prüfungsschema abweichen. So wird bei der Prüfung am Gleichheitssatz (Art 7 B-VG, Art 2 StGG) darauf abgestellt, ob sich die Entscheidung
- auf ein **gleichheitswidriges Gesetz** stützt,
- das Verwaltungsgericht dem anzuwendenden Gesetz einen **gleichheitswidrigen Inhalt** unterstellt hat oder
- ob es **Willkür** geübt hat. Der Begriff der (objektiven) Willkür ist dabei sehr weit und umfasst schwerwiegende Verfahrensfehler und Begründungsmängel, aber auch das gehäufte oder gröbliche Verkennen der Rechtslage.

F. Verfassungsgerichtsbarkeit

1. Organisation

Der **VfGH** ist neben dem Verwaltungsgerichtshof (VwGH) und dem Obersten Gerichtshof (OGH) eines der drei österreichischen Höchstgerichte. Er besteht aus einem Präsidenten, einem Vizepräsidenten, zwölf weiteren Mitgliedern und sechs Ersatzmitgliedern. Alle Mitglieder werden vom Bundespräsidenten ernannt. Das Vorschlagsrecht an den Bundespräsidenten ist zwischen Bundesregierung (Präsident, Vizepräsident und sechs Mitglieder), Nationalrat (drei Mitglieder) und Bundesrat (drei Mitglieder) geteilt. Mitgliedern des VfGH ist die richterliche Unabhängigkeit garantiert. Das Amt endet mit dem 31. Dezember des Jahres, in dem ein Mitglied das siebzigste Lebensjahr vollendet hat. Das Amt eines Verfassungsrichters (Mitgliedes des VfGH) ist als Nebenamt eingerichtet, um unterschiedliche Berufsgruppen (insb Rechtsanwälte, Richter, Verwaltungsbeamte, Universitätsprofessoren) in die Verfassungsgerichtsbarkeit zu integrieren und möglichst breite Fachkompetenz aus allen juristischen Berufen sicherzustellen. Der VfGH tagt in Sessionen mit einer Dauer von dreieinhalb Wochen, in denen täglich beraten wird. Solche Sessionen finden viermal im Jahr statt.

2. Ausgewählte Zuständigkeiten

Die Kompetenzen des VfGH sind in den Art 137 ff B-VG abschließend aufgezählt (Kausalgerichtsbarkeit, Kompetenzgerichtsbarkeit, Verfassungsfragen im Zusammenhang mit der Einsetzung und Durchführung von Untersuchungsausschüssen, Normenkontrolle, Wahlgerichtsbarkeit, Staatsgerichtsbarkeit und Sonderverwaltungsgerichtsbarkeit). Zwei der wichtigsten Kompetenzen des VfGH, die Normenkotrolle und die Sonderverwaltungsgerichtsbarkeit, werden im Folgenden kurz behandelt (siehe dazu näher EÖR I Lektion 3):

a) Normenkontrolle (Prüfung von Gesetzen, Verordnungen und Staatsverträgen)

Der VfGH prüft die Gesetzmäßigkeit von Verordnungen (Art 139 B-VG), die Verfassungsmäßigkeit von Gesetzen (Art 140 B-VG) und die Rechtmäßigkeit von Staatsverträgen (Art 140a B-VG). Dem VfGH kommt ein Prüfungsmonopol für generelle Normen zu. Im Falle der Gesetzwidrigkeit bzw Verfassungswidrigkeit von Verordnungen bzw Gesetzen hat der VfGH den entsprechenden Rechtsakt im verfassungswidrigen bzw gesetzwidrigen Umfang aufzuheben, was auch unter Fristsetzung erfolgen kann (bei Verordnungen bis zu sechs Monaten, bei Gesetzen bis zu achtzehn Monaten). Der VfGH wird deshalb auch als „negativer Gesetzgeber“ bezeichnet. Bei der Prüfung von Staatsverträgen kann die Rechtswidrigkeit hingegen bloß festgestellt werden, was dazu führt, dass der Staatsvertrag nicht mehr anzuwenden ist.

Es werden zwei Arten der Normenkontrolle unterschieden: Bei der **abstrakten Normenkontrolle** wird eine Norm unabhängig von einem konkreten Einzelfall geprüft. In diesem Rahmen werden Bundesgesetze auf Antrag einer Landesregierung oder jeweils eines Drittels der Mitglieder des Nationalrats oder des Bundesrates geprüft. Die Prüfung von Landesgesetzen erfolgt auf Antrag der Bundesregierung oder (wenn landesverfassungsrechtlich vorgesehen) eines Drittels der Mitglieder des jeweiligen Landtages. Verordnungen von Bundesbehörden werden ua auf Antrag einer Landesregierung, Verordnungen einer Landesbehörde ua auf Antrag der Bundesregierung geprüft. Im Falle der **konkreten Normenkontrolle** stellt sich die Frage der Rechtmäßigkeit einer Norm im Zusammenhang mit einem konkreten Verfahren, im Rahmen dessen diese Norm anzuwenden ist (Anlassfall). In diesem Fall spricht man davon, dass die Bestimmung **präjudiziell** ist. Gerichte (Verwaltungsgerichte und ordentliche Gerichte) sind verpflichtet, einen Antrag auf Normenkontrolle an den VfGH zu stellen, wenn sie Bedenken ob der Rechtmäßigkeit einer von ihnen anzuwendenden Bestimmung hegen. Der VfGH kann von Amts wegen ein solches Verfahren einleiten, wenn er selbst eine Rechtsvorschrift im Verfahren anzuwenden hat, gegen die er Bedenken hegt. Für die Dauer des Prüfungsverfahrens vor dem VfGH wird das Anlassverfahren unterbrochen und erst nach dessen Entscheidung fortgesetzt.

Einen Sonderfall stellt der **Individualantrag** dar: Er ermöglicht die Verordnungs- und Gesetzesprüfung unter engen Voraussetzungen dann, wenn für den Betroffenen keine andere Möglichkeit besteht, die behauptete Rechtswidrigkeit an den VfGH heranzutragen. Erforderlich ist zum einen die aktuelle Betroffenheit in einer Rechtsposition (dh nicht nur bloße wirtschaftliche Reflexwirkungen), zum anderen die Unzumutbarkeit eines Umwegs. Ein derartiger zumutbarer Umweg wäre idR etwa die Erlangung eines Bescheides und dessen Bekämpfung vor den Verwaltungsgerichten oder die Einleitung eines Verfahrens vor den ordentlichen Gerichten. Nicht zumutbar ist es zB aber, eine strafbare Handlung zu setzen, um ein gerichtliches oder verwaltungsbehördliches Strafverfahren zu provozieren oder einen Bescheid in einem Verfahren zu erwirken, das unverhältnismäßig hohe Kosten verursacht.

Beispiel: Das Rauchverbot in der Gastronomie griff in die Rechtssphäre der Gastgewerbebetriebe ein, weil damit bestimmte Kunden nicht mehr bewirtet werden durften und gewisse Umbauten in den Lokalräumen vorzunehmen waren. Da sich dieses Verbot unmittelbar aus dem Gesetz ergab und bei Zuwiderhandeln Strafen vorgesehen waren, konnten die entsprechenden Bestimmungen mittels Individualantrags beim VfGH angefochten werden. Es wäre unzumutbar gewesen, sich strafbar zu machen und den entsprechenden Strafbescheid zu bekämpfen, um die verfassungsrechtlichen Bedenken an den VfGH heranzutragen.

Im Rahmen eines Verfahrens vor den ordentlichen Gerichten besteht darüber hinaus die Möglichkeit der Einbringung eines „**Parteiantrags auf Normenkontrolle**". Dieser kann aus Anlass der Erhebung eines **Rechtsmittels** gegen die erstinstanzliche Entscheidung eines **ordentlichen Gerichts** (nicht aber eines Verwaltungsgerichtes!) erhoben werden. Der Antragsteller muss behaupten, wegen Anwendung einer gesetzwidrigen Verordnung bzw eines verfassungswidrigen Gesetzes in Rechten verletzt worden zu sein. Dieser Antrag führt zur Unterbrechung des Rechtsmittelverfahrens vor dem ordentlichen Gericht bis zur Entscheidung durch den VfGH.

In allen Fällen der Normenkontrolle ist der VfGH an die vorgetragenen Bedenken gebunden. Er darf sie nicht durch andere nicht vorgetragene Bedenken, die zur Aufhebung der angefochtenen Norm führen könnten, ersetzen. Ebenso ist die genaue Bezeichnung der angefochtenen Norm Voraussetzung für ein zulässiges Normenkontrollverfahren. Auch daran ist der VfGH gebunden.

b) Sonderverwaltungsgerichtsbarkeit (Art 144 B-VG)

Der VfGH überprüft dabei Entscheidungen der Verwaltungsgerichte, ob sie die Beschwerdeführer in verfassungsgesetzlich gewährleisteten Rechten verletzen (siehe die Prüfungsformel oben E.1.c. zu Entscheidungen der Verwaltungsgerichte) oder ob eine Rechtsverletzung durch die Anwendung einer rechtswidrigen generellen Norm (Gesetz bzw Verordnung) erfolgt ist. Im Verfahren nach Art 144 B-VG kann der VfGH von Amts wegen ein Normenkontrollverfahren nach Art 139 oder 140 B-VG einleiten („Prüfungsbeschluss"), mit dem das Verfahren nach Art 144 B-VG unterbrochen wird. Die Beschwerdefrist für ein Verfahren gem Art 144 B-VG beträgt sechs Wochen ab Zustellung des Erkenntnisses des Verwaltungsgerichts. In aussichtslosen Fällen oder solchen, in denen es um eine bloß einfachgesetzliche Rechtswidrigkeit geht, die vom VwGH wahrzunehmen wäre, kann der VfGH die Behandlung der Beschwerde ablehnen und auf Antrag des Beschwerdeführers an den VwGH abtreten. (Alternativ dazu kann auch eine „Parallelbeschwerde" vor dem VfGH und VwGH erhoben werden, für welche die gleichen Fristen gelten.)

Beachte: Unter verfassungsgesetzlich gewährleisteten Rechten sind solche des innerstaatlichen Grundrechtsbestandes, aber im Anwendungsbereich des Unionsrechts auch jene Grundrechte der GRC, die den innerstaatlichen Grundrechten in ihrer „**Formulierung und Bestimmtheit**" (siehe oben E.1.) entsprechen, zu verstehen (VfSlg 19.632/2012).

IV. Grundzüge des Verwaltungsrechts

A. Allgemeines Verwaltungsrecht

1. Gliederung

Das Verwaltungsrecht bildet im modernen Staat rein quantitativ den größten Teil des Rechtsbestands. Die Verwaltung als eine der drei Staatsgewalten durchdringt das (Zusammen)Leben der Menschen im Staat weitgehend und begleitet sie von ihrer Geburt (Melderecht, Namensrecht) bis zu ihrem Tod (Leichen- und Bestattungsgesetze). Auch viele Bereiche des Wirtschaftsrechts sind Verwaltungsrecht (Gewerberecht, Anlagenrecht etc). Die Verwaltung erfüllt eine unüberblickbare Zahl staatlicher Aufgaben wie zB die Krankenversorgung, die Wasserversorgung, Schulen und Universitäten, Straßenbau, Polizei oder die Feuerwehr und insb die Sicherstellung der öffentlichen Ruhe und Ordnung. Das Verwaltungsrecht organisiert die Verwaltung unter drei Gesichtspunkten: Es bestimmt den organisatorischen Aufbau der Verwaltung und die Regelung von Zuständigkeiten der Verwaltungsorgane (**Organisationsrecht**), das formale Prozedere verwaltungsbehördlicher Verfahren (**Verwaltungsverfahrensrecht**) sowie den Inhalt der Verwaltungstätigkeit bzw die Rechte und Pflichten des Einzelnen (**materielles Verwaltungsrecht**). Unter dem **Besonderen Verwaltungsrecht** sind all jene Vorschriften zu verstehen, welche die einzelnen Verwaltungsgebiete regeln (sog „Materiengesetze", zB die Gewerbeordnung oder die Straßenverkehrsordnung). Im Verwaltungsrecht existiert – im Gegensatz zu anderen Rechtsgebieten – kein in einem Gesetz zusammengefasster „Allgemeiner Teil", wohl aber gibt es ein **Allgemeines Verwaltungsrecht** als wissenschaftliche Kategorie. Dieses versucht, aus der Gesamtheit der in der Verfassung und den einfachen Gesetzen verstreuten Regelungen über die Verwaltung Gemeinsamkeiten und Systematiken zu erkennen, die das Funktionieren der Verwaltung insgesamt ausmachen und allen Verwaltungsgebieten gemeinsam sind. Allgemeine Grundsätze, die insb die Verwaltungsorganisation oder die Handlungsformen der Verwaltung betreffen, seien im Folgenden beispielhaft genannt.

2. Die Staatsfunktion Verwaltung

Aufgrund der Vielfalt der Tätigkeitsbereiche der Verwaltung, ist es unmöglich, die Verwaltung durch Aufzählung bestimmter inhaltlicher Aufgaben von den Staatsfunktionen Gesetzgebung und Gerichtsbarkeit abzugrenzen. Nach hA wird sie aus diesem Grund durch eine **Negativdefinition** abgegrenzt, die sich nicht nach dem Inhalt der Tätigkeit, sondern nach dem jeweils **tätig werdenden Organ** richtet: Verwaltung ist jede staatliche Tätigkeit, die nicht von einem Organ der Gesetzgebung (erste Gewalt) oder von „richterlichen" Organen (dritte Gewalt) besorgt wird, sondern von einem Verwaltungsorgan. Die Organe der Gesetzgebung und der Gerichtsbarkeit können aufgrund der Bundesverfassung relativ eindeutig abgegrenzt werden. Organe der Gesetzgebung sind insb die Parlamente (Nationalrat, Bundesrat und Landtage); jene der Gerichtsbarkeit sind die ordentlichen Gerichte, die Gerichte des öffentlichen Rechts (VwG, VwGH und VfGH) bzw die Richter, die Staatsanwaltschaft und die Rechtspfleger. Verwaltungsorgane zeichnen sich im Gegensatz zu Organen der anderen Staatsfunktionen dadurch aus, dass sie grundsätzlich **weisungsgebunden** sind (siehe zur Bedeutung der Weisungsbindung für die demokratische Legitimation der Verwaltung III.C.2.). Sie führen die Verwaltung unter der Leitung der obersten Organe des Bundes und der Länder. Art 20 Abs 1 B-VG regelt, dass untergeordnete Organe den jeweils übergeordneten Verwaltungsorganen gegenüber weisungsgebunden sind. Man spricht daher vom „**hierarchischen Verwaltungsmodell**". (Beachte: Es bestehen auch innerhalb der Gesetzgebung und der Gerichtsbarkeit Weisungszusammenhänge. Diese Fälle bilden jedoch die Ausnahme).

Ausnahmsweise können durch (einfaches) Gesetz bestimmte Verwaltungsorgane **weisungsfrei** gestellt werden (Art 20 Abs 2 B-VG). In diesen Fällen muss aber zumindest ein **Aufsichtsrecht** der obersten Organe (insb die Befugnis, die Amtsführung der nachgeordneten Organe zu überwachen und diese im Falle von Fehlern zur Verantwortung zu ziehen) vorgesehen werden. Damit soll die demokratische Legitimation der weisungsfreien Organe gesichert werden (siehe III.C.2.). Zudem besteht von Verfassung wegen ein Auskunftsrecht des Nationalrats und des Bundesrats gegenüber den Leitern weisungsfreier Organe (Art 52 Abs 1a B-VG).

Mitunter werden Verwaltungsaufgaben auch durch eigene, relativ unabhängige Rechtsträger wahrgenommen, die unter staatlicher Aufsicht stehen (**Selbstverwaltung**, zB die ÖH oder die Wirtschaftskammern), oder durch Privatrechtssubjekte, denen (durch Gesetz) Hoheitsgewalt übertragen wurde (sog **Beleihung**, zB Übertragung der Flugsicherung an die Austro Control GmbH, Übertragung der „Pickerl"-Begutachtung nach § 57a KFG an private Kfz-Werkstätten, Jagdaufsichtsorgane). In den Kernbereichen staatlicher Verwaltungstätigkeit (zB die Durchführung von Strafverfahren) ist eine derartige Beleihung allerdings ausgeschlossen.

Österreichische Verwaltungsorgane sind in vielen Bereichen auch für die **Vollziehung von Unionsrecht** zuständig. Man spricht in diesen Fällen von indirekter Vollziehung des Unionsrechts (durch Organe der Mitgliedstaaten), im Gegensatz zur direkten Vollziehung (durch Organe der Union), die quantitativ die Ausnahme bildet (etwa im Wettbewerbsrecht). Bei der Vollziehung von Unionsrecht haben nationale Organe nationales Organisations- und Verfahrensrecht anzuwenden (es sei denn, das Unionsrecht enthält ausnahmsweise eigene Verfahrensregelungen): man spricht auch von der „**relativen Verfahrensautonomie der Mitgliedstaaten**". Das nationale Verfahren zur Durchsetzung subjektiver Unionsrechte darf nicht weniger günstig gestaltet sein als (rein) innerstaatliche Verfahren (sog **Äquivalenzgrundsatz**) und es darf die Ausübung der durch die Unionsrechtsordnung verliehenen Rechte nicht praktisch unmöglich machen oder übermäßig erschweren (sog **Effektivitätsgrundsatz**).

3. Grundbegriffe des Organisationsrechts

a) Juristische Personen des öffentlichen Rechts

Eine juristische Person ist im öffentlichen Recht wie auch im Privatrecht ein Gebilde, das keine natürliche Person ist und dem von der Rechtsordnung zuerkannt wird, selbst Träger von Rechten und Pflichten zu sein. Der Staat ist in Form von unterschiedlichen juristischen Personen des öffentlichen Rechts organisiert (Bund, Länder, Gemeinden). Grundsätzlich werden **juristische Personen des öffentlichen Rechts** zur Erfüllung bestimmter im öffentlichen Interesse liegender Aufgaben durch die Verfassung, ein spezielles Gesetz oder einen speziellen Hoheitsakt eingerichtet und sind mit hoheitlichen Befugnissen ausgestattet.

Dagegen werden **juristische Personen des Privatrechts** idR durch Privatrechtsakt errichtet (zB Gesellschaftsvertrag, Satzung der AG). Für Streitigkeiten aus dem Verbandsverhältnis sind grundsätzlich bei juristischen Personen des Privatrechts die ordentlichen Gerichte, bei juristischen Personen des öffentlichen Rechts die Verwaltungsbehörden bzw die VwG sowie letztlich der VwGH und der VfGH zuständig.

Man unterscheidet folgende Typen von juristischen Personen des öffentlichen Rechts:

- **Körperschaften** sind zur juristischen Person erhobene Personenmehrheiten, deren Bestehen von einer Mitgliederkontinuität unabhängig ist. Es besteht zumeist von Gesetzes wegen Zwangsmitgliedschaft, womit ein privatautonomer Bei- oder Austritt idR nicht möglich ist. Man unterscheidet **Gebietskörperschaften** (Bund, Länder, Gemeinden: Zwangsmitgliedschaft aufgrund des Wohnsitzes – Gebietshoheit) und **Personalkörperschaften** (zB Sozialversicherungsträger, Kammern, ÖH: Zwangsmitgliedschaft aufgrund persönlicher Merkmale oder Eigenschaften).
- **Anstalten** sind zur juristischen Person erhobene Sachgesamtheiten, welche regelmäßig durch Gesetz begründet werden; sie haben keine Mitglieder, sondern Benutzer. Erforderlich sind äußerlich sichtbare Einrichtungen (persönlicher und sachlicher Natur) und die dauernde Widmung für Verwaltungszwecke (zB Bundesmuseen, Bundesanstalt „Statistik Österreich", Bundesanstalt für Verkehr, Diplomatische Akademie Wien).
- **Öffentlich-rechtliche Fonds** beruhen auf einem Hoheitsakt und sind zu juristischen Personen erhobene Vermögensmassen; sie haben weder Mitglieder noch Benutzer, sondern Begünstigte (zB Künstler-Sozialversicherungsfonds).
- **Öffentlich-rechtliche Stiftungen** werden aufgrund eines Hoheitsaktes zur Erfüllung bestimmter öffentlicher Aufgaben eingerichtet (zB die Stiftung „Österreichischer Rundfunk" aufgrund des ORF-Gesetzes).

b) Organe, Behörden und Dienststellen

Juristische Personen sind als „künstliche" Gebilde zwar rechts-, nicht aber handlungsfähig. Sie benötigen **Organe**, die für sie verbindliche Handlungen setzen. Organe sind wie juristische Personen abstrakte, durch Rechtsakte errichtete Konstrukte. Die Lehre hat dazu das Bild eines „Zuständigkeitsbündels" entwickelt, weil diesen Organen entweder einzelne oder – wenn nur ein Organ vorgesehen ist – alle Aufgaben der juristischen Person zukommen. Das Handeln dieser Organe wird der jeweiligen juristischen Person zugerechnet. Das Organ selbst hat daher idR keine „eigenen" Rechte und Pflichten. Es berechtigt oder verpflichtet die juristische Person. Die juristische Person haftet für das Handeln ihrer Organe.

Beispiel: Erlässt der Bundesminister eine Verordnung, dann hat im Rechtssinn die Gebietskörperschaft Bund (vertreten durch ihr Organ Bundesminister) gehandelt. Gibt ein Polizist bei einem Polizeieinsatz einen Schuss ab, dann hat rechtlich der Bund (vertreten durch den Innenminister) geschossen.

Bund, Ländern, Gemeinden und anderen Selbstverwaltungskörpern kommt eine Vielzahl an Aufgaben zu, die insgesamt als **Verbandskompetenz** bezeichnet werden. Diese Kompetenzen werden auf eines oder auch mehrere Organe aufgeteilt. Organen kommt grundsätzlich keine eigene Rechtsfähigkeit zu, sie üben vielmehr **Organkompetenzen** als Teilmengen von Verbandskompetenzen aus (sie sind in diesem Sinne wie schon gesagt „**Zuständigkeitsbündel**"); sie nehmen Teilaufgaben der juristischen Person wahr. Haftungsrechtlich belangt wird die juristische Person, welcher das Organhandeln zurechenbar ist (freilich kann unter Umständen auch jene natürliche Person belangt werden, die die Funktion des Organs ausübt).

Weil auch Organe als abstraktes Konstrukt nicht per se handlungsfähig sind, bedarf es zur Ausübung der Organfunktionen **physischer Personen**, denen die Wahrnehmung der jeweiligen Organfunktion übertragen wird. Diese natürlichen Personen nennt man **Organwalter**. Organwalter sind jene Menschen, die als das abstrakt geschaffene Organ handeln. Das können auf Zeit gewählte Organwalter, ernannte berufsmäßige Organwalter (**Beamte**) oder vertraglich bestellte Organwalter (**Vertragsbedienstete**) sein.

Beispiel: Der Bundespräsident ist ein Organ der Gebietskörperschaft Bund. *Alexander Van der Bellen* ist der Organwalter, der die Funktion des Organs Bundespräsident ausübt, das seinerseits Zuständigkeiten der juristischen Person Bund wahrnimmt (zB die Vertretung der Republik nach außen).

Unabhängig von der Bestellung wird meist auch ein **Anstellungsverhältnis** zwischen den Organwaltern und der Gebietskörperschaft begründet. Dieses kann durch Bescheid (Beamte – öffentlich-rechtliches Dienstverhältnis) oder privatrechtlichen Vertrag (Vertragsbedienstete – privatrechtliches Dienstverhältnis) erfolgen.

Organe können anhand der Art der Willensbildung, des Rechtsträgers, dem sie zuzurechnen sind, und der Staatsfunktion, die sie ausüben, unterschieden werden.

Nach dem **Weg der Willensbildung** wird zwischen **monokratischen** (ein Organwalter ist zur Willensbildung berufen, zB Bundeskanzler, Bürgermeister) und **Kollegialorganen** (mehrere Organwalter sind zur einstimmigen oder mehrheitlichen Willensbildung berufen, zB Bundesregierung, Gemeinderat) unterschieden.

Organe können jeweils funktionell oder organisatorisch einem bestimmten **Rechtsträger** zugerechnet werden. **Bundesorgane im organisatorischen Sinn** werden vom Bund errichtet und erhalten; ihm obliegt idR die Bestellung der Organwalter. **Landesorgane im organisatorischen Sinn** werden vom Land errichtet und erhalten; die Bestellung der Organwalter erfolgt durch das Land. Landesorgane im organisatorischen Sinn können aber auch für den Bund tätig werden; in diesen Fällen wird das Handeln der organisatorischen Landesorgane dem Bund zugerechnet. Diese Landesorgane werden als **Bundesorgane im funktionellen Sinn tätig**. Freilich ist auch der umgekehrte Fall möglich.

Beispiel: Im Rahmen der mittelbaren Bundesverwaltung werden Landesorgane im organisatorischen Sinn (zB der Bezirkshauptmann oder auch der Landeshauptmann) funktionell als Bundesorgane tätig (siehe unten 4.).

Nach der Staatsfunktion, der das Organ jeweils organisatorisch angehört, kann zwischen **Gesetzgebungs-, Verwaltungs-** und **Gerichtsorganen** unterschieden werden. Der gewaltenteilende Aspekt des rechtsstaatlichen Prinzips verlangt, dass Organe eindeutig organisatorisch einer einzigen Staatsfunktion zuzuordnen sind (siehe III.C.3.). Die Organe können und dürfen aber funktionell für eine andere Staatsfunktion tätig werden.

Beispiel: Der Präsident des Nationalrats ist organisatorisch als Organ der Gesetzgebung errichtet. Wird er in Personalangelegenheiten tätig, übt er jedoch funktionell eine Tätigkeit aus, die der Verwaltung zuzurechnen ist.

Bund und Länder haben Gesetzgebungsorgane (Nationalrat, Bundesrat, Landtage), Organe der Gerichtsbarkeit (ordentliche Gerichte, Verwaltungsgerichte und die Gerichtshöfe des öffentlichen Rechts) und Verwaltungsorgane. Gemeinden haben nur Verwaltungsorgane.

Eine besondere Stellung unter den Verwaltungsorganen nehmen **Verwaltungsbehörden** ein. Behörden sind Organe, denen hoheitliche Aufgaben übertragen sind, die also verbindliche Anordnungen treffen und Zwang ausüben können. Diese Kompetenz richtet sich nach materiellrechtlichen Vorschriften (zB Verwaltungsorgane, die in einer bestimmten Angelegenheit Bescheide oder AuvBZ erlassen können). Für die Qualifikation als Behörde ist also maßgeblich, welche Aufgaben einem Organ übertragen sind. Es gibt somit keine Behörden im organisatorischen Sinn, sondern bloß solche im funktionellen Sinn!

Beispiel: Erlässt ein Bundesminister einen Bescheid, handelt er als Behörde; schließt er hingegen einen privatrechtlichen Vertrag ab, handelt er als bloßes Organ, nicht als Behörde.

Dienststellen sind einem Organ bloß als **Hilfsapparat** beigeordnet. Sie erfüllen selbst keine hoheitlichen Aufgaben, sondern üben insb Hilfs- und Schreibtätigkeiten für das jeweilige Organ aus (zB Gemeindeamt, Amt der Landesregierung, Bundesministerium). Dem Bundesminister als monokratischem Organ obliegt die Willensbildung alleine, obwohl ihm als Hilfsapparat die Dienststelle Bundesministerium beigegeben ist.

c) Weisungsbindung

Art 20 Abs 1 B-VG konstituiert einen hierarchischen Verwaltungsaufbau. Nachgeordnete Verwaltungsorgane sind grundsätzlich an die Weisungen der ihnen vorgesetzten Organe gebunden (siehe bereits oben A.2.). Jedem Verwaltungsorgan kommt grundsätzlich ein Weisungsrecht gegenüber nachgeordneten Organen zu. Weisungen können gegenüber einem Organ als solchen oder auch gegenüber einem einzelnen Organwalter ergehen. Ein Verwaltungsorgan kann grundsätzlich sämtlichen ihm nachgeordneten Organen unmittelbar Weisungen erteilen und dabei zwischengeordnete Organe übergehen (Weisungsdurchgriff).
Eine besondere Stellung im hierarchischen Verwaltungsaufbau nehmen die obersten Verwaltungsorgane ein. Sie sind mit der letztverantwortlichen Durchführung der Verwaltungsgeschäfte betraut. Sie sind dem Nationalrat bzw dem jeweiligen Landtag für die Führung ihrer jeweiligen Verwaltungsgeschäfte politisch und rechtlich verantwortlich. Sie dürfen daher selbst nicht an Weisungen gebunden werden, sind aber zur Erteilung von Weisungen an alle ihnen untergeordneten Organe befugt.
Das nachgeordnete Organ **kann** die Befolgung einer Weisung ablehnen, wenn die Weisung von einem unzuständigen Organ erteilt wurde, und es **muss** die Befolgung der Weisung ablehnen, wenn sie gegen strafgesetzliche Vorschriften verstoßen würde (vgl Art 20 Abs 1 B-VG).

d) Amtsverschwiegenheit

Alle mit Aufgaben der Bundes-, Landes- und Gemeindeverwaltung betrauten Organe sowie die Organe anderer Körperschaften des öffentlichen Rechts sind, soweit gesetzlich nicht anderes bestimmt ist, zur Verschwiegenheit über alle ihnen **ausschließlich aus ihrer amtlichen Tätigkeit bekannt gewordenen Tatsachen** verpflichtet, sofern daran ein **Geheimhaltungsinteresse** besteht. Ein solches kann im Interesse der Aufrechterhaltung der öffentlichen Ruhe, Ordnung und Sicherheit, der umfassenden Landesverteidigung, der auswärtigen Beziehungen, im wirtschaftlichen Interesse einer Körperschaft des öffentlichen Rechts, zur Vorbereitung einer Entscheidung oder im überwiegenden Interesse Dritter liegen.

e) Auskunftspflicht

Gemäß Art 20 Abs 4 B-VG haben alle mit Aufgaben der Bundes-, Landes- und Gemeindeverwaltung betrauten Organe sowie die Organe anderer Körperschaften des öffentlichen Rechts über Angelegenheiten ihres jeweiligen Wirkungsbereiches **Auskünfte zu erteilen, soweit eine gesetzliche Verschwiegenheitspflicht dem nicht entgegensteht**. Berufliche Vertretungen (zB die Wirtschafts- oder die Arbeiterkammern) sind nur gegenüber den ihnen jeweils zugehörigen Personen auskunftspflichtig und nur insoweit, als dadurch die ordnungsgemäße Erfüllung ihrer gesetzlichen Aufgaben nicht verhindert wird. Der Auskunftspflicht der Verwaltungsorgane steht zwar kein korrespondierendes Grundrecht des Rechtsunterworfenen auf Auskunftserteilung gegenüber. Aus den Auskunftspflichtgesetzen des Bundes und der Länder ergeben sich aber einfachgesetzliche Auskunftsansprüche. Diskutiert wird derzeit die Einführung eines verfassungsgesetzlichen „Informationsgrundrechts".

f) Amtshilfe

Alle Organe des Bundes, der Länder, der Gemeinden und der Gemeindeverbände sowie der sonstigen Selbstverwaltungskörper sind im Rahmen ihres gesetzmäßigen Wirkungsbereiches zur **wechselseitigen Hilfeleistung** (Amtshilfe) verpflichtet (Art 22 B-VG). Auch Organe der Gerichtsbarkeit und parlamentarische Organe fallen darunter. Ein subjektives Recht des Rechtsunterworfenen auf Setzung bestimmter Amtshilfemaßnahmen besteht nicht.

g) Amts- und Organhaftung

Setzt ein Organ eines Rechtsträgers rechtswidrige hoheitliche Akte und wird dadurch jemandem ein (Personen- oder Vermögens)Schaden zugefügt, so haftet dafür der Rechtsträger, dem das schädigende Organhandeln zuzurechnen ist (**Amtshaftung**, Art 23 B-VG, § 1 AHG). Zu den davon umfassten Rechtsträgern gehören die Gebietskörperschaften sowie sonstige Körperschaften des öffentlichen Rechts wie zB Kammern, Gemeindeverbände und Sozialversicherungsträger.

> *Beispiel:* Nach § 57a KFG sind Ziviltechniker, Vereine oder zur Reparatur von Kfz berechtigte Gewerbetreibende zur wiederkehrenden Begutachtung von Fahrzeugen („Pickerl-Kontrolle") zu ermächtigen (Beleihung, siehe zuvor 2.). Die Begutachtung stellt hoheitliches Handeln dar; der Beliehene ist daher ein funktionelles Bundesorgan. Fügt das Organ durch eine fehlerhafte Begutachtung eines Kfz jemandem einen Schaden zu, so haftet der Bund, dem der Beliehene zuzurechnen ist, für den Schaden.

Der zur Haftung herangezogene Rechtsträger kann sich beim rechtswidrig und schuldhaft handelnden Organ regressieren. Das Organhaftpflichtgesetz (OrgHG) sieht allerdings bestimmte Haftungserleichterungen zu Gunsten des Organs vor. Das Gericht kann etwa aus Gründen der Billigkeit den Ersatz mäßigen oder, sofern der Schaden durch einen minderen Grad des Versehens zugefügt worden ist, auch ganz erlassen.

Die Verletzung von Unionsrecht kann Amtshaftungsansprüche, vor allem aber auch Staatshaftungsansprüche auslösen (vgl unten V.E.).

4. Verwaltungsorganisation

a) Organe der Bundesverwaltung

Als gleichrangige **oberste Organe** der Bundesverwaltung sind der **Bundespräsident** (*monokratisches Organ*), die **Bundesregierung** (Bundeskanzler, Vizekanzler und Bundesminister gemeinsam – *Kollegialorgan* mit Einstimmigkeitserfordernis) und die **Bundesminister** (*monokratische Organe* mit Dienststellen) vorgesehen. Der Bundespräsident wird vom Bundesvolk gewählt, Bundeskanzler (ohne Vorschlag), Vizekanzler und die Bundesminister (auf Vorschlag des Bundeskanzlers) werden vom Bundespräsidenten ernannt. Nur die Bundesminister sind für ihr jeweiliges Ressort mit der verantwortlichen Führung der Geschäfte der Bundesverwaltung durch die ihnen nachgeordneten Verwaltungsorgane betraut. Dem Bundespräsidenten und der Bundesregierung sind keine Verwaltungsorgane nachgeordnet.

Die **Bundesverwaltung** wird **unter** den **Bundesministern** in zwei Formen vollzogen:
- (ausnahmsweise) durch eigene Bundesorgane (**unmittelbare Bundesverwaltung**, zB Finanzverwaltung, Bundesheer, Schulbehörden, Bundesdenkmalamt);
- (idR) durch den Landeshauptmann und die ihm unterstellten Landesbehörden (**mittelbare Bundesverwaltung**, zB Gewerberecht, Wasserrecht): In diesem Fall werden Landesorgane (im organisatorischen Sinn, insb die Bezirksverwaltungsbehörden – siehe dazu sogleich) funktionell als Bundesorgane tätig. Ihr Handeln wird dem Bund zugerechnet. Träger der mittelbaren Bundesverwaltung ist der Landeshauptmann (LH). Er allein ist gegenüber der Bundesregierung und den Bundesministern im Bereich der mittelbaren Bundesverwaltung weisungsgebunden und verantwortlich. Dementsprechend besteht (ausnahmsweise) kein unmittelbarerer Weisungsdurchgriff vom jeweils zuständigen Bundesminister auf die Bezirksverwaltungsbehörde.

b) Organe der Landesverwaltung

Die Bundesverfassung bestimmt als **oberstes Organ** der Landesverwaltung die **Landesregierung** (Landeshauptmann, Landeshauptmann-Stellvertreter, Landesräte) als Kollegialorgan. Der Landeshauptmann ist als *primus inter pares* Vorsitzender der Landesregierung. Für Beschlüsse der Landesregierung reicht – im Gegensatz zur Bundesregierung – eine einfache Mehrheit dort aus, wo die Landesregierung nach dem Proportionalwahlsystem der im Landtag vertretenen politischen Kräfte (Landtagsfraktionen) gebildet wird. **Landesverfassungsrechtlich** kann – ähnlich den Bundesministern – eine **Ressortverteilung** zwischen den Landesräten vorgesehen werden. Das ist in sämtlichen Bundesländern geschehen. Aufgrund einer solchen Festlegung sind die einzelnen Mitglieder der Landesregierung (**Landesräte**) selbst als oberste Verwaltungsorgane zu qualifizieren. Die Mitglieder der Landesregierung werden vom Landtag gewählt. Als Dienststelle der Landesregierung ist dieser und ihren Mitgliedern das Amt der Landesregierung beigeordnet, das vom Landesamtsdirektor (LAD) geleitet wird.

Die Aufgaben der Landesverwaltung in Unterordnung unter die Landesregierung sind grundsätzlich von Landesorganen im organisatorischen Sinn wahrzunehmen: Die Vollziehung obliegt dabei grundsätzlich den (über 90) **Bezirksverwaltungsbehörden**. Ihnen kommt eine subsidiäre Allzuständigkeit zu, was ihre große Bedeutung im Aufbau der Verwaltung ausmacht. Wenn in den Materiengesetzen keine besondere Zuständigkeit festgelegt ist, sind die Bezirksverwaltungsbehörden für die Besorgung der Geschäfte der Landesverwaltung zuständig. Das gilt auch für die mittelbare Bundesverwaltung. Durch diese relative Konzentration der Vollziehungszuständigkeiten werden organisatorische Doppelgleisigkeiten zwischen Bund und Ländern vermieden. Für diese Verwaltungsorganisation ist das gesamte Bundesgebiet bzw das jeweilige Landesgebiet in politische Bezirke eingeteilt. Für jeden dieser Bezirke entscheidet **der Bezirkshauptmann** als monokratische Behörde. Er steht der **Bezirkshauptmannschaft** (BH) vor. Besonderes gilt für **Städte mit eigenem Statut**. Dabei handelt es sich um Gemeinden (siehe sogleich), die selbst auch die Aufgaben der Bezirksverwaltung wahrnehmen. Der Bürgermeister ist zugleich als monokratisches Organ Bezirkshauptmann. Statt der Bezirkshauptmannschaft wird unter seiner Verantwortung und Leitung der **Magistrat** als Bezirksverwaltungsbehörde tätig.

c) Organe der Gemeindeverwaltung

Die Gemeinde ist Gebietskörperschaft und territorialer Selbstverwaltungskörper. Grundsätzlich unterliegen sämtliche Gemeinden, unabhängig von ihrer Einwohnerzahl und Größe, denselben Regelungen (Prinzip der „**Einheitsgemeinde**").

Eine Sonderstellung nimmt die **Bundeshauptstadt Wien** ein, in der die Zuständigkeiten der Landes- und Gemeindeverwaltung zusammenfallen. Wien ist somit Land, Bezirk und Stadt (Gemeinde). So hat der Gemeinderat auch die Funktion des Landtages, der Stadtsenat auch die Funktion der Landesregierung, der Bürgermeister auch die Funktion des Landeshauptmannes, der Magistrat auch die Funktion des Amtes der Landesregierung und der Magistratsdirektor auch die Funktion des Landesamtsdirektors. Die Magistratischen Bezirksämter sind keine selbständigen Behörden, sondern Bestandteile des einheitlichen Verwaltungsapparates „Magistrat".

Für die Organisation der Gemeindeverwaltung enthält die Bundesverfassung einige grundlegende Vorgaben, nähere Regelungen sind in den Gemeindeordnungen (Landesgesetze) festgelegt. Als Organe der Gemeinde sind jedenfalls der Gemeinderat, der Gemeindevorstand und der Bürgermeister vorzusehen.

Der **Gemeinderat** als innerhalb der Gemeinde höchstes kollegiales Beratungs- und Beschlussorgan wird von allen im Gemeindegebiet wohnhaften Unionsbürgern gewählt. Ihm sind alle anderen Gemeindeorgane für die Erfüllung der Aufgaben im eigenen Wirkungsbereich der Gemeinde verantwortlich. Der **Gemeindevorstand** als kollegiales Verwaltungsorgan wird vom Gemeinderat nach dem Proporz, also nach dem Verhältnis der Gemeinderatsfraktionen gewählt. Der **Bürgermeister** ist ein monokratisches Organ und wird je nach Bundesland direkt von den Gemeindebewohnern oder vom Gemeinderat gewählt. Er ist Organ der Gemeinde in den Angelegenheiten des übertragenen Wirkungsbereiches. Auch in Verfahren im Rahmen des eigenen Wirkungsbereiches fungiert er zumeist als zuständiges Organ (zB als Baubehörde). Den Gemeindeorganen ist als gemeinsame Dienststelle das Gemeindeamt beigegeben.

Den Gemeinden kommen ein eigener und ein übertragener Wirkungsbereich zu. In den **eigenen Wirkungsbereich** fallen nach der Generalklausel des Art 118 Abs 2 B-VG „alle Angelegenheiten, die im **ausschließlichen oder überwiegenden Interesse** der in der Gemeinde verkörperten örtlichen Gemeinschaft gelegen und **geeignet** sind, durch die Gemeinschaft innerhalb ihrer örtlichen Grenzen besorgt zu werden". Nach der demonstrativen Aufzählung in Art 118 Abs 3 B-VG fallen darunter beispielsweise die Bestellung der Gemeindeorgane und Gemeindebediensteten, die örtliche Sicherheitspolizei und die örtliche Baupolizei. In diesen Angelegenheiten sind die Gemeinden nicht an Weisungen von Bundes- oder Landesorganen gebunden. Es besteht bloß eine staatliche

Aufsicht der Landesregierung (im Vollziehungsbereich des Landes) oder des Landeshauptmannes (im Vollziehungsbereich des Bundes).

Der **übertragene Wirkungsbereich** umfasst Angelegenheiten, die die Gemeinde nach Maßgabe der Bundesgesetze im Auftrag und nach den Weisungen des Bundes oder nach Maßgabe der Landesgesetze im Auftrag und nach den Weisungen des Landes zu besorgen hat (zB Personenstandsangelegenheiten). Diese Angelegenheiten werden vom Bürgermeister besorgt.

d) Nichtterritoriale Selbstverwaltung

Die Bundesverfassung ermächtigt den einfachen Gesetzgeber, bestimmte Personengruppen zur selbständigen Wahrnehmung öffentlicher Aufgaben zusammenzufassen, die in ihrem **ausschließlichen oder überwiegenden gemeinsamen Interesse** gelegen und **geeignet** sind, durch sie gemeinsam besorgt zu werden (Art 120a ff B-VG). Man spricht von Personalkörperschaften oder auch von nichtterritorialer Selbstverwaltung. Von dieser Ermächtigung wurde etwa bei der Einrichtung der Wirtschaftskammern, der Arbeiterkammern, der Landwirtschaftskammern, der Rechtsanwaltskammern, der Ärztekammern, der Sozialversicherungsträger und der ÖH Gebrauch gemacht. Stets besteht dabei eine Pflichtmitgliedschaft kraft Zugehörigkeit zum jeweils festgelegten Personenkreis.

Die Selbstverwaltungskörper üben ihre Aufgaben weisungsfrei aus, sie unterliegen aber einer staatlichen Aufsicht. Ihnen können daneben auch Aufgaben der staatlichen Verwaltung zur weisungsgebundenen Besorgung übertragen werden (etwa im Rahmen des Berufsrechts).

5. Verwaltungshandeln

a) Hoheitsverwaltung

Der Staat wird in hoheitlicher Verwaltung tätig, wenn er mit **Imperium** auftritt. Damit wird zum Ausdruck gebracht, dass er einseitig verbindliche Handlungen gegen über den Rechtsunterworfenen setzen kann. Jene Verwaltungsorgane, welche ausdrücklich zu hoheitlichen Anordnungen und Entscheidungen ermächtigt sind, bezeichnet man als **Behörden** (siehe A.3.b.). Diese behördlichen Befugnisse bestehen zB in der Kompetenz, Verordnungen und Bescheide zu erlassen oder unmittelbare verwaltungsbehördliche Befehls- und Zwangsakte zu setzen. Das Rechtsschutzsystem knüpft an diese typisierten Rechtsakte an (siehe unten B.2.). Ausgehend davon hat der VfGH aus dem rechtsstaatlichen Grundprinzip der Bundesverfassung das Gebot abgeleitet, dass Eingriffe in subjektive Rechte stets nur durch diese Rechtsakte bewirkt werden dürfen (sog **Rechtstypenzwang**) (siehe III.C.3.). Daraus resultiert, dass man von einer **„relativen Geschlossenheit des Rechtsquellensystems"** ausgeht: der einfache Gesetzgeber darf nur jene Handlungsformen vorsehen, die die Verfassung bereitstellt.

Ausnahmsweise ist die Verwaltung zum Abschluss **verwaltungsrechtlicher Verträge** befugt, die sowohl zwischen zwei gleichberechtigten Verwaltungsorganen (sog koordinationsrechtliche Verträge) als auch zwischen einem Verwaltungsorgan und einem Rechtsunterworfenen (sog subordinationsrechtliche Verträge) über öffentlich-rechtliche Rechte und Pflichten abgeschlossen werden. Der VfGH hat die Zulässigkeit verwaltungsrechtlicher Verträge unter der Voraussetzung anerkannt, dass der Abschluss derartiger Verträge im Gesetz vorgesehen ist und für den Streitfall die Erlassung eines Bescheides erfolgt, der vor den Verwaltungsgerichten und in weiterer Folge vor den Gerichtshöfen des öffentlichen Rechts bekämpfbar ist. Ein Beispiel dafür sind die Leistungsvereinbarungen im Universitätsrecht, die der Bund mit den einzelnen Universitäten abschließt und in denen vor allem die Budgets der einzelnen Hochschulen geregelt werden.

Die Handlungsformen der hoheitlich agierenden Verwaltung sind im Einzelnen:

- Verordnungen

Verordnungen sind von Verwaltungsbehörden im Bereich der Hoheitsverwaltung erlassene **außenwirksame Regelungen**, welche sich an einen nach **generellen Merkmalen** bestimmten Adressatenkreis (dh an die Allgemeinheit oder an nach Gattungsmerkmalen bestimmte Gruppen der Bevölkerung, zB die Studierenden) richten und für diesen Adressatenkreis **unmittelbar rechtsverbindlich** sind, also die Rechtslage der Betroffenen gestalten. Sie wirken materiell wie Gesetze („Gesetz im materiellen Sinn"), sind aber formell trotzdem Akte von Verwaltungsbehörden. IdR führen sie Gesetze als Durchführungsverordnungen näher aus. Die Verwaltungsverfahrensgesetze (siehe unten IV.B.1.) sind auf die Erlassung von Verordnungen nicht anwendbar, vereinzelt sehen aber die Materiengesetze ein bestimmtes Verfahren vor (zB die Raumordnungsgesetze für die Erlassung des Flächenwidmungsplans, der eine Verordnung des Gemeinderates ist). Wird dieses Verfahren nicht eingehalten, ist die Verordnung rechtswidrig.

Beispiel: Straßenverkehrszeichen sind die Kundmachungen von Verordnungen, mit denen bestimmte Vorgaben für die Straßenverkehrsteilnehmer geschaffen werden (Geschwindigkeitsbegrenzungen etc).

Jede Verwaltungsbehörde kann „auf Grund der Gesetze" innerhalb ihres Wirkungsbereiches Verordnungen (**Durchführungsverordnungen**) erlassen. Diese Kompetenz kommt jeder Verwaltungsbehörde im Rahmen ihrer Organkompetenzen unmittelbar aufgrund von Art 18 Abs 2 B-VG zu (dem Bürgermeister für die Gemeinde, dem Bezirkshauptmann für den Bezirk, dem Bundesminister für den Bund). Eine besondere gesetzliche Ermächtigung ist nicht notwendig. Die Verordnung bedarf aber stets einer gesetzlichen Grundlage, die wiederum den Inhalt der Verordnung determiniert und begrenzt.

In besonderen Fällen ermächtigt die Bundesverfassung unmittelbar bestimmte Organe dazu, selbstständige (gesetzesändernde, gesetzesergänzende oder gesetzesvertretende) Verordnungen zu erlassen (sog **verfassungsunmittelbare Verordnungen**, zB das Notverordnungsrecht des Bundespräsidenten). Diese Verordnungen bedürfen keiner über die verfassungsrechtliche Ermächtigung hinausgehenden gesetzlichen Grundlage. Sie sind daher von den Durchführungsverordnungen zu unterscheiden.

Der VfGH kann Verordnungen auf Antrag eines Antragslegitimierten auf ihre Gesetz- und Verfassungsmäßigkeit hin überprüfen (Art 139 B-VG, siehe oben III.F.2.a.).

- Bescheide

Bescheide sind von Verwaltungsbehörden im Bereich der **Hoheitsverwaltung** erlassene **außenwirksame, normative Anordnungen bzw Entscheidungen**, die eine **konkrete Verwaltungsangelegenheit** erledigen und sich stets an **individuelle Personen richten**. Sie können zum Teil nur auf Antrag, zum Teil auch von Amts wegen ergehen. Der Erlassung eines Bescheides hat idR ein förmliches Ermittlungsverfahren unter Wahrung des Parteiengehörs voranzugehen; die Verwaltungsverfahrensgesetze sind anzuwenden (siehe unten IV.B.1.). Bescheide können nur von Verwaltungsbehörden erlassen werden. Wurde ein Bescheid nicht einmal von einer Verwaltungsbehörde erlassen, erfüllt er die Mindestvoraussetzungen für den Rechsakt „Bescheid“ nicht. Er gehört nicht dem Rechtsbestand an und ist absolut nichtig (rechtlich inexistent). (Beispiel: Der Portier eines Amtsgebäudes erlässt einen „Bescheid“).

Je nach Inhalt des Bescheides unterscheidet man:

- **Gestaltungsbescheide**: sie begründen, ändern oder heben Rechtsverhältnisse auf (zB Staatsbürgerschaftsverleihungen, Baubewilligungen);
- **Leistungsbescheide**: sie begründen eine Verpflichtung zu einem Tun oder Unterlassen (zB Steuervorschreibung, baupolizeiliche Beseitigungsaufträge, Strafbescheide);
- **Feststellungsbescheide**: sie stellen das Bestehen oder Nichtbestehen von Rechtsverhältnissen verbindlich fest (zB Feststellung, ob es sich bei einer gewerblichen Betriebsanlage um eine Bagatellanlage oder um eine Normalanlage handelt).

Bescheide können in der Regel mit **Bescheidbeschwerde** beim zuständigen Verwaltungsgericht bekämpft werden (Art 130 Abs 1 Z 1 B-VG), ausnahmsweise – in Angelegenheiten des eigenen Wirkungsbereiches der Gemeinden – mit Berufung an die übergeordnete Gemeindebehörde (siehe näher unten IV.B.2.a.).

- Akte unmittelbarer verwaltungsbehördlicher Befehls- und Zwangsgewalt

Akte der unmittelbaren verwaltungsbehördlichen Befehls- und Zwangsgewalt (AuvBZ) sind von einem Verwaltungsorgan (zB von einem Polizisten, dessen Handeln der Verwaltungsbehörde zugerechnet wird) im Rahmen der **Hoheitsverwaltung** aufgrund gesetzlicher Ermächtigung erlassene **normative Anordnungen** gegenüber **individuellen Rechtsunterworfenen** (also mit Außenwirkung), die **relativ form- und verfahrensfrei** gesetzt werden. Sie ergehen **unmittelbar**, dh es tritt kein Akt zwischen Gesetz und Verwaltungshandeln. Vollstreckungsakte zur Durchsetzung einer durch Bescheid begründeten Verpflichtung des Einzelnen bilden somit keinen AuvBZ, weil es am Element der Unmittelbarkeit mangelt. Maßgeblich für die Normativität eines AuvBZ ist die Ausübung von **Zwang** bzw die Erteilung eines **Befehls**, bei dessen Nichtbefolgung physische Zwangsmaßnahmen drohen. Beispiele für AuvBZ sind Festnahmen, Anhaltungen, Durchsuchungen, Beschlagnahmen, Wegweisungen, Abschleppen eines Autos etc; keine AuvBZ sind bloßes Beschimpfen, schlichtes Fotografieren, das Nahelegen eines bestimmten Verhaltens oder die Mitteilung der Rechtslage, denn sie erfüllen diese Kriterien nicht. Der Erlassung eines AuvBZ geht kein ordentliches Ermittlungsverfahren voraus. AuvBZ ergehen aber nicht vollkommen verfahrensfrei. ZB ist beim Schusswaffengebrauch durch die Exekutivorgane zuvor ein Warnschuss abzugeben oder ist bei der Beschlagnahme eines Gewehrs eine Bestätigung auszustellen. Die relative Verfahrensfreiheit ist vor dem Hintergrund zu sehen, dass AuvBZ überwiegend dann gesetzt werden, wenn dringendes Verwaltungshandeln geboten ist.
Als Rechtsschutzmöglichkeit besteht die Beschwerde an das jeweils zuständige Verwaltungsgericht (sog „**Maßnahmenbeschwerde**“ nach Art 130 Abs 1 Z 2 B-VG; siehe näher unten IV.B.2.a.).

- Weisungen

Weisungen stellen **intern** erlassene, **hoheitliche Befehle** von übergeordneten an nachgeordnete Verwaltungsorgane bzw Organwalter dar. Sie haben **normativen Charakter**. Werden sie an ein einzelnes nachgeordnetes Organ gerichtet, spricht man von individuellen Weisungen (Beispiel: der Behördenleiter weist den zuständigen Sachbearbeiter an, wie eine Angelegenheit zu entscheiden ist, und eine solche Entscheidung vorzubereiten); werden sie hingegen an einen nach Gattungsmerkmalen umschriebenen Kreis nachgeordneter Organe gerichtet, stellen sie generelle Weisungen dar (Beispiel: der Finanzminister gibt den nachgeordneten Finanzämtern mit „Steuererlässen" Anweisungen für die Bemessung von Abgaben). Sie können schriftlich und mündlich ergehen. Weisungen richten sich stets an Organe bzw Organwalter in ihrer Organfunktion. Sie gestalten nicht die subjektiven Rechte des Einzelnen, auch wenn dieser eine Organfunktion bekleidet. Freilich können Weisungen mittelbar Auswirkungen zB auf den Ausgang eines Verwaltungsverfahrens und damit auf den Inhalt eines Bescheides haben. Der rechtsunterworfene Einzelne kann aber nur den außenwirksamen Verwaltungsakt, der auf Grund einer internen Weisung ergeht, also zB den Bescheid bekämpfen.

- Schlichte Hoheitsverwaltung

Als „**schlichte Hoheitsverwaltung**" bezeichnet man jene Maßnahmen von Verwaltungsorganen, die keine der genannten Hoheitsakte sind, aber im Umfeld von Hoheitsakten gesetzt werden („hoheitliche Realakte"), wie etwa das Nachschauhalten durch ein Organ des Arbeitsinspektorats und Warnmeldungen der Finanzmarktaufsichtsbehörde (FMA). Gegen diese Akte gibt es idR keinen unmittelbaren Rechtsschutz.

b) Privatwirtschaftsverwaltung

Bund, Länder und Gemeinden sind auch als Privatrechtssubjekte eingerichtet. Sie können ebenso wie natürliche Personen am Rechtsverkehr unter Privaten teilnehmen. Verlangt das Gesetz nichthoheitliches Handeln, kann sich der Staat der **Rechtsformen des Privatrechts** bedienen, welche auch anderen Rechtssubjekten zur Verfügung stehen. Er tritt dabei nicht als Träger seiner hoheitlichen Befugnisse, also im Über- und Unterordnungsverhältnis, auf, sondern als Gleichberechtigter den Privaten gegenüber. Jede Tätigkeit des Staates in nichthoheitlicher Form wird als „**Privatwirtschaftsverwaltung**" bezeichnet. Es handelt sich um Verwaltung, weil diese die gesamte Tätigkeit der staatlichen Organe umfasst, die nicht Gesetzgebung oder Gerichtsbarkeit ist. In der Privatwirtschaftsverwaltung sind die Organe des Staates ebenso wie Private der Rechtsordnung unterworfen, sie wird auf sie alle gleichermaßen angewendet. In der Hoheitsverwaltung wenden die Organe des Staates hingegen die Rechtsordnung auf Rechtsunterworfene an. Insbesondere besteht im Bereich der Privatwirtschaftsverwaltung auch eine Bindung des Staates an die Grundrechte (sog **Fiskalgeltung der Grundrechte**, siehe oben III.E.1.a.). Die Verwaltungsverfahrensgesetze (va AVG, VStG) sind allerdings nur im Rahmen der Hoheitsverwaltung anwendbar.

Beispiel: Zur Privatwirtschaftsverwaltung gehören die Bedarfsdeckung für die Ausstattung der Behörden (Erwerb von Sachmitteln), die Vermögensverwaltung (Instandhaltung von Verwaltungssachen, Vermietung von Gemeindewohnungen), die Vergabe öffentlicher Aufträge sowie zum Teil die Subventionsverwaltung und die Führung öffentlicher Unternehmen (in Form der Ausübung der Gesellschafterrechte der Gebietskörperschaft an einer privatrechtlich organisierten Gesellschaft).

Für Rechtsstreitigkeiten in diesem Bereich sind die ordentlichen Gerichte zuständig. Für Schäden wird nicht nach dem AHG (siehe oben 3.g.), sondern nach den Schadenersatzregelungen des ABGB gehaftet.

Beispiel: Die Errichtung und Instandhaltung von Straßen erfolgt nicht hoheitlich; Bau- und Instandhaltungsmaßnahmen sind durch kein hoheitliches Element geprägt. Entsteht im Zuge von Instandhaltungsarbeiten ein Schaden, wird etwa durch Arbeiter eines Bauunternehmens der Zaun eines an der Straße gelegenen Grundstücks eingedrückt, ist Schadenersatz nach dem ABGB, nicht aber nach dem AHG geltend zu machen.

B. Verwaltungsverfahren und Verwaltungsgerichtsbarkeit

1. Verwaltungsverfahren

Das Verwaltungsverfahrensrecht regelt, wie die Verwaltungsbehörden bei der Vollziehung von materiellem Verwaltungsrecht (insb bei der Erlassung von Bescheiden) vorzugehen haben. MaW: Es wird geregelt, auf welchem Weg die Verwaltung zu ihren Entscheidungen kommt. Die maßgeblichen Gesetze sind dabei insb das Allgemeine Verwaltungsverfahrensgesetz (AVG) und das Verwaltungsstrafgesetz (VStG) (siehe sogleich b.). Eine weitere wesentliche Determinante für das Verwaltungshandeln gegenüber dem Einzelnen ist die Festlegung der Zuständigkeit einer Verwaltungsbehörde (siehe a.). Die aus dem Verfahren vor den Verwaltungsbehörden hervorgehenden Entscheidungen unterliegen der Kontrolle durch die Verwaltungsgerichtsbarkeit. Näheres zum Verwaltungsverfahren erfahren Sie im Rahmen der EÖR I Lektion 8.

a) Zuständigkeit

Jede Verwaltungsbehörde hat, bevor sie in einer Sache tätig wird, zu prüfen, ob sie zur Erlassung des jeweiligen Rechtsaktes zuständig ist. Nur die jeweils gesetzlich zuständige Verwaltungsbehörde kann einen rechtmäßigen Verwaltungsakt erlassen. Man unterscheidet dabei zwischen der sachlichen Zuständigkeit (Kompetenz einer bestimmten Verwaltungsbehörde zur Wahrnehmung einer bestimmten Aufgabe) und der örtlichen Zuständigkeit (Kompetenz zur Wahrnehmung dieser Aufgabe für ein bestimmtes geografisches Gebiet). Grundsätzlich richtet sich die **sachliche Zuständigkeit** der Behörden im Verwaltungsverfahren nach den jeweiligen Materienvorschriften (§ 1 AVG). Enthalten diese keine Vorschriften zur sachlichen Zuständigkeit, sind **subsidiär** in Angelegenheiten der Bundes- und der Landesverwaltung die **Bezirksverwaltungsbehörden** (Bezirkshauptmannschaften, Magistrate, siehe bereits A.4.b.) zuständig.

Die **örtliche Zuständigkeit** wird gesondert festgelegt, wenn Aufgaben innerhalb des territorialen Wirkungsbereichs von Bund oder Ländern unter mehreren Verwaltungsbehörden aufgeteilt werden sollen. ZB hat der Gesetzgeber festzulegen, welche der derzeit über 90 Bezirksverwaltungsbehörden jeweils für ein Verfahren zuständig sein soll. Jeder dieser Bezirksverwaltungsbehörden ist ein eigenes geografisches Gebiet zugeteilt, auf das sich ihre Zuständigkeit bezieht – der sog **Amtssprengel**. Auch das Kriterium, nach dem sich die örtliche Zuständigkeit richtet, bestimmt sich primär nach den Materiengesetzen. Die subsidiäre Vorschrift des § 3 AVG bestimmt, dass sich die örtliche Zuständigkeit in Angelegenheiten, welche sich auf ein unbewegliches Gut beziehen, nach dessen Lage, ansonsten beim Betrieb eines Unternehmens nach diesem Ort, ansonsten nach dem Hauptwohnsitz des Beteiligten (Sitz der juristischen Person), ansonsten nach seinem gewöhnlichen Aufenthaltsort bestimmt.

Beispiel: Soll eine genehmigungspflichtige Betriebsanlage errichtet werden, ist für das Genehmigungsverfahren idR die Bezirksverwaltungsbehörde zuständig, in deren Amtssprengel die Betriebsanlage errichtet werden soll.

Im Verwaltungsstrafverfahren ist grundsätzlich die „Tatortbehörde" **örtlich zuständig**, also jene, in deren Amtssprengel die Verwaltungsübertretung begangen wurde (§ 27 Abs 1 VStG – Maßgeblichkeit des Tatortes).

Beispiel: Wenn Sie auf der Autobahn in Kuchl mit Ihrem Kraftfahrzeug eine Geschwindigkeitsübertretung begehen und dabei „geblitzt" werden, ist jene Verwaltungsbehörde für Ihre Bestrafung zuständig, in deren Amtssprengel Sie beim „Zu schnell-Fahren" „erwischt" wurden, also die Bezirksverwaltungsbehörde Hallein.

Die Zuständigkeit von Verwaltungsbehörden kann durch Parteienvereinbarung weder begründet noch abgeändert werden. Sie hat **zwingenden Charakter**. Dies ist Ausdruck der im Verwaltungsverfahren herrschenden Offizialmaxime – im Gegensatz zu der grundsätzlich zulässigen prorogatio fori des § 104 JN im Rahmen der Zivilgerichtsbarkeit.

Verletzungen der (örtlichen und sachlichen) Zuständigkeit belasten den ergehenden Rechtsakt mit Rechtswidrigkeit. Er kann vor den Verwaltungsgerichten angefochten werden. Zudem kann damit in bestimmten Fällen das verfassungsgesetzlich gewährleistete Recht auf ein Verfahren vor dem gesetzlichen Richter (Art 83 Abs 2 B-VG) verletzt werden, welches die Einhaltung der Zuständigkeit staatlicher Behörden sichert.

b) Das allgemeine Verwaltungsverfahren und das Verwaltungsstrafverfahren

Die Verwaltungsbehörden haben bei der Vollziehung von Verwaltungsmaterien zur Bescheiderlassung idR das AVG anzuwenden. Im Verwaltungsstrafverfahren ist grundsätzlich das VStG anzuwenden, wobei subsidiär das AVG gilt.

Das AVG-Verfahren wird entweder über Parteiantrag (§ 13 AVG) oder von Amts wegen durch die Verwaltungsbehörde **eingeleitet**. Erachtet die Verwaltungsbehörde den Antrag als mangelhaft (weil zB einzubringende Unterlagen fehlen), besteht gem § 13 Abs 3 AVG die Möglichkeit eines Verbesserungsauftrages zur Behebung des Mangels innerhalb angemessener Frist. Ausgehend vom Grundsatz der Offizialmaxime (§ 25 Abs 1 VStG) erfolgt die Einleitung eines Verwaltungsstrafverfahrens, bis auf Privatanklagesachen (§ 56 VStG), durch amtswegige Verfolgung des Beschuldigten durch die Verwaltungsstrafbehörde.

Den wesentlichsten Teil des AVG-Verfahrens bildet das anschließende **Ermittlungsverfahren**. Die Verwaltungsbehörde hat den entscheidungserheblichen Sachverhalt von Amts wegen festzustellen. Die Beweisaufnahme erfolgt durch die Verwaltungsbehörde. Den **Parteien** muss zudem die Gelegenheit gegeben werden, ihr Recht auf Gehör auszuüben (§ 37 AVG). Hiefür kann eine mündliche Verhandlung stattfinden. Dies ist jedoch nicht zwingend. Ihre Anberaumung liegt im Ermessen der Verwaltungsbehörde (§ 39 Abs 2 AVG). Sobald die Verwaltungsbehörde der Ansicht ist, den Sachverhalt hinreichend erhoben zu haben und dass die Sache damit zur Entscheidung reif ist, hat sie das Ermittlungsverfahren für geschlossen zu erklären.

Besondere Bedeutung kommt im Verwaltungsverfahren der **Parteistellung** zu. Nur Parteien können aktiv am Verfahren teilnehmen, nur ihnen kommt das Recht auf Parteiengehör zu, sie sind zur mündlichen Verhandlung zu laden, ihnen ist die Entscheidung der Verwaltungsbehörde zuzustellen und sie können Rechtsmittel dagegen ergreifen. Partei ist jedenfalls der Antragsteller. Darüber hinaus ist Partei, wer durch den Gegenstand des Verfahrens unmittelbar in seinen subjektiven Rechten berührt wird, was sich idR aus den jeweiligen Materiengesetzen (Gewerbeordnung, Bauordnungen etc) ergibt. Das können zB Nachbarn in einem Betriebsanlagenverfahren sein. Der (Materien)Gesetzgeber kann explizit Parteistellung einräumen.

Auch im ordentlichen Verwaltungsstrafverfahren hat die Verwaltungsbehörde zwingend ein Ermittlungsverfahren durchzuführen. In diesem Rahmen ist dem Beschuldigten die Möglichkeit zu geben, sich zu rechtfertigen (§ 40 Abs 1 VStG). Das Recht auf Parteiengehör kann entweder durch die Ladung zur Vernehmung des Beschuldigten (§ 33 VStG) oder durch die Aufforderung zur (persönlichen oder schriftlichen) Rechtfertigung gewahrt werden (§ 40 Abs 2 VStG).

Das AVG-Verfahren wird grundsätzlich durch Erlassung eines **Bescheides** beendet. In Ausnahmefällen kann es jedoch auch zur Einstellung des Verfahrens ohne Bescheid kommen, zB wenn ein gestellter Antrag zurückgezogen wird. Von Amts wegen kommt es zu einer Einstellung, wenn kein Anlass zur weiteren behördlichen Tätigkeit besteht oder wenn niemandem ein Anspruch auf Erlassung eines Bescheides zukommt. Der Regelfall bleibt jedoch die Erlassung eines Bescheides, welcher anschließend im Rechtsmittelverfahren durch Beschwerde von den Verwaltungsgerichten überprüft werden kann. Auch das ordentliche Verwaltungsstrafverfahren kann durch Einstellung (§ 45 VStG), Erlassung eines ermahnenden Bescheides (§ 45 Abs 1 letzter Satz VStG) oder Erlassung eines Straferkenntnisses (ebenfalls ein Bescheid) enden (§ 43 Abs 1 VStG). Nach der Entscheidung der Verwaltungsstrafbehörde steht der Rechtsmittelweg durch Erhebung der Bescheidbeschwerde beim zuständigen Verwaltungsgericht offen.

AVG-Verfahren

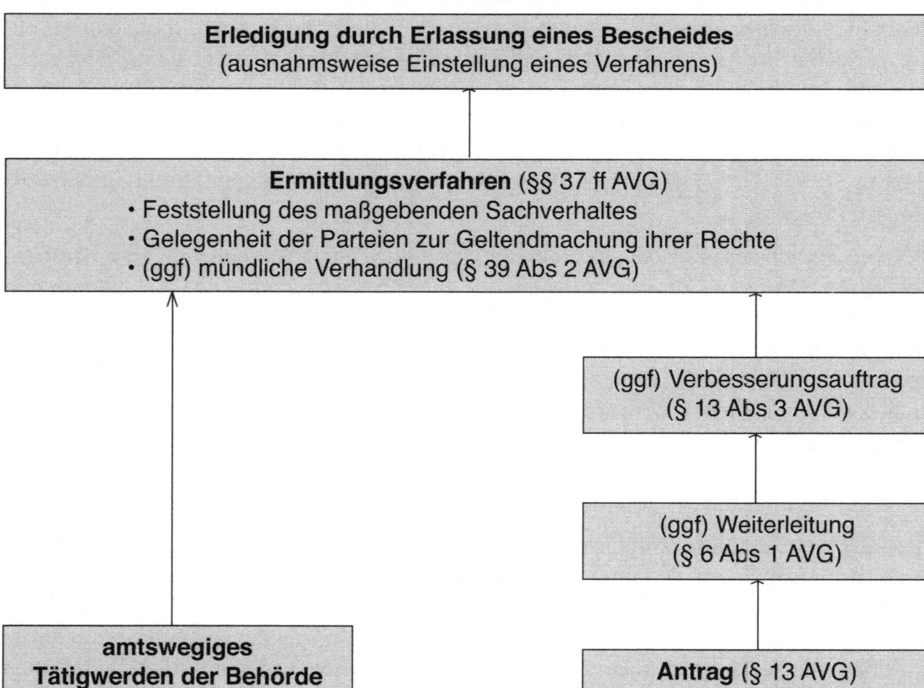

2. Verwaltungsgerichtsbarkeit

Grundsätzlich sind die Verwaltungsgerichte zur Wahrnehmung des Rechtsschutzes gegen Akte der Verwaltungsbehörden berufen. Nach dem System der zweistufigen Verwaltungsgerichtsbarkeit bestehen elf Verwaltungsgerichte (je ein Verwaltungsgericht in einem Bundesland, das Bundesverwaltungsgericht und das Bundesfinanzgericht) sowie der Verwaltungsgerichtshof als Revisionsinstanz (Art 129 bis 136 B-VG).

a) Die Verwaltungsgerichte

Die Verwaltungsgerichte bestehen aus je einem Präsidenten, einem Vizepräsidenten und der erforderlichen Zahl von sonstigen Mitgliedern. Den Präsidenten, den Vizepräsidenten und die sonstigen Mitglieder des Verwaltungsgerichtes eines Landes ernennt die Landesregierung. Den Präsidenten, den Vizepräsidenten und die sonstigen Mitglieder der Verwaltungsgerichte des Bundes ernennt der Bundespräsident auf Vorschlag der Bundesregierung.

Die Mitglieder der Verwaltungsgerichte sind Richter. Sie sind mit den richterlichen Garantien (Unabhängigkeit, Unabsetzbarkeit, Unversetzbarkeit) ausgestattet. Grundsätzlich entscheidet ein Einzelrichter, ausnahmsweise ein Senat. Die Besorgung einzelner, genau zu bezeichnender Arten von Geschäften kann besonders ausgebildeten nichtrichterlichen Bediensteten (Rechtspflegern) übertragen werden.

Die wichtigsten **obligatorischen Zuständigkeiten** der Verwaltungsgerichte sind aufgrund der Bundesverfassung die Entscheidungen über:

- **Bescheidbeschwerden** (Art 130 Abs 1 Z 1 B-VG): Mit der Bescheidbeschwerde können grundsätzlich alle Bescheide von Verwaltungsbehörden direkt beim Verwaltungsgericht bekämpft werden (zur Ausnahme im eigenen Wirkungsbereich der Gemeinde siehe sogleich).
- **Maßnahmenbeschwerden** (Art 130 Abs 1 Z 2 B-VG): Mittels Maßnahmenbeschwerde können Akte unmittelbarer verwaltungsbehördlicher Befehls- und Zwangsgewalt (AuvBZ) bekämpft werden.
- **Säumnisbeschwerden** (Art 130 Abs 1 Z 3 B-VG): Mit der Säumnisbeschwerde kann die Untätigkeit der Verwaltungsbehörde (Säumnis bei der Erlassung eines Bescheides) direkt beim Verwaltungsgericht verfolgt werden.

Durch Bundes- oder Landesgesetz können bestimmte sonstige Zuständigkeiten der Verwaltungsgerichte (zur Entscheidung über Beschwerden wegen Rechtswidrigkeit eines Verhaltens einer Verwaltungsbehörde in Vollziehung der Gesetze [das betrifft die schlichte Hoheitsverwaltung, siehe zuvor IV.A.5.a.], ferner zur Entscheidung in Vergabeangelegenheiten und Dienstrechtsstreitigkeiten) begründet werden.

Ein **administrativer Instanzenzug** besteht lediglich in **Angelegenheiten des eigenen Wirkungsbereichs** der Gemeinde in der Mehrzahl der Bundesländer (gegen den Bescheid des Bürgermeisters ist zunächst Berufung an den Gemeinderat bzw den Gemeindevorstand zu erheben, erst dessen Berufungsbescheid kann beim Verwaltungsgericht gem Art 118 Abs 4 B-VG bekämpft werden). Im übertragenen Wirkungsbereich ist demgegenüber sofort das zuständige Verwaltungsgericht anzurufen. Eine Berufung gem § 63 AVG oder ein Devolutionsantrag bei Untätigkeit der Behörde gem § 73 Abs 2 AVG kann daher nur noch in den Angelegenheiten der Gemeinden im eigenen Wirkungsbereich erhoben werden. Zu beachten ist jedoch, dass der zweistufige Instanzenzug in den

Gemeinden durch einfaches Gesetz ausgeschlossen werden kann und solches in einigen Bundesländern auch geschehen ist (zB Tirol, Wien und teilweise in Salzburg). In diesen Fällen muss gleich mit Beschwerde an das Verwaltungsgericht gegen Bescheide der Gemeindebehörden vorgegangen werden.

Art 131 B-VG grenzt die sachliche Zuständigkeit der Landesverwaltungsgerichte gegenüber dem Bundesverwaltungsgericht und dem Bundesfinanzgericht ab. Es besteht gem Art 131 Abs 1 B-VG eine **Generalklausel zugunsten der Landesverwaltungsgerichte**: Demnach sind die Landesverwaltungsgerichte zuständig, soweit nicht die beiden Verwaltungsgerichte des Bundes zur Entscheidung berufen sind. Das Bundesverwaltungsgericht ist lediglich in Angelegenheiten der unmittelbaren Bundesverwaltung (Art 131 Abs 2 B-VG) zuständig, während das Bundesfinanzgericht für die Kontrolle der Abgaben- und Finanzstrafbehörden des Bundes zuständig ist (Art 131 Abs 3 B-VG).

Die **örtliche Zuständigkeit** des Bundesverwaltungsgerichts und des Bundesfinanzgerichts erstreckt sich auf das gesamte Bundesgebiet. Jene der Landesverwaltungsgerichte ist im Verwaltungsgerichtsverfahrensgesetz (§ 3 VwGVG) geregelt.

b) Der Verwaltungsgerichtshof

Der VwGH ist aus einem Präsidenten, einem Vizepräsidenten und der erforderlichen Anzahl sonstiger Mitglieder (Senatspräsidenten und Hofräten) zusammengesetzt. Derzeit sind das mehr als 60 Mitglieder. Alle Mitglieder des VwGH werden vom Bundespräsidenten auf Vorschlag der Bundesregierung ernannt. Dieser Vorschlag wird außer beim Präsidenten und beim Vizepräsidenten auf der Grundlage eines bindenden Dreiervorschlags der Vollversammlung des VwGH erstellt (**Selbstergänzungsrecht** des VwGH). Der VwGH entscheidet in Senaten, die grundsätzlich aus fünf, ausnahmsweise aus drei oder neun Richtern bestehen.

Der Verwaltungsgerichtshof entscheidet über:

- **Revisionen** gem Art 133 Abs 1 Z 1 B-VG gegen Entscheidungen (Erkenntnisse oder Beschlüsse) der Verwaltungsgerichte wegen (einfachgesetzlicher) Rechtswidrigkeit.
- **Fristsetzungsanträge** gem Art 133 Abs 1 Z 2 B-VG, wenn ein Verwaltungsgericht seiner Entscheidungspflicht nicht nachkommt.
- **Kompetenzkonflikte** zwischen Verwaltungsgerichten oder zwischen einem Verwaltungsgericht und dem Verwaltungsgerichtshof selbst (Art 133 Abs 1 Z 3 B-VG).

Beachte: Daneben kann gegen Entscheidungen der Verwaltungsgerichte auch Beschwerde an den VfGH gem Art 144 Abs 1 B-VG erhoben werden (siehe III.F.2.b.).

Rechtsschutz gegen Bescheide

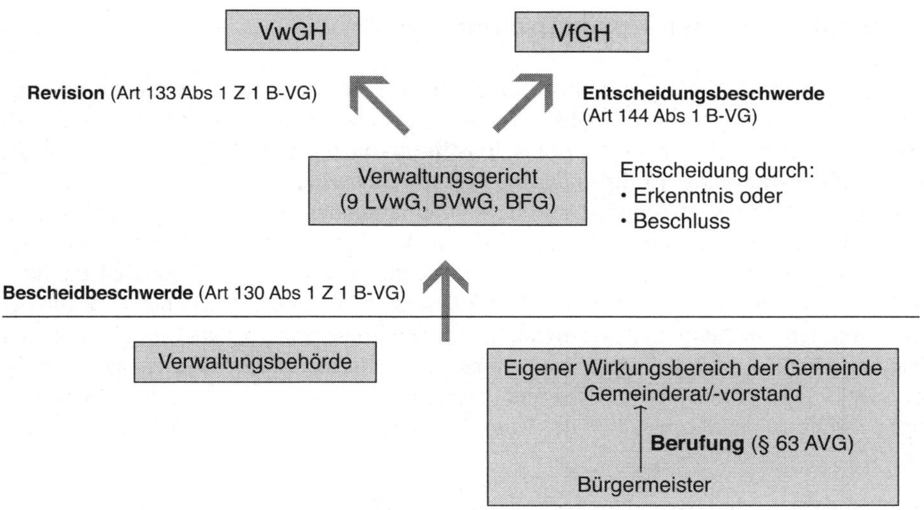

Rechtsschutz gegen Säumnis

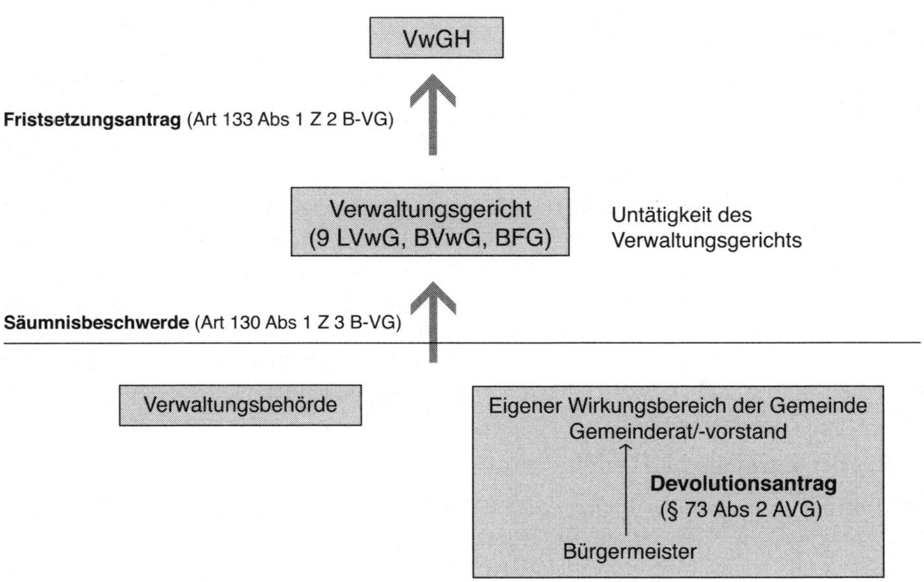

V. Grundbegriffe des Europarechts

A. Rechtsnatur der Europäischen Union

Die Europäische Union ist in ihrer gegenwärtigen Gestalt als Internationale Organisation mit einem verdichteten Grad der Zusammenarbeit der Mitgliedstaaten zu qualifizieren. Man spricht auch vom einem **Staatenverbund** (dazu 4. Teil II.B.3.), der **supranationale („überstaatliche") Züge** trägt. Im Völkerrecht herrscht die intergouvernementale Zusammenarbeit vor. Bindende Beschlüsse internationaler Organisationen bedürfen im Normalfall der Zustimmung aller ihrer Mitglieder. Man ist auf die Herstellung eines Konsenses angewiesen. Im Gegensatz dazu zeichnet sich der supranationale Charakter der EU dadurch aus, dass Mehrheitsbeschlüsse mit bindender Wirkung auch für die überstimmten Staaten gefasst werden können (Mehrheitsprinzip statt Einstimmigkeitsprinzip). Dazu kommt, dass sich das Unionsrecht nicht nur an die Mitgliedstaaten richtet, sondern auch die Bürger binden und ihnen Rechte verleihen kann („Durchgriffswirkung", siehe zu den Rechtsakten der Union unten C.).

B. Die Organisation der Europäischen Union

Die EU nimmt ihre Aufgaben durch eigene Organe wahr. Diese Organe sind in vielerlei Hinsicht mit den entsprechenden innerstaatlichen Organen vergleichbar. Es bestehen im Detail jedoch erheblich Unterschiede.

1. Europäischer Rat

Der Europäische Rat setzt sich aus den **Staats- und Regierungschefs der Mitgliedstaaten**, dem Präsidenten des Europäischen Rates sowie dem Kommissionspräsidenten (siehe zur Europäischen Kommission unten 3.) zusammen. Aufgabe des Europäischen Rates ist es insb, die allgemeinen politischen Zielvorstellungen für die Entwicklung der EU vorzugeben und die dafür erforderlichen Impulse zu setzen. Ihm kommt große politische Bedeutung zu. Er ist nicht an der legislativen Rechtsetzung (Verordnungen, Richtlinien) der EU beteiligt, kann aber Beschlüsse fassen, die teilweise Bindungswirkung entfalten. Der Europäische Rat ist maßgeblich an der Bestellung von Organwaltern verschiedener Organe der Union beteiligt. Er wählt selbst seinen Präsidenten für zweieinhalb Jahre. Darüber hinaus ernennt er zB den Hohen Vertreter der EU für Außen- und Sicherheitspolitik und nominiert den Kommissionspräsidenten.

2. Rat der Europäischen Union – „Rat"

Der Rat der Europäischen Union (oder „Rat" bzw „Ministerrat") ist gemeinsam mit dem Europäischen Parlament für die legislative Rechtsetzung der Union zuständig. Der Rat setzt sich – je nach zu behandelndem Politikbereich – aus den jeweils zuständigen **Fachministern der Mitgliedstaaten** zusammen (zB Rat für allgemeine Angelegenheiten, für auswärtige Angelegenheiten, für Wirtschaft und Finanzen [„ECOFIN"] oder für Landwirtschaft und Fischerei).

Abhängig von der jeweiligen Aufgabe erfolgt die Beschlussfassung mit **qualifizierter Mehrheit** (insb im ordentlichen Gesetzgebungsverfahren) oder einstimmig. Eine qualifizierte Mehrheit ist grundsätzlich erreicht, wenn die zustimmenden Minister 55% der Mitgliedstaaten (derzeit 15) und 65% der EU-Bevölkerung repräsentieren.

Beachte: Der Europäische Rat und der Rat der Europäischen Union dürfen nicht miteinander und auch nicht mit dem Europarat verwechselt werden! Der Europarat ist eine – institutionell nicht mit der Europäische Union in Zusammenhang stehende – eigene Internationale Organisation, in deren Rahmen zB die EMRK ausgearbeitet wurde.

3. Europäische Kommission

Der Europäischen Kommission kommt in der Regel das **Initiativrecht** für die legislative Rechtsetzung durch die Union zu. Grundsätzlich können Rat und Parlament erst auf ihren Vorschlag hin gemeinsam Richtlinien oder Verordnungen erlassen. Darüber hinaus überwacht die Kommission die Einhaltung der Bestimmungen der Verträge durch die Mitgliedstaaten. Sie wird aus diesen Gründen als „**Motor der Integration**" und als „**Hüterin der Verträge**" bezeichnet. In bestimmten Angelegenheiten ist die Kommission selbst zur Vollziehung zuständig (zB für das Kartell- und das Beihilfenrecht). Darüber hinaus ist ihr in einigen Fällen die Befugnis übertragen, unmittelbar selbst generelle Rechtsakte zu setzen.

Die Kommission setzt sich aus 28 Mitgliedern (eines je Mitgliedstaat, umgangssprachlich „Kommissare") zusammen. Ein Mitglied nimmt als Präsident eine Leitungsfunktion ein; den anderen Mitgliedern ist jeweils ein eigenes Ressort übertragen. Eine besondere Rolle spielt dabei der Hohe Vertreter der EU für Außen- und Sicherheitspolitik. Er soll als „Außenminister" der Union fungieren, ist Vizepräsident und damit Mitglied der Kommission und darüber hinaus Vorsitzender des Rates für auswärtige Angelegenheiten. Die Kommission wird für fünf Jahre bestellt. Jeder Kommissar muss sich einer Anhörung vor dem Parlament stellen. Das Parlament kann die Kommission durch ein Misstrauensvotum zum Rücktritt zwingen. Die Mitglieder der Kommission sind nicht gegenüber ihren jeweiligen Mitgliedstaaten verpflichtet, sondern allein der Union gegenüber.

4. Europäisches Parlament

Das Europäische Parlament wird als einziges Organ der Union **unmittelbar von den Bürgern der Mitgliedstaaten gewählt**. Wahlen finden alle fünf Jahre statt. Das Parlament hat 751 Abgeordnete, wobei die Anzahl pro Mitgliedstaat je nach Größe desselben zwischen sechs (zB Malta) und 95 (Deutschland) beträgt. Es tagt in Brüssel und in Straßburg.

Im **ordentlichen Gesetzgebungsverfahren** wirkt das Parlament als **gleichberechtigtes** Organ mit dem Rat zusammen (siehe unten C.3.). Ohne seine Zustimmung kann kein Rechtsakt erlassen werden. In verschiedenen Fällen sind besondere Gesetzgebungsverfahren vorgesehen, in denen dem Parlament zT eine im Vergleich dazu untergeordnete Rolle zukommt. Das Parlament und der Rat verabschieden darüber hinaus gemeinsam den Haushalt der Union. Außerdem kommt dem Parlament eine Kontrollfunktion, insb gegenüber der Kommission zu.

5. Gerichtshof der Europäischen Union

Der Gerichtshof der Europäischen Union besteht aus dem Europäischen Gerichtshof (**EuGH**), dem Gericht der Europäischen Union (**EuG**) und den Fachgerichten. Seine Aufgabe ist es zu gewährleisten, dass das Unionsrecht in allen Mitgliedstaaten einheitlich angewendet wird und dass es von den Mitgliedstaaten und den Organen der Union eingehalten wird.

Der **EuGH** setzt sich aus einem Richter je Mitgliedstaat und elf Generalanwälten zusammen. Zu seinen wichtigsten Zuständigkeiten zählen das Vorabentscheidungsverfahren und das Vertragsverletzungsverfahren. Die Einleitung eines **Vorabentscheidungsverfahrens** kann bzw muss von Gerichten der Mitgliedstaaten beantragt werden, wenn sie Zweifel bezüglich der Auslegung oder Gültigkeit von Unionsrecht haben. Im **Vertragsverletzungsverfahren** entscheidet der EuGH auf Antrag der Kommission oder eines anderen Mitgliedstaates darüber, ob ein Mitgliedstaat seine Verpflichtungen aus dem Unionsrecht eingehalten hat (wenn dieser Staat zB bei der Umsetzung einer Richtlinie säumig ist).

Das **EuG** entscheidet in bestimmen Fällen in erster Instanz, bevor danach in zweiter Instanz der EuGH angerufen werden kann. Das betrifft zB Klagen (auch von natürlichen oder juristischen Personen) gegen Rechtsakte von Unionsorganen („**Nichtigkeitsklage**") sowie gegen die Untätigkeit dieser Organe („**Untätigkeitsklage**").

Die **Fachgerichte** sind in den Verträgen der Europäischen Union grundsätzlich als Instanz unter EuG und EuGH zu deren Entlastung vorgesehen, um über bestimmte Rechtsstreitigkeiten zu entscheiden. Derzeit ist aber kein Fachgericht eingerichtet.

Bis 1. September 2016 bestand als Fachgericht das Gericht für den öffentlichen Dienst der Europäischen Union.

6. Europäische Zentralbank

Gemeinsam mit den nationalen Zentralbanken (in Österreich: die Oesterreichische Nationalbank) bildet die Europäische Zentralbank (EZB) das **Europäische System der Zentralbanken** (ESZB). Das ESZB legt die Geldpolitik der EU fest, führt Devisengeschäfte durch, verwaltet die Währungsreserven der Mitgliedstaaten und fördert das reibungslose Funktionieren des Zahlungsverkehrs. Ihr Hauptziel ist es, Preisstabilität zu gewährleisten. Dabei besteht keinerlei Bindung gegenüber Weisungen von außen.

7. Weitere Organe und Institutionen

Über die genannten Organe hinaus besteht eine Reihe weiterer Organe, Einrichtungen und Stellen, die für die EU tätig werden. Der Europäische Rechnungshof überprüft die Finanzgebarung der Union. Der Europäische Wirtschafts- und Sozialausschuss vertritt gegenüber Kommission, Rat und Parlament die Interessen von Arbeitgeber- und Arbeitnehmerorganisationen sowie anderer Interessengruppen (zB Landwirte oder Verbraucher). Der Ausschuss der Regionen soll für die Wahrung regionaler Identitäten sorgen und setzt sich aus Vertretern der Regionen und Kommunen zusammen (zB Bundesländer, Gemeinden). Des Weiteren besteht eine Reihe von Agenturen und Ämtern, die selbst Aufgaben wahrnehmen oder die Mitgliedstaaten und Institutionen der Union bei ihrer jeweiligen Tätigkeit unterstützen (zB das Statistikamt Eurostat, das Europäische Polizeiamt Europol).

C. Rechtsquellen des Unionsrechts und Gesetzgebungsverfahren

1. Primärrecht

Das Primärrecht ist das **ranghöchste Recht der Europäischen Union** und hat damit Vorrang vor allen anderen Quellen des Unionsrechts („**Europäisches Verfassungsrecht**"). Es umfasst insb die **vertraglichen Grundlagen der EU (EUV, AEUV und Beitrittsverträge)** sowie die dazugehörigen **Protokolle**. Bei diesen Verträgen handelt es sich um völkerrechtliche Verträge der Mitgliedstaaten untereinander. Sie können grundsätzlich nur durch die Mitgliedstaaten gemeinsam geändert werden (jeder Staat muss zustimmen). Daher werden die Mitgliedstaaten als „Herren der Verträge" bezeichnet.

Im gleichen rechtlichen Rang wie die Verträge steht die **Charta der Grundrechte der Europäischen Union** (**GRC**, siehe Art 6 Abs 1 EUV). Über primärrechtlichen Rang verfügen nach der Rechtsprechung des EuGH ferner die ungeschriebenen (allen Mitgliedstaaten gemeinsamen) **allgemeinen Rechtsgrundsätze** (zB das Verhältnismäßigkeitsprinzip).

2. Sekundärrecht

Als Sekundärrecht wird das **von der Europäischen Union durch ihre Organe geschaffene Recht** bezeichnet. Die Rechtsakte werden jeweils auf Basis einer Ermächtigungsgrundlage im Primärrecht erlassen. Sekundärrecht ist primärrechtskonform auszulegen.

Die Rechtsquellen des sekundären Unionsrechts sind folgende:

- **Verordnungen** (Art 288 Abs 2 AEUV): Verordnungen haben allgemeine Geltung. Sie sind in allen ihren Teilen verbindlich und gelten unmittelbar in jedem Mitgliedstaat. Verordnungen können daher den Einzelnen unmittelbar berechtigen und verpflichten, ohne dass sie zuvor vom nationalen Gesetzgeber in nationales Recht umgesetzt werden müssten. Im Fall, dass nationales Recht Verordnungsbestimmungen widerspricht, hat das nationale Recht insoweit unangewendet zu bleiben (das heißt, alle innerstaatlichen Vollziehungsorgane [Verwaltungsbehörden, Gerichte] müssen EU-Verordnungen anwenden und widersprechendes österreichisches Recht unangewendet lassen! Man spricht vom „**Anwendungsvorrang**", vgl unten E.).

Beispiel: Die Dublin-III-Verordnung gilt unmittelbar in den Mitgliedstaaten. Sie ist von den österreichischen Behörden bei der Vollziehung des Fremden- und Asylrechts anzuwenden, wenn ein Drittstaatsangehöriger (dh weder österreichischer Staatsbürger noch Unionsbürger) in Österreich einen Antrag auf internationalen Schutz stellt, auch wenn Bestimmungen des Asylgesetzes etwas anderes anordnen würden.

- **Richtlinien** (Art 288 Abs 3 AEUV): Richtlinien sind grundsätzlich an die Mitgliedstaaten gerichtet und hinsichtlich des zu erreichenden Ziels verbindlich. Sie überlassen jedoch den innerstaatlichen Stellen die Wahl der Form und der Mittel ihrer Umsetzung. Richtlinien bedürfen sohin zwingend der **Umsetzung in nationales Recht**. Erst die nationale Umsetzungsvorschrift begründet für den Einzelnen Rechte und Pflichten. Aus der Richtlinie selbst ergibt sich grundsätzlich keine unmittelbare Bindungswirkung für die Rechtsunterworfenen. Ausnahmsweise kann aber eine Richtlinie dann **unmittelbar anwendbar** sein, wenn sie innerhalb der Umsetzungsfrist nicht (ordnungsgemäß) umgesetzt wurde, hinreichend bestimmt ist und den

Einzelnen gegenüber dem Staat begünstigt. Unter diesen Voraussetzungen kann sich der Einzelne **gegen den Staat** unmittelbar auf die Vorschriften der Richtlinie berufen (**vertikale Direktwirkung der Richtlinie**); zwischen Privatpersonen kann eine nicht umgesetzte Richtlinie hingegen keine unmittelbare Wirkung entfalten (**keine horizontale Direktwirkung**). In beiden Fällen kann allerdings der Einzelne den Staat wegen der nicht ordnungsgemäßen Umsetzung der Richtlinie haftungsrechtlich in Anspruch nehmen (**Staatshaftung**). Darüber hinaus droht dem Mitgliedstaat ein **Vertragsverletzungsverfahren** vor dem EuGH (siehe oben B.5.).

Beispiel: Die Verbraucherrechterichtlinie hat zum Ziel, die Rechte der Verbraucher im Bereich des Fernabsatzes (Onlineshopping etc) zu stärken. Die Mitgliedstaaten hatten aufgrund dessen ua Bestimmungen über ein 14-tägiges Rücktrittsrecht vom Vertrag in ihre nationalen Rechtsordnungen aufzunehmen. In Österreich wurden die entsprechenden Vorschriften in das Konsumentenschutzrecht aufgenommen.

- **Beschlüsse** (Art 288 Abs 4 AEUV): Beschlüsse sind in allen ihren Teilen verbindlich. Sind sie an bestimmte Adressaten gerichtet, so sind sie nur für diese verbindlich (individuell-konkrete Rechtsakte).

Beispiel: Die Kommission verhängt Geldbußen aufgrund von Verstößen gegen das Kartellverbot durch Beschluss.

- **Empfehlungen und Stellungnahmen** (Art 288 Abs 5 AEUV): Empfehlungen und Stellungnahmen sind grundsätzlich nicht verbindlich.

3. Das ordentliche Gesetzgebungsverfahren

Das ordentliche Gesetzgebungsverfahren ist das wichtigste und am häufigsten anzuwendende Verfahren bei der Erlassung von Richtlinien und Verordnungen durch Parlament und Rat.

Eingeleitet wird das Verfahren durch einen Gesetzesvorschlag der Kommission, der Parlament und Rat zugestellt wird. Ihr kommt das alleinige **Initiativrecht** zu. Das Parlament und die Unionsbürger („Europäische Bürgerinitiative“) können sie jedoch zu einem solchen Vorschlag auffordern.

Der Gesetzesvorschlag gelangt zunächst ins Parlament. In der **ersten Lesung** beschließt dieses mit einfacher Mehrheit der abgegebenen Stimmen, ob es den Vorschlag der Kommission annimmt oder ob und welche Änderungen es vorschlägt. Dieser Standpunkt des Parlaments gelangt anschließend in erster Lesung in den Rat, der sodann mit qualifizierter Mehrheit entscheidet (siehe oben B.2.). Beschließt der Rat, den Standpunkt des Parlaments anzunehmen, ist das Gesetzgebungsverfahren beendet und der Rechtsakt gilt als erlassen. Stimmt der Rat damit nicht überein, kann er seine Änderungsvorschläge im sog „gemeinsamen Standpunkt“ der Regierungen zusammenfassen.

In diesem Fall gelangt der gemeinsame Standpunkt aus dem Rat wiederum zur **zweiten Lesung** ins Parlament. Billigt dieses den Vorschlag mit einfacher Mehrheit der abgegebenen Stimmen, ist der Rechtsakt erlassen. Lehnt es den Vorschlag hingegen mit absoluter Mehrheit (Mehrheit aller Mitglieder des Parlaments und nicht nur die Mehrheit der anwesenden [abstimmenden] Mitglieder) ab, ist das Gesetzgebungsverfahren gescheitert und der Rechtsakt kommt nicht zu Stande. Als dritte Möglichkeit kann das Parlament den gemeinsamen Standpunkt mit absoluter Mehrheit wiederum ändern. Diese

Änderungen gelangen erneut an den Rat. Billigt dieser die Änderungen, ist der Rechtsakt erlassen. Lehnt er die Änderungen ab, ist ein **Vermittlungsausschuss** einzuberufen. In diesem zu gleichen Teilen mit Vertretern von Parlament und Rat besetzten Ausschuss wird versucht, einen „gemeinsamen Entwurf" zu erstellen. Gelingt dies nicht, ist das Gesetzgebungsverfahren gescheitert. Kommt ein gemeinsamer Entwurf zu Stande, werden Parlament und Rat in **dritter Lesung** befasst. Diese müssen dem Entwurf sodann jeweils mit absoluter bzw qualifizierter Mehrheit zustimmen, damit der Rechtsakt zu Stande kommen kann.

Neben diesem ordentlichen Gesetzgebungsverfahren sind verschiedentlich **besondere Gesetzgebungsverfahren** vorgesehen, im Rahmen derer der Rat mit Beteiligung des Parlaments (zB im Rahmen der „Lückenschließungsklausel", siehe hierzu sogleich unten D.1.) oder das Parlament mit Beteiligung des Rates jeweils selbst entscheidet.

D. Zuständigkeiten der Europäischen Union

Der Europäischen Union fehlt es an einer „Kompetenz-Kompetenz", die für souveräne Staaten typisch ist. Diese liegt bei den Mitgliedstaaten. Im Gegensatz zB zur österreichischen Bundesverfassung, nach der über alle denkbaren vom Staat zu besorgenden Aufgaben disponiert werden kann, ist die Europäische Union auf jene Aufgaben beschränkt, die ihr die Mitgliedstaaten durch die Verträge übertragen. Dieses Prinzip zur Abgrenzung der Zuständigkeiten der Union wird als **Grundsatz der begrenzten Einzelermächtigung** bezeichnet. Auch in der **Ausübung dieser Zuständigkeiten** ist die Union nicht unbeschränkt. Sie ist an die Grundsätze der **Subsidiarität** und der **Verhältnismäßigkeit** gebunden (Art 5 Abs 1 EUV).

1. Prinzip der begrenzten Einzelermächtigung

Nach dem Grundsatz der begrenzten Einzelermächtigung dürfen die Organe, Einrichtungen und Stellen der Europäischen Union nur tätig werden, wenn die EU dazu durch die Verträge von den Mitgliedstaaten ermächtigt wurde. Alle der EU nicht in den Verträgen übertragenen Zuständigkeiten verbleiben bei den Mitgliedstaaten.
Bei den der Europäischen Union übertragenen Zuständigkeiten sind grundsätzlich zwei Zuständigkeitstypen zu unterscheiden:

- **Ausschließliche Zuständigkeiten**: Diese behalten es der Europäischen Union vor, in einem bestimmten Bereich gesetzgeberisch tätig zu werden und verbindliche Rechtsakte zu erlassen. Die Mitgliedstaaten dürfen nur tätig werden, wenn sie von der EU hiezu ermächtigt werden und wenn sie Rechtsakte der EU in diesem Bereich durchführen. Das betrifft zB die Zollunion, Wettbewerbsregeln, die Währungspolitik oder die gemeinsame Handelspolitik.
- **Geteilte Zuständigkeiten**: In diesen Fällen bleiben die Mitgliedstaaten nur zuständig, solange die Europäische Union keine Regelungen trifft. Das gilt zB für die Bereiche Binnenmarkt, Sozialpolitik, Landwirtschaft und Fischerei, Umwelt und Verbraucherschutz.

Art 352 AEUV enthält darüber hinaus eine weitreichende sog **Lückenschließungsklausel**. Der Rat kann auf dieser Grundlage einstimmig auf Vorschlag der Kommission und nach Zustimmung des Europäischen Parlaments „die geeigneten Vorschriften" erlassen, wenn „ein Tätigwerden der Union im Rahmen der in den Verträgen festgelegten Politikbereiche erforderlich" erscheint.

2. Subsidiaritätsgrundsatz

Für die nicht ausschließlichen Kompetenzen gilt, dass die EU nur tätig werden darf, wenn das Ziel der jeweiligen Maßnahme auf Ebene der Mitgliedstaaten nicht ausreichend, sondern auf der Ebene der EU besser verwirklicht werden kann. Die EU soll aufgrund dieses **Subsidiaritätsprinzips** ihre Kompetenzen also nur ausüben, wenn das jeweilige Ziel dadurch besser erreicht wird.

Eine wesentliche Rolle bei der Wahrung des Subsidiaritätsprinzips spielen die Parlamente der Mitgliedstaaten. Entwürfe von Gesetzgebungsakten der EU sind ihnen zu übermitteln. Ist ein solcher Entwurf nach Meinung eines Parlaments nicht mit dem Subsidiaritätsprinzip vereinbar, kann es eine begründete Stellungnahme dazu abgeben.

3. Verhältnismäßigkeitsgrundsatz

Die Kompetenzausübung durch die Union (auch im Bereich ihrer ausschließlichen Zuständigkeiten) darf nach dem Verhältnismäßigkeitsgrundsatz nicht über das Maß hinausgehen, das zur Erreichung der Ziele der Verträge erforderlich ist. Dieses Prinzip ist umfassend bei der Beurteilung der Rechtmäßigkeit sämtlicher Maßnahmen von Unionsorganen zu beachten.

E. Unionsrecht und mitgliedstaatliches Recht

Das Unionsrecht **gilt autonom** – es bildet eine eigenständige Rechtsordnung – und **unmittelbar** in den Mitgliedstaaten, dh es ist von Organen der Mitgliedstaaten und den Bürgern genauso zu beachten wie innerstaatliches Recht und muss nicht erst umgesetzt werden. Es ist darüber hinaus **unmittelbar anwendbar** und kann damit dem Einzelnen unmittelbar Rechte verleihen oder ihn verpflichten.

Aufgrund dieser Wirkungen des Unionsrechts kann es zu Konflikten zwischen diesem und dem innerstaatlichen Recht kommen. Das ist zB dann der Fall, wenn eine Bestimmung des Unionsrechts und eine innerstaatliche Vorschrift Unterschiedliches für ein und denselben Sachverhalt anordnen. Dem Unionsrecht kommt **Anwendungsvorrang** vor dem nationalen Recht zu. Im Kollisionsfall ist unmittelbar anwendbares Unionsrecht daher vorrangig anzuwenden – die widersprechende nationale Vorschrift hat unangewendet zu bleiben. Das Unionsrecht hebt somit die jeweils entgegenstehende nationale Rechtsvorschrift nicht auf (es besteht daher kein „Geltungsvorrang"). Den Anwendungsvorrang des Unionsrechts haben alle staatlichen Vollziehungsorgane (Behörden und Gerichte) von Amts wegen wahrzunehmen. Er tritt gegebenenfalls auch gegenüber nationalem Verfassungsrecht ein (siehe oben III.), nach hM allerdings nicht gegenüber den Grundprinzipien der österreichischen Bundesverfassung.

Nationales Recht ist ferner „soweit wie möglich" in Übereinstimmung mit den Anforderungen des Unionsrechts auszulegen (**Gebot der unionsrechtskonformen Interpretation**). Die Wendung „soweit wie möglich" bedeutet, dass einer nach Wortlaut und Sinn eindeutigen nationalen Regelung nicht im Wege einer unionsrechtskonformen Auslegung ein entgegengesetzter Sinn verliehen werden darf (keine Auslegung *contra legem*).

Ist eine unionsrechtskonforme Auslegung nicht möglich, hat das innerstaatliche Recht unangewendet zu bleiben.

Beispiel: Das Grundecht der Erwerbsausübungsfreiheit gem Art 6 StGG gilt dem Wortlaut nach nur für Staatsbürger. Eine Beschränkung des Rechts auf Staatsbürger würde jedoch dem unionsrechtlichen Diskriminierungsverbot widersprechen. Der Begriff ist unionsrechtskonform daher so zu interpretieren, dass er auch Unions- bzw EWR-Bürger umfasst.

Soweit nationalen Vollziehungsorganen oder dem nationalen Gesetzgeber bei der Vollziehung bzw Umsetzung von Unionsrecht Spielräume verbleiben, müssen sie auch die Vorgaben des nationalen (Verfassungs)Rechts beachten (Grundsatz der **doppelten Bindung**).

Beispiel: Die Mitgliedstaaten haben bei der Richtlinienumsetzung auch die innerstaatliche Kompetenzverteilung zu beachten. Ob in Österreich der Bund oder die Länder zur Umsetzung zuständig sind, hängt davon ab, wer zur Regelung des Gegenstandes der Richtlinie nach den Bestimmungen der Bundesverfassung zuständig ist.

Wenn dem Unionsrecht weder im Wege der unionsrechtskonformen Interpretation noch im Wege seiner vorrangigen Anwendung entsprochen werden kann, ist der Einzelne auf **Staatshaftungsansprüche** gegen den jeweiligen Mitgliedstaat verwiesen.

Die Grundsätze der Haftung der Mitgliedstaaten für die Verletzung von Unionsrecht wurden in der Judikatur des EuGH entwickelt (grundlegend zur Staatshaftung wegen Nichtumsetzung einer Richtlinie die Entscheidung des EuGH vom 19. November 1991, C-6/90, *Francovich*). Anders als nach österreichischem Amtshaftungsrecht können Staatshaftungsansprüche auch bei Verletzungen von Unionsrecht durch die Höchstgerichte (OGH, VwGH und VfGH) und den nationalen Gesetzgeber („legislatives Unrecht“) entstehen. In diesen beiden Fällen sind Staatshaftungsansprüche vor dem VfGH im Verfahren nach Art 137 B-VG („Kausalgerichtsbarkeit“) geltend zu machen. Ansonsten sind die allgemeinen Regelungen der Amtshaftung anwendbar und die Ansprüche vor den ordentlichen Gerichten auf Grundlage des Amtshaftungsgesetzes (AHG) durchzusetzen (siehe IV.A.3.g.).

4. Teil
Grundzüge der Rechts- und Staatsphilosophie und der Allgemeinen Staatslehre

Staaten und ihre Verfassungen sind komplexe Phänomene, die unter Gesichtspunkten verschiedener wissenschaftlicher Disziplinen untersucht werden können. Sie können nicht nur aus dem Blickwinkel der Rechtswissenschaft, sondern zB auch aus politikwissenschaftlicher, soziologischer, ökonomischer oder philosophischer Sicht betrachtet werden. Dieses Kapitel behandelt Fragen der Staaten und ihrer Verfassungen unabhängig von einer bestimmten Staats- bzw Rechtsordnung unter den oben genannten Gesichtspunkten. Die Ausführungen gelten somit gleichermaßen für die österreichische Staatlichkeit wie für jeden anderen Staat.

Die Rechts- und die Staatsphilosophie sind Teilgebiete der Philosophie. Sie haben aber auch innerhalb der Rechtswissenschaften ihren Platz gefunden. Sie sind von anderen Disziplinen wie der Rechtsdogmatik zu unterscheiden. Die **Staatsphilosophie** als Vorläuferdisziplin zur Allgemeinen Staatslehre beschäftigt sich mit der Entstehung staatlicher Gemeinwesen und deren Legitimation, Aufgaben und Zielen. Dabei geht es auch – abhängig von dem jeweiligen „Menschenbild" – um die Stellung des Menschen in einem Staatsgebilde.
In der **Rechtsphilosophie** werden Fragen aufgeworfen wie: Was ist Recht? Welches Wesen hat das Recht? In welchem Verhältnis stehen Recht und Gerechtigkeit zueinander? Welchen Geltungsgrund hat das Recht?
Der Fokus beider Disziplinen liegt je nach Epoche auf unterschiedlichen Fragestellungen. Sie sollen im Folgenden kursorisch wiedergegeben werden.

Die **Allgemeine Staatslehre** als Teil der Rechtswissenschaft beschäftigt sich mit den theoretischen Grundlagen des Staates: Was ist ein Staat? Wie können Staaten entstehen und untergehen? Wie können sie aufgebaut sein? Auf welche Weise kann die Staatsgewalt ausgeübt werden? Im Folgenden werden hiezu die konstitutiven Elemente des Staatsbegriffes behandelt und die Frage gestellt, nach welchen Kriterien die Staatsgewalt ausgeübt und wie sie gegliedert sein kann.

I. Rechts- und Staatsphilosophie

A. Naturrechtslehre und Rechtspositivismus

Zur Erforschung des Wesens des Rechts und seines Zweckes haben sich verschiedenste Theorien entwickelt. Sie lassen sich in zwei Hauptströmungen zusammenfassen: die **Naturrechtslehre** und den **Rechtspositivismus**.

In der Einleitung wurde das Recht (im objektiven Sinn) als die Summe jener Normen definiert, welche das menschliche Zusammenleben verbindlich regeln und die mit staatlicher Zwangsgewalt durchsetzbar sind (siehe oben 1. Teil II.A.). Diese Definition entspricht einem **positivistischen Rechtsbegriff**. Der Rechtspositivismus versteht Recht als normative Zwangsordnung und identifiziert es anhand bestimmter formeller (nicht aber inhaltlicher) Eigenschaften. Es ist auf eine bestimmte Art bzw von einer bestimmten Stelle erzeugt. Inhaltliche Anforderungen an das Recht sind nicht von zentralem Interesse.

Aus den verschiedenen Theorieansätzen des Rechtspositivismus ragt die „**Reine Rechtslehre**“ von *Hans Kelsen* als streng positivistischer Ansatz hervor (siehe unten B.4.a.bb.). Das positive Recht gilt danach unabhängig davon, ob es den Ansprüchen der Gerechtigkeit genügt. Recht und Moral werden strikt getrennt („**Trennungsthese**“); die Frage, ob positives Recht auch „gerecht“ ist, klammert der Rechtspositivismus aus.

Eine Einschränkung dieser These nimmt insb *Gustav Radbruch*, ein deutscher Rechtsphilosoph des 20. Jhdts, vor. Nach der von ihm entwickelten und nach ihm benannten **Radbruch'schen Formel** geht die materielle Gerechtigkeit einem Gesetz vor, wenn das Gesetz als unerträglich ungerecht anzusehen ist oder die Gleichheit aller Menschen bewusst verleugnet. Diese 1946 postulierte Formel ist vor dem Hintergrund der Taten des nationalsozialistischen Regimes im Zweiten Weltkrieg zu sehen. Aus rein rechtspositivistischer Sicht, nach der jedes Recht unabhängig von seinem Inhalt Befolgungsanspruch entfaltet, ließe sich argumentieren, dass die Taten des nationalsozialistischen Regimes aus juristischer Sicht nicht zu beanstanden waren, soweit sie auf rechtlicher Grundlage geschahen. Dies ist im Übrigen ein Vorwurf, dem sich der Rechtspositivismus regelmäßig ausgesetzt sieht. Er verwechselt stets die objektive Feststellung, dass ein bestimmtes Staatshandeln einer dafür geltenden Rechtsvorschrift entspricht, also rechtens ist, mit der Frage, ob diese Rechtsvorschrift nach ethischen, moralischen oder religiösen Vorschriften rechtfertigbar ist. Eben dies wird in einer rechtspositivistischen Sichtweise voneinander entkoppelt.

Der **naturrechtliche Rechtsbegriff** stellt insb auf den Inhalt des Rechts und darauf ab, ob es Gerechtigkeitsanforderungen erfüllt. Recht und Moral stehen in engem Zusammenhang („**Verbindungsthese**“). Die Naturrechtslehre geht davon aus, dass es bestimmte, allgemein gültige und unverfügbare **Grundsätze der Gerechtigkeit und der Moral** gibt, die als solche **rechtliche Geltung** beanspruchen und Vorrang vor dem positiven Recht haben („**überpositives Recht**“). Das Naturrecht muss nicht erst vom Menschen gesetzt, sondern nur erkannt bzw angewendet werden. Es ist dem positiven Recht gewissermaßen vorgelagert. Das **anthropologische Naturrecht** leitet sich aus der Natur des Menschen ab. Das **religiöse Naturrecht** gewinnt aus dem Willen Gottes ein höheres (gottgegebenes) Recht (siehe *Thomas von Aquin*). Das **rationale Naturrecht** begründet die allgemeinen Grundsätze der Gerechtigkeit und der Moral aus der Vernunft („**Vernunftrecht**“, siehe va *Immanuel Kant*).

Das österreichische Bundes-Verfassungsgesetz vom 1. Oktober 1920 gründet maßgeblich auf den Theorieansätzen der **Wiener Schule des Rechtspositivismus**, insb auf den rechtstheoretischen Arbeiten von *Hans Kelsen* („Reine Rechtslehre“, siehe unten B.4.a.bb.). Konsequenz des positivistischen Grundansatzes ist es, dass das B-VG **kein überpositives Naturrecht** und auch **kein Gewohnheitsrecht** anerkennt. Allenfalls können aber in einzelnen Bestimmungen der positiven Rechtsordnung naturrechtliche Vorstellungen sichtbar werden oder kann Gewohnheitsrecht als Rechtsquelle ausdrücklich positiv-rechtlich anerkannt werden (zB im Unternehmensrecht).

Im Gegensatz dazu trägt zB die **Unabhängigkeitserklärung der Vereinigten Staaten** klare **naturrechtliche Züge**: „We hold these truths to be self-evident, that all men are created equal, that they are endowed by their Creator with certain unalienable Rights, that among these are Life, Liberty and the pursuit of Happiness." Sie geht von einem gottgegebenen Bestand an Rechten des Einzelnen aus, der dem gesetzten positiven Recht vorgelagert ist. Auch viele andere staatliche Verfassungen berufen sich auf Gott oder eine bestimmte Religion, wohingegen die österreichische Verfassung in diesem Punkt „wertneutral" ist.

B. Theorieansätze der Rechts- und Staatsphilosophie im Wandel der Geschichte

Im Wandel der Zeit wurden verschiedenste Erklärungsversuche unternommen, warum sich Menschen in einem Gemeinwesen „Staat" zusammenschließen und wie diese staatliche Ordnung ausgestaltet werden soll. Diese Ansätze wurden freilich auch vor dem Hintergrund der Frage entwickelt, was Recht eigentlich ist. Über lange Zeit dominierte ein naturrechtliches Verständnis. Erst in vergleichsweise jüngerer Zeit rückte das von Menschen gesetzte, unabhängig von höheren Vorstellungen geprägte Rechtsverständnis in den Mittelpunkt.

1. Antike

Die Anfänge der Staatsphilosophie lassen sich in die Stadtstaaten (**Polis**) des antiken Griechenland und später in das antike Rom zurückverfolgen. Die unterschiedlichen Ansätze widmeten sich insb der Frage, in welchem Staatsgefüge am ehesten **Gerechtigkeit** realisiert werden könne und wie **die richtige Ordnung der Polis** aussieht.

Der Einfluss der Antike auf die weitere Entwicklung der Staatstheorie kann nicht hoch genug eingeschätzt werden. Die Arbeiten von *Platon*, *Aristoteles* und *Cicero* waren Grundlage für zahlreiche (und ihrerseits richtungsweisende) staatstheoretische Ansätze des Mittelalters, der Neuzeit und der Moderne.

Platon (428/427–348/347 v. Chr.) wird zugeschrieben, die Frage des Idealmodells einer „gerechten" und „richtigen" staatlichen Ordnung erstmals auf breiter philosophischer Basis behandelt zu haben. In seinem Hauptwerk **Politeia** („Der Staat") beschreibt er die Entstehung des Idealmodells eines **Staates (Polis)**, in dem das „wahre Gute" und die „Gerechtigkeit" im Zentrum stehen. Seine Idee der Gerechtigkeit ist dabei nicht primär subjektiv am Einzelnen oder am Nutzen oder Schaden bestimmt. Gerecht ist eine staatliche Ordnung, in der jeder Bürger im Staat das tut, wozu er seiner „Naturanlage" und seiner Befähigung nach am geeignetsten ist. Im Vordergrund steht also nicht die Gleichheit der Individuen, sondern ihre Ungleichheit. Die Polis besteht diesen Unterschieden entsprechend aus drei **Ständen**: den Handwerkern und Bauern (als wirtschaftendem Stand), daneben den Wächtern (als verteidigendem Stand) und schließlich den Herrschern (als Regenten).

Die Entstehung dieses idealen Staates vollzieht sich in drei Stadien: Im ersten Stadium entsteht und besteht die Polis, um das Überleben des Menschen zu sichern und seine Grundbedürfnisse zu befriedigen. In dieser sog „**Schweinepolis**" leben die Menschen zufrieden und in gegenseitiger Kooperation. Im zweiten Stadium wachsen die Bedürfnisse der Menschen ohne Grenze und Maß. In dieser „**aufgeschwemmten**" Polis suchen sie nach Luxus und Befriedigung von immer mehr Bedürfnissen. Dieser expansive Drang führt zu Feindschaft und Krieg. Durch Zurückdrängung der Maßlosigkeit und der Vielfalt der Bedürfnisse entsteht daraus schließlich die **ideale, gerechte Polis**.

Um das Idealbild der gerechten Polis zu verwirklichen, müssten nach *Platon* die **Philosophen Könige** werden oder die Könige zu philosophieren beginnen. Die Herrschaft in der idealen Polis wird autokratisch ausgeübt – Herrscher sind jene, die am besten dazu geeignet sind. Die gerechte Polisordnung stellt sich als Aristokratie dar.

Platon ist sich bewusst, dass sein Bild der gerechten Polis ein Ideal ist und nicht eine tatsächlich unmittelbar realisierbare Ordnung. In seinem Werk **Nomoi** („Die Gesetze") bietet *Platon* dem entsprechend den Entwurf einer „zweitbesten Ordnung" an. Er ist angesichts der Erfahrungen in der Wirklichkeit als realitätsnäheres Konzept zu sehen. In diesem Rahmen tritt die Bedeutung der **Gesetze als verhaltenssteuernde Kraft** für die politische Ordnung stark hervor. Die Gesetze treten neben die wissenden Führer und die Wächter, um eine Absicherung gegen den immer naheliegenden Missbrauch der Macht zu bilden. Wie in der Politeia hat die Polis nicht den Charakter einer bloßen Versorgungsordnung. Sie soll den Menschen durch Gemeinschaft zu vollkommenem Leben und Tugend führen. Das ist ein Leben in der und ganz für die Polisgemeinschaft.

Platons Vorstellung vom idealen Staat ist – insb im Zuge des Voranschreitens liberaler Gedanken – nicht ohne Kritik geblieben: In *Platons* Vorstellung vom idealen Staat geht das Individuum in diesem auf. Es besteht kein Gegensatz zwischen Mensch und Staat. Freiheit besteht in diesem System nicht in der Freiheit von oder gegenüber dem Staat, sondern im Anteil, den der Einzelne seiner Befähigung entsprechend am Staatswesen hat. Darüber hinaus geht *Platons* Modell der idealen Polis von der Ungleichheit der Menschen aus. Der Gedanke der Gleichheit aller Individuen, wie er dem modernen Verfassungsstaat zugrunde liegt, ist seiner Staatsphilosophie fremd.

Die Werke *Platons* wurden durch seinen Schüler *Aristoteles* (384–322 v. Chr.) weitergeführt. Anders als seinem Lehrer stellt sich für ihn nicht die Frage nach einer abstrakten idealen Polis. Er bezieht sich in seinen Ausführungen auf konkret vorfindbare Polis, fragt nach ihrem Telos (Zweck) und analysiert ihre Erscheinungsformen, um das Problem der besten Erscheinungsform zu lösen. Im Gegensatz zu *Platon* hat *Aristoteles* also einen verfassungsvergleichenden empirischen Zugang. Dabei ist sein Erkenntnisinteresse aus der politischen Wissenschaft, **das Gute für den Menschen** zu begreifen, das er in einem tugendhaften und guten Leben erblickt. Es entspricht für *Aristoteles* der Natur des Menschen, dass dieser in einer politischen Gemeinschaft lebt und in diesem Sinne „von Natur politisch" ist (Bild des Menschen als **zoon politikón**). Dies bedeutet, dass der Daseinszweck des Menschen nur in der Polis verwirklicht wird. Der Mensch strebt, um ein vollendetes und gutes Leben zu führen, nach der Begründung der Polis. Die Natur des Menschen ist insoweit auf die Staatenbildung gerichtet.

Die aristotelische Staatslehre kreist in der Folge um die Frage, wie die bestmögliche Verfassung einer Polis beschaffen sein muss, um das tugendhafte Leben ihrer Bürger hervorzubringen. Als Verfassung bezeichnet er dabei die Regierungsordnung bzw Staatsform. Eine „gute" Polis ist für *Aristoteles* die, in der sich ein gutes, dh tugendhaftes Leben verwirklicht; dieses Leben ist für ihn das **Ziel der Polis**. Die Glückseligkeit der

Polis ist dabei mit jener des Einzelnen gleichzusetzen. Der Einzelne geht in der Gemeinschaft auf und findet dort sein Ziel. Anzumerken ist, dass die Polis aus *Aristoteles'* Sicht nur eine Gemeinschaft der und eine Gemeinschaftsordnung ausschließlich für **Bürger** ist. Das sind nur die Hausväter und die selbständig gewordenen Söhne, die Anteil an der Herrschaft oder der Rechtsprechung haben. Andere Einwohner der Polis, insb Banausen (Gewerbsleute), Frauen und Kinder oder Sklaven, zählt er nicht zu den Bürgern.

In seiner Schrift **Politik** untersucht *Aristoteles* die Natur der Polis und entwickelt, ausgehend davon, eine Theorie der Staatsformenlehre. Er knüpft dabei an bestehende (insb bereits von *Platon* systematisierte) Staatsformen an. Die denkbaren Staatsformen kategorisiert er nach zwei Gesichtspunkten:
- zum einen **qualitativ** nach dem **Ziel** der Herrschaft: Zielt die Regierung auf das gemeinsame Beste der Bürger oder auf den Vorteil der Regierenden? *Aristoteles* sieht jene Staatsform als geglückt an, die den gemeinsamen **Nutzen aller Bürger** verfolgt. Verfehlt ist umgekehrt jene, in der der Herrscher nur zu seinem eigenen Nutzen regiert.
- zum anderen **quantitativ** nach der **Zahl der Personen**, welche die Herrschaft ausüben. Denkbar sind die Herrschaft durch einen, die Herrschaft durch wenige und die Herrschaft durch viele.

Aus der Verschränkung dieser Kategorien leitet *Aristoteles* einen Katalog von sechs Staatsformen ab. Die drei „geglückten" (weil dem Gemeinwohl verpflichteten) Verfassungen
- **Monarchie** (Herrschaft durch einen),
- **Aristokratie** (Herrschaft durch wenige) und
- **Politie** (Herrschaft durch viele)

und die drei „entarteten" (weil dem Eigennutz des/der Herrschenden dienenden) Staatsformen
- **Tyrannis** (Herrschaft durch einen),
- **Oligarchie** (Herrschaft durch wenige) und
- **Demokratie** (Herrschaft durch viele).

Die Tyrannis bedeutet nach *Aristoteles* eine Alleinherrschaft mit Rücksicht auf den Nutzen des Alleinherrschers, die Oligarchie eine Herrschaft mit Rücksicht auf den Nutzen der Wohlhabenden, die Demokratie hingegen eine Herrschaft mit Rücksicht auf den Nutzen der Mittellosen, keine davon sei aber für den gemeinsamen Nutzen da. Dass *Aristoteles* – aus heutiger Sicht durchaus bemerkenswert – die Demokratie daher nicht zu den geglückten Formen zählt, begründet er damit, dass sie – wie die anderen „entarteten" Formen – die ausgewogene Ausübung der Herrschaft verfehlt. Wie die Oligarchie nur zum Vorteil der Reichen ausgeübt wird, wird die Demokratie aus seiner Sicht nur zum Nutzen der Armen ausgeübt.

Sodann widmet sich Aristoteles in der Politik der Frage nach der **relativ besten Verfassung**. Er lehnt die Vorstellung einer ideal gedachten Polis ab. Das Beste ist für ihn lediglich das, was in der Wirklichkeit auch tatsächlich umsetzbar und möglich ist. Dabei gibt er zu bedenken, dass unterschiedliche Umstände unterschiedliche Staatsformen als ideal erscheinen lassen können. Als beste Verfassung empfiehlt er eine „**Mischverfassung**", weil diese am wenigsten zu Extremen neige und am ehesten dagegen abgesichert sei, in eine entartete Form umzuschlagen. Wesentliches Organisationskriterium in diesem

Rahmen ist für *Aristoteles* der **Besitz**: Die Herrschaft solle vom „mittleren Besitz" ausgehen – wenn man nach moderner Diktion so will, vom „Mittelstand". Dieser gehorche nämlich am leichtesten der Vernunft, was den übermäßig Reichen ebenso wie den übermäßig Armen eher schwer falle. Die Vermögensverteilung unter den Bürgern wird damit zu einer wesentlichen Grundbedingung des verfassten Gemeinwesens.

Auch *Marcus Tullius Cicero* (106–43 v. Chr.) beschäftigt sich in seinem Werk **De re publica** („Über den Staat") mit der optimalen Staatsform. Ähnlich wie bei *Aristoteles* schließen sich die Menschen seiner Meinung nach zu einem Staat zusammen, weil die Geselligkeit in ihrer Natur liegt. Anders als *Platon* sucht er nicht nach einer ideal denkbaren politischen Ordnung. Er versucht den Nachweis, dass die alte republikanische Ordnung der römischen Verfassung (die damals nach verschiedenen Umbrüchen in Trümmern lag und für deren Restitution er als Politiker eintrat) die beste Regierungsform war. Die beste Regierungsform ist für ihn prinzipiell jene, die nach Gerechtigkeit strebt und zur Selbsterhaltung fähig ist. Wie *Aristoteles* stellt er Monarchie, Aristokratie und Demokratie jeweils als „Normalform" und als „entartete" Form einander gegenüber. Auch in der Normalform ist für ihn keine dieser Formen ideal, auch wenn jede einzelne erträglich ist. Die Monarchie und die Aristokratie widerstreben seiner staatstheoretischen Vorstellung, dass alle Bürger Anteil an der Herrschaftsgewalt nehmen sollen; die Demokratie wiederum vernachlässigt für ihn durch die Gleichberechtigung aller die besondere Fähigkeit und Würde Einzelner, an der Herrschaftsgewalt größeren Anteil zu nehmen und Herrschaftsverantwortung im Staat zu tragen.

Die optimale Staatsform liegt nach *Cicero* in einer Mischung aus den drei Regierungsformen (also in einer „**Mischverfassung**"). Nur so sei eine ausgeglichene Verteilung von **Recht, Pflicht und Leistung** im politischen Gemeinwesen möglich. *Cicero* sieht diese ideale Staatsform in der römischen Verfassung real verwirklicht. Sie vereinigt gleichermaßen Elemente der Monarchie (Konsuln), der Aristokratie (Senat) und der Demokratie (Bürgerversammlung).

Im Werk **De legibus** („Über die Gesetze") behandelt *Cicero* die Frage nach den idealen Gesetzen. Kennzeichnend ist ein naturrechtlicher Ansatz: Für *Cicero* erfließen die Gesetze aus der Vernunft des Menschen. Diese stellt sogar selbst das Gesetz dar. Diese naturgegebene Vernunft entspringt der Vernunft der Götter. Zugleich stellt *Cicero* aber fest, dass im realen Staatswesen auch Gesetze existieren, die mit dem Naturrecht nicht in Einklang stehen und daher nicht als Gesetz bezeichnet werden dürften.

2. Mittelalter

Im Mittelalter (etwa 5. bis 15. Jhdt n. Chr.) etablierte sich in Europa der sog **Feudalstaat**. Sein politisches System ist von monarchischen Strukturen gekennzeichnet. Von besonderer Bedeutung – auch für das Verständnis des philosophischen Diskurses dieser Zeit – ist die Dominanz des Christentums und der Kirche. Die Welt erscheint als göttliche Schöpfung. Dementsprechend verlagerte sich der Schwerpunkt des politischen Diskurses auf die Frage nach dem **Verhältnis von Staat und Kirche**. Göttliches Naturrecht und die aristotelischen Lehren rückten ins Zentrum der Staatslehre.

In seinem Haupt- und Spätwerk **De civitate dei** („Vom Gottesstaat" oder „Über die Bürgerschaft Gottes") stellt der Kirchenlehrer *Augustinus* (354–430 n. Chr.) die *civitas dei* (den göttlichen Staat) der *civitas terrena* (dem weltlichen Staat; in der Anschauung

Augustinus' das späte Römische Reich) gegenüber. Die Christen, die Jesus und seine Botschaft lieben und in Hingebung zu ihm leben, bilden über alle Nationen hinweg gemeinsam die *civitas dei.* Die *civitas terrena* bilden hingegen jene, die gemeinsam durch die Liebe zum Genuss des Irdischen verbunden sind. Diese Trennung ist für *Augustinus* insoweit notwendig, als der **irdische Staat gegenüber** dem **Gottesstaat** als **unvollkommen** erscheint. Insb das Römische Reich lehnte er ab, weil es den Menschen den wahren Gott vorenthalte. Die *civitas dei* verwirklicht sich im Jenseits in Form des ewigen Lebens. Im Irdischen ist sie mit der *civitas terrena* vermengt, aber in Wahrheit von dieser getrennt und unabhängig.

Thomas von Aquin (1225–1274), ein bedeutender Vertreter der Scholastik, führte in seinen Schriften die Lehren insb von *Augustinus* und *Aristoteles* zusammen und weiter. Die Bedeutung seines Werks liegt va in der Verbindung von theologischen Grundlagen mit der aristotelisch geprägten Vernunftlehre.

Für *Thomas von Aquin* ist **Gott** die grundlegende **Bedingung von Politik**, weil menschliches und politisches Handeln nur unter der Voraussetzung der Existenz Gottes rational (auf ein Ziel gerichtet) sein kann. Notwendig muss daher die gesamte **weltliche Ordnung von Gott ausgehen** (**„ewiges Gesetz"** – *lex aeterna*). Die *lex aeterna* bildet den göttlich Ordnungsplan und bleibt der menschlichen Erkenntnis verborgen. Sie ist zB von den biblischen Gesetzen (*lex divina*) zu unterscheiden. Der Mensch kann die Wirkungen der *lex aeterna* aber in der Natur erkennen. Was der Mensch solcherart als *lex aeterna* erkennt, bezeichnet *Thomas von Aquin* als „Naturgesetz" (*lex naturalis*). In der *lex naturalis* und der ihr innewohnenden Vernunft wiederum liegt für *Thomas von Aquin* der Ursprung von menschlicher Politik und Recht, die sich im „menschlichen Gesetz" (*lex humana*) manifestieren. Der *lex humana* fällt die Aufgabe zu, die *lex naturalis* zu konkretisieren.

Seiner Staatslehre legt *Thomas von Aquin* zugrunde, dass der Mensch als vernunftbegabtes Wesen für seine Bedürfnisse sorgen und sein Leben gestalten will. Dafür bedarf es des (arbeitsteiligen) Zusammenwirkens mit anderen. In einer solchen Ordnung stellt er – wie schon die beschriebenen antiken Ansätze vor ihm – das Gemeinwohl über das Wohl des Einzelnen. Das Gemeinwesen bedarf aus seiner Sicht einer handlungsfähigen Autorität. Hiefür hält er die **Monarchie am geeignetsten**, weil nur ein einzelner Herrscher dem metaphysischen Prinzip der Einheit und damit der göttlich geordneten Natur entspricht. Diese dem Gemeinwohl verpflichtete Herrschaft ist durch entsprechende Mittel in ihrer Macht zu begrenzen, damit sie in keine Tyrannei umschlägt.

3. Neuzeit

In der Neuzeit (etwa ab der Wende vom 15. zum 16. Jhdt n. Chr.) machte der mittelalterliche Feudalstaat dem modernen **Nationalstaat** monarchischer Prägung Platz. Der rechts- und staatsphilosophische Diskurs verlagerte sich – nicht zuletzt vor dem Hintergrund der englischen Revolutionen des 17. Jhdts und der Französischen Revolution 1789 – auf die **Frage nach der Legitimation staatlicher Gewalt und Souveränität**. In diesem Sinne setzte eine **Verweltlichung der Staatsphilosophie** ein.

Zusehends rückte auch der **Mensch** in den **Mittelpunkt** der Betrachtung. Die modernen Vorstellungen von der Menschenwürde und von den Grund- und Freiheitsrechten machten in der Neuzeit einen erheblichen Entwicklungsschritt. Verschiedene Staatstheorien gehen zunächst von der Isolierung des Individuums aus, um sodann die Vereinigung der Individuen in einer Gemeinschaft zu begründen.

Schließlich sah sich die politische Theorie mit den tiefgreifenden Umgestaltungen der Wirtschafts- und Gesellschaftsordnung im Zuge der industriellen Revolution (spätes 18. und 19. Jhdt) konfrontiert. Im Vordergrund stand die Frage, wie der Anspruch breiter sozialer Schichten auf politische Teilhabe und wie „soziale Gerechtigkeit" realisiert werden sollten.

a) Legitimationstheorien staatlicher Gewalt und Souveränität

Wie im Mittelalter beschäftigten sich viele Ansätze auch in der Neuzeit mit der Frage der **Legitimation staatlicher Souveränität**. Die Ansätze waren maßgeblich von den jeweiligen historischen Umständen geprägt, die von absolutistischen Erbmonarchien bis hin zu Formen unterschiedlich ausgestalteter Volkssouveränität reichten.

Niccolò Machiavellis (1469–1527) Staatsphilosophie ist eine Krisenphilosophie. Die Religion war zu seiner Zeit als staatliche Legitimationsgrundlage bereits zurückgetreten. Italien war in zahlreiche Fürstentümer zerfallen, die sich gegenseitig bekämpften und in einem politisch desolaten Zustand waren – teils als Tyranneien oder als politische Frei- und Ausbeuter. Er widmete sich dementsprechend nicht mehr der Frage nach den Bedingungen eines guten und tugendhaften Lebens, sondern der Frage nach der Sicherung der politischen Existenz eines Herrschers um jeden Preis, also den Aspekten der Dauerhaftigkeit, inneren Stabilität und äußeren Expansionsfähigkeit der staatlichen Gemeinschaft. Dem politischen Idealismus der Antike stellte er einen politischen Realismus gegenüber – Gegenstand seiner Betrachtung war die politische Wirklichkeit und keine utopischen Wunschbilder.

Seinen Überlegungen liegt ein Bild des **Menschen als Triebwesen** zu Grunde, das von maßloser und nie zu stillender Begierde gesteuert ist. Nicht Altruismus bestimmt sein Handeln, sondern alleiniges Selbstinteresse. Menschen würden ihren bösen Neigungen folgen, sobald sie Gelegenheit dazu bekommen. Der Mensch ist also nicht naturgegeben ein *zoon politikón*, sondern ein Unsicherheitsfaktor. In seinem Denken weist er jeden Anspruch von Moral oder Recht an die Politik zurück. **Politik ist alleine zweckgerichtet** und am Erfolg zu messen. Moral und ähnliche Erwägungen – die für *Machiavelli* mitnichten vollkommen irrelevant sind – sind schlicht auf einer anderen Ebene angesiedelt.

Machiavelli widmete sich in seinem Werk **Il Principe** („Der Fürst") zunächst der Beschreibung der Mittel und Wege, wie ein Fürst Herrschaft erwerben und erhalten kann. Ein Herrscher muss demnach insb überaus tüchtig (**virtù**) sein. Diese Tüchtigkeit bildet den Gegenpol zur ansonsten von *Machiavelli* unterstellten Korruptibilität der Menschen. Die Herrschaft des Fürsten ist einerseits durch die Untertanen, andererseits durch andere Fürsten bedroht, und sie kann nur erhalten werden, wenn der Fürst in seinem Vorgehen skrupel- und rücksichtslos ist. Die *virtù* eines Herrschers zeige sich in verschiedenen Verhaltensweisen, die *Machiavelli* (historisch fundiert) empfiehlt. ZB könne auf Gewalt und List nicht verzichtet werden, denn ein Herrscher müsse Fuchs und Löwe zugleich sein. Tadel verdiene nur derjenige, der Gewalt zur Zerstörung einsetze, und nicht, um etwas aufzubauen.

In den **Discorsi** (Discorsi sopra la prima deca di Tito Livio – „Abhandlungen über die ersten zehn Bücher des Titus Livius") zeigt *Machiavelli* besonders seine Bewunderung für das alte Rom und die **Republik** als beste Staatsform. Die Schaffung einer solchen Republik bedarf eines großen Errichters – eines *uomo virtuoso*. Wie bereits im „Principe" betont er erneut, dass ein Staat gute Grundlagen in Form von guten Gesetzen und eines guten Heers benötige. Gerade das sei bei der Republik der Fall. Gute Gesetze sollen die Bürger lehren, politisch zu handeln, um so aus ihnen gute Bürger zu machen. Gelingt dies, tritt an Stelle der *virtù* des Herrschers jene der Gesellschaft, die *virtù civile*. In einer solchen Republik wird Zwang lediglich zum Notbehelf. Die Republik soll von einem Sinn für Gleichheit und Patriotismus getragen werden. Gleichzeitig soll ein gutes Heer für die Wehrhaftigkeit der Republik sorgen.

Doch diese Vorstellung von Republik ist für *Machiavelli* nicht in jeder Situation die beste Staatsform. Nicht die Freiheit und Gleichheit der Bürger ist höchstes Gut, sondern die **Erhaltung des Staates**. Aus diesem Grund ist das im „Principe" beschriebene Fürstentum der Republik vorzuziehen, wenn sich eine Gleichheit unter den Bürgern nicht herstellen lässt.

Ganz im Gegensatz zum rationalistischen Ansatz *Machiavellis* steht *Thomas Morus'* (1478–1535) utopistischer Ansatz. Wesentlich ist dabei, dass er in Abkehr vom mittelalterlichen Denken annimmt, dass die **politische Ordnung** nicht gott- oder naturgegeben, sondern **durch den Menschen und seine Vernunft gestaltbar** ist. In seiner Staatsutopie versucht er, im Wege eines Gedankenexperiments eine alternative Welt zu zeichnen. In seinem Hauptwerk **De optimo reipublicae statu deque nova insula Utopia** („Vom besten Zustand des Staates oder von der neuen Insel Utopia") beschreibt *Thomas Morus* das Bild einer idealen Gesellschaft, die rückblickend „an der Schwelle zum Sozialismus" angesiedelt werden kann: **Alle Menschen sind gleich**. Jeder ist zur Arbeit verpflichtet und dafür zum Bezug von Gütern des täglichen Bedarfs und zur Bildung berechtigt. Privateigentum gibt es nicht, weil es schuld an der Verderbtheit des Menschen sei; vielmehr ist alles Eigentum gemeinschaftliches Eigentum. Das Individuum hat in dieser Gemeinschaftsordnung aufzugehen. Das Produkt dieser politischen Ordnung ist der gute Mensch.

Auf *Machiavellis* Staatsraison aufbauend entwickelte *Jean Bodin* (1529–1596) eine Theorie der **Souveränität** des Staates. Er gilt als Vordenker des modernen Souveränitätsverständnisses. In seinem staatstheoretischen Hauptwerk **Les six livres de la République** („Sechs Bücher über den Staat") tritt er für die Staatsform der absolutistischen Erbmonarchie ein, in der die Herrschaftsmacht durch Erbfolge legitimiert ist. Der Monarch ist prinzipiell keiner höheren irdischen Instanz unterworfen und nicht verantwortlich, weil er sonst seine Herrschaftsgewalt nicht bestmöglich ausüben könne. Er sei lediglich dem göttlichen Recht oder Naturrecht verpflichtet. Nicht nur das: Als Ebenbild Gottes auf Erden sei es unumgänglich, dass er diesem gleich alleine herrscht und ohne Zustimmung anderer regiert. Müsste er eine Zustimmung einholen, wäre er nicht souveräner Monarch, sondern Untertan.

Der calvinistische Staatstheoretiker *Johannes Althusius* (1563–1638) entwickelte ein Konzept der Volkssouveränität, das als Gegenentwurf zu *Bodins* Souveränitätsverständnis aufgefasst werden kann. Er leistete wesentliche staatstheoretische Vorarbeiten für die moderne Föderalismustheorie und das Subsidiaritätsprinzip. In seinem Hauptwerk

Politica Methodice Digesta entwickelte er eine ständische Staatstheorie einer von unten nach oben aufgebauten Gesellschaft. Der Bürger ist zunächst in der Familie, sodann in seinem Stand und schließlich in einem souveränen Staat mit anderen vereinigt. Sachfragen und -probleme sind dabei auf der jeweils dazu geeignetsten Ebene zu lösen (Prinzip der Subsidiarität – dieses ist zB auch in der EU verwirklicht, siehe 3. Teil V.D.2.). **Souverän** ist dabei nicht ein absolutistischer Herrscher, sondern das **Volk**, das im jeweiligen Staat vereinigt ist. Diese Volkssouveränität ist bei *Althusius* jedoch noch nicht mit individuellen (Freiheits)Rechten verbunden, wie das in späteren Theorien der Fall ist. Die Individuen haben den Geboten Gottes zu gehorchen.

b) Die Gesellschaftsvertragstheorien

Im Mittelpunkt der Gesellschaftsvertragstheorien steht die Frage, wie **staatliche Ordnungen durch einen Willensakt der Rechtsunterworfenen** legitimiert werden können. Dem liegt ein neues, bis dahin in der Staatsphilosophie nicht gekanntes Menschenbild zu Grunde. Dieser neuzeitliche Mensch handelt weniger zum Wohl der Gemeinschaft, sondern aus Eigeninteresse. Dieses wird zur Richtschnur, nach der er handelt und die Welt beurteilt. Die Gesellschaftsvertragstheorien versuchen eine Antwort auf die Frage zu geben: Was bringt mir der Staat? Dem Staat wird ein bestimmter Zweck zugeschrieben. Er ist nicht mehr ein in der Natur des Menschen liegendes Ziel. Die individuelle Gewalt des Menschen wird freiwillig an einen mit einem **Gewaltmonopol** ausgestatteten Staat **übertragen, weil sich der Einzelne einen Vorteil im Vergleich zur „Staatenlosigkeit" verspricht**. Dieser Gedanke wurde zusehends mit der Idee der Volkssouveränität als dem zentralen Element der Demokratie verbunden. Der vernunftbegabte Mensch gibt aus freiem Willen Macht an den Staat ab, sodass dieser Staat wiederum die individuellen Rechte schützen kann. Dies stellt einen Vorteil gegenüber dem vorstaatlichen Naturzustand dar. Mehr und mehr rückte dabei mit dem Erstarken staatlicher Souveränität später die Frage in den Mittelpunkt, ob dem Einzelnen, der seine Gewalt abgegeben hat, Rechte gegenüber dem Staat zustehen.

Thomas Hobbes (1588–1679) gilt neben *John Locke* und *Jean-Jacques Rousseau* als einer der bedeutendsten Vertragstheoretiker. *Hobbes'* Staatstheorie ist vor dem Hintergrund der religiösen Konflikte und vor allem des Bürgerkriegs im England des 17. Jhdts zu sehen. Dieser konfliktreichen Zeit versucht er ein Konzept entgegenzusetzen, das dem Einzelnen allen voran Frieden und Sicherheit bietet. In seinem Hauptwerk **Leviathan** lässt ihn das mit einer Staatsform sympathisieren, die absolutistische Züge trägt. Nach *Hobbes* erfordert die Bewältigung des anarchistischen Naturzustands, in dem ein Krieg aller gegen alle herrscht, die **Übertragung der Macht auf einen Herrscher**. Dies geschieht durch einen **„Gesellschaftsvertrag"**. Die Menschen schließen einen Vertrag und übertragen unwiderruflich alle Macht einem Souverän, der fortan zur absoluten Herrschaft berufen ist, sodass dieser die Menschen voreinander schützen und Frieden stiften kann. Der Souverän selbst ist bei *Hobbes* nicht Vertragspartner, sondern Vertragsbegünstigter. Durch den Übertragungsakt werden alle Einzelpersonen dem Souverän gegenüber **rechtlos**. Nach *Hobbes* kann niemandem ein Unrecht daraus erwachsen, wozu er willentlich seine Zustimmung erteilt hat. Damit steht der Souverän auch außerhalb der Gesetze. Den Souverän identifiziert *Hobbes* mit dem Staat selbst. Wer sodann Träger dieser Souveränität ist, ob eine Monarchie, eine Aristokratie oder eine Demokratie herrscht, ist für *Hobbes* sekundär. Er favorisiert zwar die Monarchie, hält sie aber nicht für zwingend.

Vor allem für den Liberalismus, dem es um den Schutz gegen staatliche Willkür und um bürgerliche Freiheiten ging, waren *Hobbes'* Theorien über die vorbehaltlose Ermächtigung des Souveräns problematisch. Schon *John Locke* war klar, dass kein vernünftiger Mensch in einem Staat nach *Hobbes'* Vorstellung leben will. Er ergänzte diese Theorien und ebnete damit den Weg zum heutigen liberalen Rechtsstaat.

Die Theorien von *Machiavelli*, *Bodin* und *Hobbes* waren maßgeblich geprägt von den Unsicherheiten und Kriegen, die zu ihrer jeweiligen Zeit um sie herum herrschten. Friedenssicherung und Durchsetzung des Rechts um jeden Preis standen dementsprechend im Vordergrund. Mit *Locke* beginnt sich die Staatsphilosophie von dieser Position zu entfernen. Der Staat soll nicht mehr um seiner selbst willen alles dürfen, sondern es rückt die Rolle des Staates, individuelle Rechte Einzelner zu schützen, in den Vordergrund.

John Locke (1632–1704) zeichnet insb in Abkehr von *Hobbes* einen inhaltlich anderen Gesellschaftsvertrag vor: Der Staat ist durch seine Zweckbindung, eine Gewaltenteilung und die Herrschaft des Gesetzes in seiner **Macht begrenzt**. *Locke* gilt als einer der Urväter des Liberalismus. *Lockes* Hauptwerk **Two Treatises of Government** („Zwei Abhandlungen über die Regierung") hatte Auswirkungen auf die politische Entwicklung in England und hundert Jahre später in Amerika und Frankreich. *Lockes* Hauptziel war die **Stärkung des Bürgertums und die Begrenzung der Macht des Königs**. Er lehnt jede Form der absolutistischen Herrschaft ab.

Der Ausgangspunkt von *Locke* ist ein Naturzustand, der – anders als bei *Hobbes* – kein rechtloser Zustand ist. Nach dem natürlichen Gesetz sind alle Individuen verpflichtet, die Rechte auf Leben, Gesundheit, Freiheit und Eigentum (**Life, Health, Liberty, Property**) der anderen Menschen zu achten. Die Summe dieser Rechte als rechtliche Freiheit bezeichnet er als das „**Eigentum**" einer Person an sich selbst. Dieser Naturzustand ist keineswegs friedlich, sondern nach *Locke* voll von Furcht und ständiger Gefahr, weil die Vollstreckung des natürlichen Gesetzes jedem selbst in die Hand gelegt ist – jeder ist **Richter in eigener Sache**.

Um diese Unsicherheiten in Form von absoluter und willkürlicher Gewalt zu überwinden und das Eigentum als Summe von Freiheit zu schützen, schließen die Individuen den Gesellschaftsvertrag ab. Der Staat soll nunmehr die Rechte durchsetzen, nicht die Individuen selbst. Eine wesentliche Frage ist für *Locke* dabei die **Legitimität der Regierung**. Ihm zufolge ist eine Regierung legitim, die die angeführten Rechte des Menschen schützt. Verletzt sie diese, ist sie nicht legitim. Zwischen Individuum und Staat herrscht kein Unterwerfungs-, sondern ein Vertrauensverhältnis. Verletzt die Herrschaft dieses, nimmt *Locke* ein **Widerstandsrecht** an. Zum Schutz der Rechte des Einzelnen sieht *Locke* auch Grundzüge einer **Gewaltenteilung** vor. Die Staatsfunktionen sind aber nach seinem Modell nicht organisatorisch zu trennen. Ein Organ kann auch mehrere Funktionen ausüben. Nur Exekutive und Legislative will er zwingend trennen. Darüber hinaus darf die **Herrschaft nur auf Grund des Gesetzes** ausgeübt werden. Im geordneten Staat soll nach *Locke* ausschließlich nach öffentlich bekanntgemachten Gesetzen regiert werden. Dabei ist *Locke* kein Vertreter eines strengen Rechtspositivismus. Bei ihm verschmelzen vorpositives Naturrecht (das der Staat zu schützen und zu beachten hat) und gesetztes Recht zu einem Gemeinsamen.

Auch *Jean-Jacques Rousseau* (1712–1778) geht in seinen Theorien über die **Ungleichheit** von einem Naturzustand aus. In diesem leben die Menschen jedoch weitgehend isoliert voneinander. Es besteht keine Ungleichheit (zB eine unterschiedliche Verteilung des Eigentums) der Individuen untereinander. Sie bringen nichts in den Gesellschaftsvertrag ein. Erst durch die Gesellschaft erhalten sie Eigentum und andere Rechte. Der von *Hobbes* im Naturzustand verortete Konflikt der Menschen untereinander setzt bei *Rousseau* erst ein, wenn die Menschen in Beziehung zueinander, also in eine gemeinsame Gesellschaft eintreten. In diesem Rahmen entwickelt sich Ungleichheit – zwischen Armen und Reichen, Mächtigen und Schwachen sowie Herren und Sklaven.

Dieser Prozess, das ist *Rousseau* bewusst, ist unumkehrbar. Es gibt kein Zurück zum Naturzustand. Doch der Prozess der Vergesellschaftung muss für ihn keinen negativen Ausgang nehmen. Er kann sich auch als Wendung zum Guten erweisen, indem der Mensch eine neue „Natürlichkeit" innerhalb der Gesellschaft erreicht.

In seinem Werk **Du Contrat Social ou Principes du Droit Politique** („Vom Gesellschaftsvertrag oder Prinzipien des Staatsrechtes") schlägt er einen „neuen" Gesellschaftsvertrag vor. Die Einbindung des ursprünglich freien Menschen in eine Gesellschaft kann nur erfolgen, wenn er sich selbst bindet. Nur durch einen solchen Vertrag kann Freiheit entäußert werden. Dieser neue Vertrag dient nicht dem Schutz von Individualpositionen. Die individuelle Freiheit soll in eine **gesellschaftliche Freiheit**, der Mensch im Naturzustand in ein soziales Wesen transformiert werden. Er existiert nur mehr als Glied des Staates fort. Zentrale Bedeutung kommt nach *Rousseau* der **volonté générale** zu. Das ist nicht die Summe der Individualinteressen der Vertragspartner (*volonté de tous*), sondern Ausdruck des Interesses des Allgemeinwohls. Die *volonté générale* ist der „wahre Wille" der Gesellschaft. Das Volk soll nach dieser *volonté générale* selbst den staatlichen Willen bilden und Gesetze erlassen (**Volkssouveränität**). Die Abbildung dieses Willens versucht Rousseau insb durch Organisation und Verfahren der Rechtsetzung zu sichern. Für ihn ist ausschließlich die **unmittelbare Willensäußerung** möglich – repräsentative Vertretungen wie zB Parlamente oder Parteien lehnt er ab. Welche Regierungsform – Monarchie, Aristokratie oder Demokratie – gewählt wird, ist für *Rousseau* sekundär und hängt von den jeweiligen Umständen ab. Verschiedentlich wurde an *Rousseaus* Konzept der *volonté générale* Kritik geübt: Diese ist absolut und kann vom Bürger alles verlangen. Abwehrrechte gegenüber dem Staat oder vorstaatliches Recht, das zu beachten wäre, gibt es nicht. Nach *Rousseau* findet sich die Grenze erst dort, wo der auferlegte Zwang der Gesellschaft keinen Nutzen bringt.

c) Die Grundlegung der Gewaltenteilung durch Charles Louis de Montesquieu

Charles Louis de Montesquieu (1689–1755), französischer Schriftsteller und Staatsphilosoph, gilt als der Vordenker und Begründer der heutigen Vorstellung der **Gewaltenteilung**. In Ablehnung despotischer Herrschaft und insb des französischen Absolutismus des frühen 18. Jhdts beschreibt *Montesquieu* in seinem Werk **De l'esprit des lois** („Vom Geist der Gesetze") die theoretischen Grundlagen eines Staates, der Freiheit und Sicherheit gewähren kann. Im Gegensatz zu *John Locke* unterscheidet er drei Staatsgewalten – Legislative, Exekutive (= Regierungsgewalt) und Judikative. Damit beschreibt er der

Sache nach die Gewaltenteilung nach einem modernen staatsrechtlichen Verständnis, ohne sie schon beim Namen zu nennen. Ihm geht es vor allem um den **Zusammenhang von Freiheit und Gewaltenteilung**. Freiheit gebe es nur, wenn die Staatsgewalten strikt voneinander getrennt seien, um der **Macht Grenzen zu setzen**. Es gebe etwa keine Freiheit, wenn die richterlichen Befugnisse nicht von der legislativen und von der exekutiven Gewalt getrennt werden. Die Macht über Leben und Freiheit der Bürger wäre unumschränkt, wenn jene mit der legislativen Befugnis gekoppelt wäre; denn der Richter wäre Gesetzgeber. Der Richter hätte umgekehrt die Zwangsgewalt eines Unterdrückers, wenn die richterliche mit der exekutiven Gewalt gekoppelt wäre. Welche Regierungsform gewählt wird, was also die ideale Verfassung wäre, ist für *Montesquieu* von den jeweiligen Umständen abhängig.

d) Naturrechtslehren der Neuzeit

In der Neuzeit begegnen uns verschiedene Naturrechtslehren, die sich nach dem Abbau der im Mittelalter vorherrschenden religiös-politischen Einheit und der Reformation nicht mehr auf eine theologisch begründete Naturordnung stützen konnten. Neuer Bezugspunkt wurde der Mensch („anthropologisches Naturrecht"), insb als freies vernünftiges Individuum („rationales Naturrecht"). Vernunft wurde aber – anders als in der Antike und im Mittelalter – als **Logik, die auf Tatsachen angewendet wird**, verstanden. Diese Gedanken kommen auch in den vorstehenden Ausführungen zu den Gesellschaftsvertragstheorien zum Ausdruck, wenn dort vom vorherrschenden Naturzustand die Rede ist. Es stellte sich darüber hinaus die Frage nach dem Verhältnis des Naturrechts zum positiven Recht.

Samuel Pufendorf (1632–1694) ist einer der bedeutendsten Vertreter der Völkerrechtslehre und der säkularen Naturrechtslehre („**Vernunftrechtslehre**"). In seinem Hauptwerk **De iure naturae et gentium libri octo** („Acht Bücher vom Natur- und Völkerrecht") beschreibt er, dass Naturrecht aus der natürlichen Vernunft des Menschen folge und erschließbar sei und nicht aus einer göttlichen Anordnung. Das Recht der Heiligen Schrift grenzt er als „Christenpflicht" vom Naturrecht ab. Als dritte Kategorie des Rechts unterscheidet er das bürgerliche, positive Recht. Das Vernunftrecht stellt er dem positiven Recht gegenüber und definiert Ersteres als Maßstab für Letzteres. Zu beachten ist dabei, dass *Pufendorf* noch kein Aufklärer war – das vernunftgeleitete Naturrecht sei zwar nicht göttliches Recht, es stimme aber mit der christlichen Offenbarung überein, weil beides letztlich seinen Ursprung in Gott habe.

Immanuel Kant (1724–1804) wendet sich in seiner Schrift „**Die Metaphysik der Sitten**" gegen jene Zweige der Naturrechtslehre, die aus der Natur des Menschen Gebote abzuleiten versuchten. Die empirische Erfahrung über den Menschen sei ungeeignet, weil jede Empirie ungewiss sei und tatsächlich auch anders sein könne, als sie wahrgenommen wird. Für *Kant* folgt daraus eine unüberbrückbare Kluft zwischen „Sein" und „Sollen". Aus der wahrgenommenen Wirklichkeit können keine rechtlichen Gebote folgen. Nur die **Vernunft** könne lehren, was zu tun ist, nicht die Wirklichkeit. Das staatlich gesetzte Recht hat nach *Kant* nicht die Funktion, willkürlich positives Recht zu setzen, es soll das „vorgegebene" Recht zweifelsfrei auf den Punkt bringen. Dabei übersieht er aber nicht, dass das gesetzte Recht auch über diese Funktion hinausgehen kann und seinen eigenen Regeln folgt, wenn es einmal gesetzt ist.

In seiner Rechtslehre beschreibt *Kant* das Recht als vernünftige Ordnung der **Freiheit**. Die Freiheit eines jeden Menschen findet ihre Grenze in der Freiheit der anderen. Die Aufgabe des Rechts ist es, diese Freiheitsräume gegeneinander abzugrenzen und solcherart die Freiheit des Einzelnen zu beschränken, um gerade dadurch die Ausübung der Freiheit zu gewährleisten.

Die Vernunft gebietet nach *Kant* auch das **Entstehen des Staates.** Im Naturzustand ist jeder auf sich gestellt. Niemand kann das vorgegebene Recht erkennen und durchsetzen. Der Staat als Organisation soll das Recht der Vernunft in der Wirklichkeit umsetzen. Die einzelnen Bürger gliedern sich aus Vernunftgründen in den Staat ein und stimmen zu, seine Gesetze zu befolgen. Sie geben ihre Freiheit mit dem Ziel auf, dass fortan der Souverän (der nach *Kant* das Volk selbst zu sein hat) die Freiheit aller Bürger im Staat gewährleistet. Zwischen Staat und Bürgerschaft wird dabei kein Unterschied gemacht. Weil es ihm in seinem Modell aber um eine fiktive Zustimmung und damit eine fiktive demokratische Legitimation der Herrschaft geht, ist seine Theorie mit jeder beliebigen Staatsform vereinbar.

Die Rechtslehre *Kants* wirkt bis in die Gegenwart auch in Rechtsetzung und Rechtsprechung nach. Seine Abgrenzung der Freiheitssphären der Menschen kann als erste Grundlegung der modernen Grundrechtstheorien angesehen werden. Ansätze des Vernunftrechts finden sich in Österreich in § 16 ABGB: „Jeder Mensch hat angeborne, schon durch die Vernunft einleuchtende Rechte …“. Wenn der VfGH unter Hinweis auf die „allgemeinen Wertungsgrundsätze unserer Rechtsordnung“ fordert, dass „kein Mensch jemals als bloßes Mittel für welche Zwecke immer betrachtet und behandelt werden darf“ (VfSlg 13.635/1993, mit Hinweis auf *F. Bydlinski*, Fundamentale Rechtsgrundsätze [1988] 176), besteht ein enger Bezug zum **kategorischen Imperativ** *Kants* bzw zur von ihm formulierten **Selbstzweckformel**: „Handle so, daß du die Menschheit sowohl in deiner Person, als in der Person eines jeden andern jederzeit zugleich als Zweck, niemals bloß als Mittel brauchst“. Auch das deutsche Bundesverfassungsgericht greift in seiner Objektformel, mit dem es den im deutschen Grundgesetz festgeschriebenen Schutz der Menschenwürde (Art 1 Abs 1 deutsches Grundgesetz) Konturen verleiht, im Ergebnis auf Kant zurück: Das Recht ist verletzt, wenn der Mensch zum Objekt bzw zu einem bloßen Mittel herabgewürdigt wird.

In den Arbeiten von *Georg Wilhelm Friedrich Hegel* (1770–1831) kommt der **Wirklichkeit** besondere Bedeutung zu. Für ihn hat die Vernunft nicht nur im menschlichen Denken ihren Ursprung. Auch die Wirklichkeit ist selbst Ausdruck der (realisierten) Vernunft. Für die Rechtswissenschaften erlangte sein Werk **Grundlinien der Philosophie des Rechts** besondere Bedeutung. Recht ist für *Hegel* das **Dasein des freien Willens**: Der vernunftgesteuerte freie Wille manifestiert sich in der Wirklichkeit und schafft durch sein Dasein das Recht. Das Recht ist für ihn **Wirklichkeit gewordene Freiheit**. Es beschränkt nicht die Freiheit, sondern führt sie zur Vollendung, indem es die Willkür ausschließt. Das steht in einem gewissen Gegensatz zu *Kant*, aber auch zu *Rousseau*, bei denen zunächst die Einschränkung individueller Freiheiten durch das Recht im Vordergrund steht.

Hegel versteht das Recht in einem weiten, nicht ausschließlich juristischen Sinn. Es umfasst zunächst das abstrakte Recht, das die äußeren fundamentalen Bedingungen des gleichberechtigten Zusammenlebens von Menschen beschreibt (Eigentum, Vertrag und Unrecht). Zum Recht zählt er aber auch die Moralität (als innere Überzeugung des Individuums) und die Sittlichkeit (als Prägung durch die soziale Ordnung, in die das Individuum eingeordnet ist).

Der **Staat** besteht für *Hegel*, weil eine bürgerliche Gesellschaft, in der alle ihre Interessen verfolgen, nach einer übergeordneten Organisation verlangt. Diese Organisation soll die Interessen des Ganzen verfolgen und gleichzeitig den Einzelnen in das Allgemeine einbinden. Es besteht aber auch ein Bezug zur Freiheit, denn der Staat ist bei *Hegel* „die in der freien Selbständigkeit des besonderen Willens ebenso allgemeine und objektive Freiheit". Die Vernunft bedient sich dieses höheren Allgemeinen, um sich als Staat zu manifestieren. Insoweit stehen auch die Vernunft und die Freiheit in enger Beziehung. Der moderne Staat ist nach *Hegel* faktisch aus Klassenunterschieden entstanden, also wenn es einen Unterschied zwischen arm und reich gibt und eine große Menge ihre Bedürfnisse nicht mehr befriedigen kann. Eine wichtige Funktion des Staates ist es für ihn, soziale Spannungen zu lindern. Zwar ist *Hegel* auch ein früher Verfechter der allgemeinen **Gleichheit** aller Bürger im Recht. Die Gesetzgebung bzw die Regierung findet er aber bei den bürgerlichen Ständen und – in allen wichtigen Angelegenheiten – bei der fürstlichen Gewalt gut aufgehoben.

e) Vorstellungen vom idealen Staat im Gefolge der industriellen Revolution

Durch die grundlegenden politischen und sozialen Umwälzungen der industriellen Revolution verschoben sich die Fragestellungen der Staatsphilosophie erneut. Ins Zentrum rückte die Möglichkeit der politischen Teilhabe aller Bürger an der staatlichen Gewalt und der Versuch, soziale Gerechtigkeit zu realisieren.

Alexis de Tocqueville (1805–1859) wurde von der französischen Regierung beauftragt, eine Studie über das Rechtssystem der Vereinigten Staaten von Amerika zu verfassen. Daraus ging sein Hauptwerk **De la démocratie en Amérique** („Über die Demokratie in Amerika") hervor. *Tocqueville* beschreibt darin die Voraussetzungen und die Funktionsweise des demokratischen Systems der USA sowie seiner Gefahren, insb jene einer „**Tyrannei der Mehrheit**" über Minderheiten. Gleichzeitig zeigt er auf, wie die dortige Verfassungsordnung diesen Gefahren durch **Dezentralisation** sowie die Einräumung von **Teilhaberechten der Bürger** begegnet, und weist darauf hin, dass der maßgebliche Vorteil eines demokratischen Systems darin liege, Fehler zu korrigieren. Überragende Bedeutung misst er dabei aber den „Sitten" der Bevölkerung (Verantwortungsgefühl, Eigeninitiative etc) zu. Als Gefahr für die Demokratie sieht er die Demokratie selbst. Der damit und mit der Gleichheit der Bürger einhergehende **Individualismus** könne dazu führen, dass sich das Individuum zusehends in sein Privatleben zurückzieht und nicht mehr an der Gemeinschaft teilnimmt, was zu einer **Auflösung lebensnotwendiger Strukturen** des Staates führen kann. Das Prinzip der **Gleichheit** führe aus seiner Sicht darüber hinaus zu zentralisierten Staaten, gegen die sich der Einzelne nicht mehr zur Wehr setzen kann. Deshalb zog er das Prinzip der **Freiheit** der Gleichheit vor.

Karl Marx (1818–1883) und *Friedrich Engels* (1820–1895) begründeten mit dem **Marxismus** nicht bloß eine ideelle Vision einer kommunistischen Gesellschaftsordnung, sondern ein ganzes Handlungsprogramm. *Marx* wandte sich kritisch gegen die bisherigen philosophischen Ansätze, die die Welt bloß erkennen wollten: „Die Philosophen haben die Welt nur verschieden interpretiert; es kömmt drauf an, sie zu verändern."

Die Geschichte sah *Marx* als Abfolge von Klassenkämpfen, denen ökonomische Gesetze zu Grunde liegen. Staat, Recht und Politik werden als bloße Funktionen dieser ökonomischen Kämpfe begriffen. Sein dreibändiges Hauptwerk „**Das Kapital**" widmet *Marx* der Kritik der politischen Ökonomie. Ihm zufolge führt die kapitalistische Produktionsweise (der **Kapitalismus**) zwangsläufig zu einer Spaltung der Gesellschaft in die Klasse der Arbeiter und die „herrschende" Klasse der Kapitalisten (die Eigentümer der Produktionsmittel). Das **Recht** ist in diesem Rahmen **lediglich ein Instrument**, mit dem die herrschende Klasse diese **soziale Ungleichheit** zu verfestigen versucht. Die **Ungleichheit** könne nur **revolutionär** durch die Beseitigung der ökonomischen Voraussetzungen der kapitalistischen Gesellschaftsordnung **überwunden werden**. Insb das Privateigentum an Produktionsmitteln sowie die Arbeitsteilung sollen abgeschafft werden. Die Arbeiterklasse habe es in der Hand, den organisierten Kampf gegen die Bourgeoisie aufzunehmen, um eine **klassenlose Gesellschaft** zu verwirklichen. Die tatsächliche Aufhebung der Klassengegensätze führe nach *Marx* und *Engels* auf lange Sicht zwangsläufig zur **Auflösung des Staates**. Wenn die Menschen sich an die Grundregeln des Zusammenlebens gewöhnt hätten und freiwillig nach ihren Fähigkeiten arbeiteten, bedürfte es des äußeren Zwanges durch den Staat nicht mehr.

4. Moderne

Die moderne Rechts- und Staatsphilosophie ist von einer noch größeren Vielfalt unterschiedlicher Forschungsthemen und -ansätze geprägt, als das in der Neuzeit der Fall war. Zunehmend erlauben es interdisziplinäre Ansätze, Erkenntnisgewinne verwandter Disziplinen (zB der Politikwissenschaft und der Soziologie) nutzbar zu machen. Die modernen Theorien stehen freilich nicht beziehungslos in der Zeit, sondern beziehen sich explizit oder auch nur implizit auf die bisher geschilderte Ideengeschichte. Aus den mannigfaltigen Ansätzen der Rechts- und Staatsphilosophie sollen im Folgenden nur einige beispielhaft herausgegriffen werden.

a) Der Rechtspositivismus: Recht als gesetzte Zwangsordnung

Der Rechtspositivismus akzeptiert als Recht grundsätzlich nur jene Akte, die positiv gesetzt wurden und Zwangscharakter haben. Es besteht kein zwingender Zusammenhang zwischen Recht und Gerechtigkeit. Die Geltung des positiven Rechts hängt nicht davon ab, ob es bestimmten Gerechtigkeitsansprüchen genügt. Diese strikte Trennung von Recht und Moral ist – insb auf Grund der historischen Erfahrungen des Zweiten Weltkrieges – vielfach kritisiert worden. In seiner strengen Ausprägung akzeptiert der Rechtspositivismus nämlich auch Vorschriften als Recht, die schwere Verstöße gegen die Integrität des Einzelnen oder die Verfolgung von Minderheiten anordnen, weil er der Frage der Rechtmäßigkeit bzw des existierenden Rechts keine Wertung im Sinne von gut und schlecht beimisst, sondern dessen Existenz als Tatsache beschreibt. In verschiedenen Theorien wurden Grenzen des Befolgungsanspruches positiven Rechts diskutiert, wenn zB das „Maß an Unrecht" unerträglich wird (zur Radbruch´schen Formel oben I.A.).

aa) Die Staatslehre Georg Jellineks

Georg Jellinek (1851–1911) entwickelte in seinem Werk **Allgemeine Staatslehre** insb die **Drei-Elemente-Lehre**: Der Staat besteht demnach aus Staatsgebiet, Staatsvolk und Staatsgewalt. Im Völkerrecht sind diese drei Merkmale nunmehr konstitutive Voraussetzungen für die Anerkennung eines Staates als Völkerrechtssubjekt. In weiteren Schriften beschäftigte er sich mit der sozialethischen Bedeutung des Rechts und Fragen der Geltung und der Wirksamkeit des Rechts. Nach *Jellinek* müssen **Geltung und Wirksamkeit zusammenspielen**, damit das Recht **effektiv** sein kann. Ein Rechtssatz muss somit erstens Bestandteil der Rechtsordnung sein und zweitens „garantiert", also (durch Zwang oder freiwillige Befolgung) durchgesetzt werden. Begrifflich unterscheidet *Jellinek* zwischen **Normativität und Faktizität**, also zwischen gesetztem Recht und gesellschaftlicher Übung. Er weist aber auch auf die Bedeutung faktisch geübten Verhaltens hin („normative Kraft des Faktischen"). *Jellinek* konzipierte darüber hinaus bereits 1885 mit seiner Schrift „**Ein Verfassungsgerichtshof für Österreich**" das Modell einer zentralisierten Verfassungsgerichtsbarkeit, wie sie – auch durch die Arbeiten *Hans Kelsens* – durch das B-VG 1920 in Österreich eingerichtet und Vorbild für viele Verfassungen auf der ganzen Welt wurde.

bb) Die „Reine Rechtslehre" Hans Kelsens

Als eine der bedeutendsten Richtungen des Rechtspositivismus gilt heute die „Reine Rechtslehre", die von der **Wiener Rechtstheoretischen Schule** entwickelt wurde. Sie wurde von *Hans Kelsen* (1881–1973) begründet und nachhaltig geprägt. Er war maßgeblich an der Erarbeitung zentraler Inhalte des B-VG beteiligt, insb was die Gerichtsbarkeit des öffentlichen Rechts betrifft.

In seinem Werk „**Hauptprobleme der Staatsrechtslehre**" und später in den beiden Auflagen seiner Reinen Rechtslehre wandte sich *Kelsen* von der *Jellinek'schen* Definition des Staates anhand soziologischer tatsächlicher Kriterien (Staatsvolk, Staatsgebiet, Staatsgewalt) ab. *Kelsen* begreift den **Staat** selbst **als Rechtsordnung**, als Summe von Sollenssätzen. Seiner Ansicht nach kann der Staat nur als Zwangsordnung menschlichen Verhaltens erfasst werden. Gerade das zeichnet den Rechtsbegriff *Kelsens* aus (siehe sogleich). Nicht jede Rechtsordnung ist nach *Kelsen* aber bereits Staat, sonst könnte man auch dem Völkerrecht zusprechen, Staatlichkeit zu indizieren. Erst eine relativ zentralisierte Rechtsordnung, die arbeitsteilig funktionierende Organe zur Rechtserzeugung und -anwendung einsetzt, kann als Staat qualifiziert werden.

Zentrales Werk des Schaffens von *Kelsen* ist die **Reine Rechtslehre**. Darin stellt er den Rechtspositivismus auf eine neue Grundlage. Seine Rechtslehre soll insofern „rein" sein, als sie von anderen wissenschaftlichen Disziplinen (zB Soziologie, Psychologie, Politikwissenschaft), aber auch von Ethik und Moral streng getrennt werden soll. *Kelsen* akzeptiert als Recht nur das positive Recht. Das ist ein **System von gesetzten Zwangsnormen**. Eine Rechtsnorm ist nach *Kelsen* der Sinn eines **von Menschen gesetzten Willensaktes** (zB ein Gesetz oder eine Verordnung), der **intentional auf das Verhalten anderer gerichtet** ist. Das Verhalten anderer wird durch eine Norm entweder geboten (befohlen) oder erlaubt (ermächtigt). Der Rechtsetzer äußert in einem solchen normativen Akt seinen Willen, dass sich andere in einer bestimmten Weise verhalten sollen. Wichtig ist für *Kelsen* die Unterscheidung zwischen dem im Rechtsakt zum Ausdruck kommenden **Sollen** und dem **Sein**, wie sie sich bereits bei *Kant* findet. Nach *Kelsen* kann aus dem Sollen auf kein Sein geschlossen werden: Dass eine Rechtsnorm einer Person ein bestimmtes Verhalten befiehlt, heißt nicht, dass sich diese Person auch tatsächlich entsprechend verhalten wird.

Die Ermächtigung, positives Recht zu setzen, kann für *Kelsen* nur aus einer anderen (höherrangigen) positiven Norm folgen. Als Quelle der „ursprünglichen" Ermächtigung zur Setzung solcher ermächtigender Normen geht *Kelsen* von der **Grundnorm** aus. Dabei handelt es sich nicht um überpositives Recht, sondern um eine theoretische Annahme. Die Grundnorm ist damit nicht gesetzt, sondern wird vorausgesetzt (angenommen), um eine Rechtsordnung in sich abzuschließen. Nicht von Menschen gesetztes Recht, zB Naturrecht, göttliches Recht und damit möglicherweise verbundene **Moral- und Gerechtigkeitsvorstellungen** sind für *Kelsen* **kein Recht**. Diese Kategorien können dementsprechend auch nicht Maßstab für die Beurteilung der Rechtmäßigkeit von Rechtsnormen sein.

cc) H. L. A. Hart: Grundnorm als faktische Tatsache

Der englische Rechtsphilosoph *H. L. A.* (*Herbert Lionel Adolphus*) *Hart* (1907–1992) setzte vor allem mit seinem „**The Concept of Law**" seine Theorie des Rechtspositivismus insb jener von *Kelsen* entgegen. Auch *Hart* geht vom Bestehen einer Grundnorm (**rule of recognition**) aus, die er jedoch nicht als theoretisches Konstrukt, sondern als empirisch erforschbare, faktische, soziale Tatsache qualifiziert. Er wendet sich für seinen **Rechtsbegriff** gegen jene Stimmen (auch hier zB *Kelsen*, aber auch den englischen Rechtsphilosophen *John Austin*), die nur strafbedrohte Zwangsanordnungen als Recht qualifizieren. Das Rechtssystem wäre in diesem Fall nur eine Spielart des Spruchs „Geld oder Leben". Zwar trennt *Hart* **Recht** und **Moral** voneinander. Er erkennt jedoch auch die Möglichkeit an, extrem ungerechte Normen nicht zu befolgen.

b) Die Integrationslehre Smends

Nach der von *Rudolf Smend* (1882–1975) entwickelten Integrationslehre ist es Aufgabe des Staats, die Individuen in den politischen Prozess zu integrieren. Er versteht den Staat als geistige Realität, die aus dem Wechsel- und Zusammenwirken individueller Lebensvorgänge besteht. In seinem Hauptwerk **Verfassung und Verfassungsrecht** misst *Smend* der Verfassung nicht bloß die Funktion einer normativen Ordnung zu, sondern jene einer Ordnung zur aktiven Integration des Einzelnen in die **politische Einheit des Staates**. Darin wurzelt etwa der Gedanke, **Grundrechte** nicht als bloße Abwehrrechte gegenüber dem Staat, sondern als Ausdruck einer **positiven Wertordnung** zu begreifen. *Smend* wurde dementsprechend dafür kritisiert, keine Unterscheidung zwischen Staat und Gesellschaft zu treffen. Seine Theorie berge die Gefahr staatlicher Vereinnahmung und damit totalitärer Tendenzen.

c) Die Systemtheorie Niklas Luhmanns

Nach *Niklas Luhmann* (1927–1998) ist die **Gesellschaft** ein umfassendes **soziales System**, das wiederum andere (relativ geschlossene) soziale Systeme in sich einschließt, die bestimmte Funktionen erfüllen (zB Wirtschaft, Politik, Kirche). Eines dieser Systeme ist nach *Luhmann* das **Recht**. Es soll das menschliche Verhalten koordinieren. Es stabilisiert nach *Luhmann* soziale Verhaltenserwartungen. Verhält sich jemand rechtswidrig, wird die Erwartung zwar enttäuscht, aber nicht vollkommen diskreditiert, weil auf das rechtswidrige Verhalten eine Sanktion folgt. Die Erwartungsstabilisierung besteht auch in einem System von grundsätzlich änderbaren Normen, weil diese nicht ohne weiteres und von jedem geändert werden könnten, sondern nur von den zuständigen Organen.

Das Recht als relativ geschlossenes System ist nach *Luhmann* dabei ein „**autopoietisches System**“. Dh es funktioniert aus sich selbst heraus, es regelt seine Erzeugung und seinen Untergang selbst. Das bedeutet auch, dass kein Rechtsakt seine Normativität aus der Umwelt beziehen kann, sondern nur aus dem Recht selbst. Autopoiesis bedeutet aber nicht, dass das Recht ein vollkommen abgeschlossenes System ist. Es bestehen strukturelle Kopplungen zB zum System „Wirtschaft“, wenn es um das Wirtschaftsrecht geht.

d) Die Diskurstheorie des Rechts nach Jürgen Habermas

Jürgen Habermas (* 1929) ist ein deutscher Philosoph und Soziologe, auf den die **Diskurstheorie des Rechts** zurückgeht. Er beschreibt damit das Recht als Ergebnis **kommunikativer Handlungen**. Ausgangspunkt ist dabei die sog **ideale Sprechsituation**, in der die Kommunikationsteilnehmer gleichberechtigt und alle verständigungsorientiert sind, dh nur sachliche Interessen und nicht strikt Eigeninteressen verfolgen. Ergebnis eines solchen Diskurses kann ein Konsens sein, der nach der Definition von *Habermas* von jedem Teilnehmer anerkannt werden kann. Diesen Konsens bezeichnet er als „Wahrheit“. Das Recht geht aus einem solchen Konsens hervor. Der Diskurs und der erzielte Konsens legitimieren nach *Habermas* das Recht.

e) Die Gerechtigkeitstheorie John Rawls’

Der US-amerikanische Philosoph *John Rawls* (1921–2002) setzte dem vorherrschenden Rechtspositivismus 1971 in seinem Hauptwerk „**A Theory of Justice**“ eine **Theorie der Gerechtigkeit** entgegen, die im zeitgenössischen Diskurs in den Hintergrund getreten war. Ihm geht es nicht um Einzelfallgerechtigkeit, sondern um die Gerechtigkeit als Eigenschaft der Gesellschaft. Wie die Vertragstheoretiker vor ihm geht *Rawls* von einem Urzustand aus, in dem ein Gesellschaftsvertrag geschlossen wird. Die in diesem Zustand gleichen Individuen werden ob ihrer Ungewissheit („veil of ignorance“), welchen Platz sie in der Gesellschaft einnehmen werden, den Vertrag nur abschließen, wenn sie sich auf eine gerechte Ordnung einigen. Die gerechte Ordnung basiert nach *Rawls* auf zwei Grundsätzen, wobei dem ersten Vorrang zukommen soll: Erstens soll jeder das **gleiche Recht** auf das umfangreichste System von **Grundrechten** haben, das für alle möglich ist. Zweitens sind soziale und wirtschaftliche **Gleichheit** nur unter folgenden Voraussetzungen möglich: sie müssen den am wenigsten Begünstigten den größten Vorteil bringen und müssen darüber hinaus mit Ämtern und Positionen verbunden sein, die allen gemäß fairer – dh nicht nur formaler – Chancengleichheit offen stehen.

II. Allgemeine Staatslehre

A. Staatsbegriff

Die Allgemeine Staatslehre beschäftigt sich mit den theoretischen Grundlagen staatlicher Ordnungen. Im Zentrum steht dabei der Begriff des Staates, wie er sich den vorstehenden Ausführungen entsprechend in historischer Hinsicht in der Neuzeit entwickelt hat und nunmehr im **Verfassungsstaat** als politische und rechtliche Einheit bildet. Die Rechtswissenschaft kennt – wie gezeigt – unterschiedliche Staatsbegriffe.

Kelsen (siehe bereits I.B.4.a.bb.) setzt den Staat mit der Rechtsordnung gleich. Der Staat besteht demnach aus einer Summe von Rechtsnormen. Die Staatsgewalt wird als die höchste und unabhängige Herrschaftsmacht qualifiziert, die die Rechtsordnung durchsetzt.

Die hA hat sich bei der Definition, was ein Staat ist, grundsätzlich *Georg Jellinek* angeschlossen: Nach seiner **Drei-Elemente-Lehre** (siehe oben I.B.a.aa.) konstituieren Staatsgebiet, Staatsvolk und Staatsgewalt einen Staat. Nach dieser Sichtweise ist ein Gemeinwesen, das durch eine dauerhafte Verbindung von Menschen zu einem Volk auf einem bestimmten Territorium besteht und eine im Großen und Ganzen effektive Herrschaftsgewalt besitzt, als Staat anzusehen.

1. Staatsgebiet

Das Staatsgebiet ist jener territorial abgegrenzte Bereich, den eine Staatsgewalt dauerhaft und geordnet beherrscht. Es wird grundsätzlich durch völkerrechtliche Verträge oder durch die unbestritten vorhandene Wirksamkeit und Reichweite der betreffenden Staatsgewalt bestimmt. In Österreich gehen zB die Grenzen der einzelnen Bundesländer im Wesentlichen auf die Kronländer der Monarchie zurück.

Beispiel: Die österreichischen Staatsgrenzen sind im StV von St. Germain von 1919 und gegenüber Ungarn auch im Venediger Protokoll von 1921 festgelegt. Der Verlauf der Grenzen im Bodensee ist allerdings strittig.

2. Staatsvolk

Das Staatsvolk wird üblicher Weise aus den Staatsbürgern des jeweiligen Staats gebildet. Der Erwerb und der Verlust der Staatsbürgerschaft (Art 6 Abs 1 B-VG) werden durch nationale Gesetze bestimmt. Die Staatsbürgerschaft besteht unabhängig davon, wo sich die betreffende Person aufhält. Das für die Erlangung der Staatsbürgerschaft nötige Naheverhältnis zum betreffenden Staat wird meist entweder durch Abstammung (**ius sanguinis**) oder durch Geburt oder längeren Aufenthalt im Inland (**ius soli**) erworben.

In Österreich wird die Staatsbürgerschaft durch Abstammung von einem Staatsbürger oder durch staatliche Verleihung erworben. **Doppelstaatsbürgerschaften** sind in Österreich nur unter bestimmten Voraussetzungen möglich, etwa wenn österreichische Staatsbürger ihr Kind in den USA bekommen – hier sind die Voraussetzungen sowohl des österreichischen Staatsbürgerschaftsrechts (Abstammung) als auch jene des amerikanischen (Geburt auf amerikanischem Gebiet, *ius soli*) erfüllt.

Die Unionsbürgerschaft (Art 20 ff AEUV) der EU kommt allen Staatsbürgern der EU-Mitgliedstaaten zu, also auch österreichischen Staatsbürgern. Sie ist akzessorisch und verdrängt die nationale Staatsbürgerschaft nicht. Unionsbürger sind Staatsangehörigen der Mitgliedstaaten in vielen Rechtsbereichen heute weitgehend gleichgestellt.

Im Zusammenhang mit der Regelung der Staatsbürgerschaft trifft das B-VG auch eine Regelung des Hauptwohnsitzes; dieser liegt dort, wo sich die betreffende Person in der erweislichen oder aus den Umständen hervorgehenden Absicht niedergelassen hat, den Mittelpunkt ihrer Lebensbeziehungen zu schaffen (Art 6 Abs 3 B-VG).

3. Staatsgewalt

Als Staatsgewalt wird die Ausübung hoheitlicher Macht innerhalb eines bestimmten (Staats)Gebietes bezeichnet. Ist sie als Herrschaftssystem im Großen und Ganzen wirksam (**effektiv**) und hat sie sich dauerhaft etabliert, ist dieses Kriterium erfüllt.

Von der Frage der **Effektivität der Staatsgewalt** ist jene nach der **Effektivität der Regierung** zu trennen: Die Einordnung als Staat wird aufgrund eines Putsches oder Bürgerkriegs, infolge dessen eine Regierung von einer anderen Machteinheit dauerhaft und wirksam verdrängt wird, nicht tangiert. Daher unterscheidet das Völkerrecht auch zwischen der Anerkennung von Staaten und Regierungen.

B. Staatsformen

Die Organisation staatlicher Herrschaftsgewalt kann unterschiedlich ausgestaltet sein. Die moderne Einteilung stimmt nicht mit jener überein, die *Aristoteles* auf Grundlage von *Platons* Arbeiten vorgenommen hat (siehe oben I.B.1.). ZB kommt dem Begriff der Republik im Zeitablauf unterschiedliche Bedeutung zu.

1. Monarchie und Republik

Nach der **Stellung des Staatsoberhaupts** unterscheidet man die Staatsformen Monarchie und Republik. Ein **Monarch** ist ein auf **Lebenszeit amtierendes Staatsoberhaupt**, das nicht durch Wahl, sondern durch **Erbfolge** sein Amt erhält (zB Spanien, Großbritannien, Schweden). In Monarchien moderner Prägung ist der Monarch auf weitgehend repräsentative Aufgaben beschränkt. Demgegenüber ist das Kennzeichen einer **Republik** die Bestellung des Staatsoberhauptes durch eine **Wahl**, eine **begrenzte Amtsdauer** sowie eine unterschiedliche ausgestaltete **Verantwortlichkeit** zB gegenüber einem Parlament (zB in Österreich der Bundesversammlung gegenüber).

Vom Begriffspaar Monarchie und Republik ist jenes von Demokratie und Autokratie zu unterscheiden. Demokratie und Autokratie sind Regierungsformen, in denen die Herrschaftsgewalt unterschiedlich ausgestaltet ist. In der **Demokratie** erfolgt die Ausübung der Herrschaftsgewalt durch das Volk, insb durch die Wahl eines Parlaments, vereinzelt auch durch Instrumentarien direkter Demokratie (etwa Referenden). Das Staatsvolk ist damit der **Souverän**, also der Inhaber der Herrschaftsgewalt. Im Falle der **Autokratie** sind die Rechtsunterworfenen von der Ausübung der Herrschaftsgewalt ausgeschlossen. Sie wird von einem oder mehreren Herrschern ausgeübt.

In rechtsvergleichender Hinsicht wird darüber hinaus danach unterschieden, ob das politische Schwergewicht beim Parlament oder bei einem Präsidenten liegt. Im ersten Fall spricht man von einem **parlamentarischen Regierungssystem**, im zweiten Fall von einem **präsidentiellen Regierungssystem** (zB Frankreich, USA). Im letzteren Fall ist der Präsident typischerweise Regierungschef und besitzt mehr als nur repräsentative Aufgaben.

2. Einheitsstaat und Bundesstaat

Nach der **inneren Gliederung** bzw Aufteilung der Staatsgewalt kann zwischen Einheits- und Bundesstaaten unterschieden werden. In einem **Einheitsstaat** werden **alle Staatsaufgaben von einem Verband** (dem „Bund“) alleine ausgeübt oder ihm zugerechnet und nicht auf Gliedstaaten aufgeteilt. Etwaige territoriale Gliederungen sind bloße Verwaltungssprengel, denen vom Einheitsstaat abgeleitete Rechtsetzungsbefugnisse zukommen.

Man unterscheidet den zentralistischen und den dezentralisierten Einheitsstaat. Im **Zentralstaat** sind territoriale Gliederungen reine Verwaltungsbezirke der Zentralregierung (zB Frankreich). Im **dezentralisierten Einheitsstaat** haben die Gliederungen selbst Rechtspersönlichkeit. Sie verfügen über Volksvertretungen und Regierungen, die vom Einheitsstaat eingerichtet werden und seiner Rechtsaufsicht unterliegen.

Beispiel: Die österreichische Reichshälfte der Monarchie war nach der Dezemberverfassung 1867 ein dezentralisierter Einheitsstaat; die Kronländer hatten die Stellung von selbstverwaltungsähnlichen Körperschaften. Aktuelle Beispiele dafür sind Italien und Spanien.

Unter einem **Bundesstaat** versteht man einen **aus mehreren Teilstaaten zusammengesetzten Staat**. Die Staatsaufgaben sind zwischen mehreren Verbänden aufgeteilt und werden von diesen selbst wahrgenommen. Die Teilstaaten verfügen jeweils über eigene Organe und ihnen kommen eigenständige Rechtsetzungsbefugnisse zu. Weitere zentrale Merkmale eines Bundesstaates sind die Aufteilung der Staatsaufgaben anhand einer verfassungsrechtlichen Kompetenzverteilung, die Sicherstellung der Mitwirkung der Gliedstaaten an der zentralen Gesetzgebung, die Verfassungsautonomie der Gliedstaaten und eine föderalistische Finanzordnung. Die Übergänge zwischen einem dezentralisierten Einheitsstaat und einem Bundesstaat sind fließend.

Beispiel: Bundesstaaten sind zB Österreich, Deutschland, die USA und die Schweiz.

Rechtsvergleichend zeigt sich, dass es weltweit wenige, dafür aber sehr bedeutende Bundesstaaten gibt.

3. Staatenbund

Vom Einheits- bzw Bundesstaat ist der **Staatenbund** zu unterscheiden. Dieser bezeichnet einen völkerrechtlichen Zusammenschluss von Staaten, die grundsätzlich selbständig bleiben, aber bestimmte Aufgaben gemeinsam wahrnehmen. Ein Staatenbund stellt daher eine **völkerrechtliche Form** der **Kooperation souveräner Staaten** in beschränkten Bereichen dar. Beispiele dafür sind die BENELUX-Union, bestehend aus den Staaten Belgien, Niederlande und Luxemburg, sowie die Afrikanische Union (AU).

Einen Sonderfall stellt die **Europäische Union** dar (siehe 3. Teil V.A.): Sie ist nicht als Staat zu qualifizieren. Aufgrund zahlreicher staatsähnlicher Elemente (eigene Gesetzgebung, unmittelbare Wirkung von Unionsrecht, Unionsbürgerschaft) ist sie aber mehr als ein bloßer Staatenbund. Eingebürgert hat sich nach dem berühmten Maastricht-Urteil des Bundesverfassungsgerichts in Deutschland aus 1993 die Bezeichnung der **EU als „Staatenverbund“** oder auch als transnationales Gemeinwesen, weil die einzelnen Mitgliedstaaten an die EU weitgehende Souveränitätsrechte abgetreten haben.